라틴아메리카 생태 위기와 부엔 비비르

라틴아메리카 생태 위기와 부엔 비비르

한국외국어대학교 부엔비비르 총서 04

조구호, 박경은, 하상섭, 심재환, 양은미
유왕무, 이미정, 장유운, 김윤경, 김세건

지음

알렙

머리말

경제적 효율성과 삶의 편리를 추구한다는 미명하에 그동안 인간이 저질러 온 무분별한 개발과 착취가 환경 오염과 생태계 파괴, 기후위기를 초래함으로써 인류의 생존을 심각하게 위협하고 있다. 지구의 생태와 인간성을 회복하기 위한 근원적인 노력이 그 어느 때보다 절실한데도 경제적 논리와 과학기술에 의존한 채 대증적이고 일시적 방편들이 거론되거나 적용되고 있다. 이 위기를 극복하기 위해서는 인류가 지금까지 의존해 온 자본주의적 패러다임의 근본적인 변화, 인간과 자연의 진정한 가치에 대한 탐구, 그리고 지속 가능한 삶을 보장하는 생태 문명의 구축이 필요하다.

'생태 문명', '자연권', '지속 가능한 발전'은 개념적으로도 밀접한 연관성을 지니고 있는데, 오늘날 라틴아메리카에서 현실적인 의제로 부상하면서 법률과 제도를 통해 실현 방안이 모색되고 있다. 2008년에 에콰도르는 안데스 지역 께추아족의 '수막 까우사이(Sumak Kawsay: 충만한 삶, 온

전한 삶, 좋은 삶. 스페인어로는 'Buen Vivir')'를 중심 원리로 삼은 헌법을 제
정했다. 국민투표를 통해 제정된 신헌법은 세계 최초로 자연을 '권리의 주
체'로 명시하고, 자연에게 '자연권(Rights of Nature)'이 존재한다고 선언했
다. 볼리비아는 2011년에 '어머니 지구(Madre Tierra)'의 생존권을 보장하
자는 일명 '어머니 지구 권리법(Ley de Derechos de la Madre Tierra)'을 명
문화했다. '지구는 모든 생명체와 생태계로 이루어져 있기 때문에 그 자체
가 유기체'라는 사상에 기반을 둔 이 법은 한 국가의 법이 전 지구적으로
적용되어야 한다는 사실을 명시한 최초의 사례가 되었다.

　새로운 생태 문명을 구축하기 위해 라틴아메리카에서 이루어진 자연
권 사상의 제도화는 근대 이후 서구 중심의 발전론적 세계관이 라틴아메
리카인들에게 미친 부정적인 역사를 극복하고 인간이 모든 생명체와 생
태계를 포함하는 공동체 안에서 조화롭고 충만한 삶을 영위해야 한다는
현실적인 판단에서 비롯된 것이라 할 수 있다. 신자유주의 이후의 새로운
전환을 모색하는 라틴아메리카의 움직임이 세계인의 주목을 받는 이유는
자연권에 입각해 새로운 인간과 공동체적 대안을 모색하려는 노력이 인
류 문명의 전환을 위한 시도로서 의미를 지니기 때문이다.

　새로운 생태 문명 구축에 이바지하고 있는 라틴아메리카를 제대로 이
해하기 위해서는 라틴아메리카의 역사, 사회, 문화, 정치, 경제, 법률, 그리
고 지리와 자연, 생태와 환경, 기후변화 같은 요소에 이르기까지 다양한
문제를 학제적·실증적으로 연구할 필요가 있다. 라틴아메리카의 지역적
특수성을 지구적 보편성과 연계시킬 수 있는 주제와 담론을 탐색하고 대
안을 제시해야 한다는 것이다.

　라틴아메리카의 독특한 사상과 담론, 이의 실천을 위한 노력이 세계인

의 주목을 받고 있는 상황에서 한국외국어대학교 중남미연구소 HK+사업단은 "21세기 문명 전환의 플랫폼, 라틴아메리카: 산업 문명에서 생태 문명으로"라는 연구 사업을 수행하면서 그 결과물을 대중과 공유하기 위해 '생태 문명 총서'와 '부엔 비비르 총서'를 기획해 출판하고 있다.

국내의 내로라하는 라틴아메리카 연구자들이 참여해 꾸민 이 책에는 다양한 주제를 깊이 있게 탐색한 글들이 수록되어 있다. 제1부는 「아마존의 야만적인 고무 산업과 원주민의 인권 유린: 『켈트의 꿈』을 중심으로」, 「재난의 일상화: 파괴된 세계의 멕시코시티」, 「2024 글로벌 공급망 가치 사슬 변화: 멕시코 니어쇼어링과 전기자동차 관련 리튬 자원 개발 국제 협력 필요성」 같은 글을 통해 라틴아메리카가 겪은 재난과 수탈, 자원 개발 등의 문제를 보여준다. 제2부는 「지구법학과 자연의 권리: 21세기를 주도하는 중남미발 생태주의」, 「생태적 전환을 위한 브라질 사회의 실천: 자연권 입법화 과정과 과제」, 「에두아르도 갈레아노가 바라본 라틴아메리카의 환경 위기와 생태학적 전망」, 「기후변화 대응을 위한 브라질의 농업 생태계 조성과 식량 안보」, 「아마존 열대우림에 위치한 포르토벨호 지역에서 산불과 초미세먼지의 특성 연구」 같은 글을 통해 라틴아메리카뿐만 아니라 전 세계에 만연한 현대 문명의 위기를 알리고, 다양한 생태주의적 시도, 자연권의 제도화 문제 등을 소개하고 있다. 제3부에는 「안데스 원주민의 공동체주의」와 「동굴 기우제에 비친 아스떼까 원주민의 자연관」이라는 글을 실어 원주민의 역사와 문화, 생태 사상에 대한 독자들의 이해도를 제고하려 했다.

'생태 위기와 부엔 비비르'의 문제를 천착한 이 책에 실린 글들이 세부적으로는 각기 다른 테마를 다루고 있음에도 불구하고 포괄적인 시각으로 살펴보면 유기적·학제적 연계성이 있다는 사실을 발견하게 될 것이다. 라틴아메리카의 제반 현상을 통시적·공시적으로 천착함으로써 인류가 직면한 생태 위기를 극복하고 '부엔 비비르(수막 까우사이)'를 모색하려는 열망을 지닌 필자들의 고뇌와 노력이 응축된 이 책이 라틴아메리카의 문제뿐만 아니라 참다운 생태 문명 구축에 관심이 있는 독자들에게 영감과 동기, 활력을 부여하기 바란다.

조구호

제3부　**라틴아메리카 원주민의 자연관과 공동체 문화**

1부
라틴아메리카의 재난과 수탈

제 1 장

아마존의 야만적인 고무 산업과 원주민의 인권 유린:
『켈트의 꿈』을 중심으로*

조구호

---

* 이 글은『외국문학연구』제88호에 게재된「바르가스 요사의『켈트의 꿈』에 형상화된 식민주의적 자본주의의 야만성과 원주민 문제」(2022)를 수정·보완한 것이다.

1 『켈트의 꿈』에 구현된 문학의 불

　마리오 바르가스 요사(Mario Vargas Llosa, 1936-)의 문학적 스펙트럼
은 대단히 넓다. 1967년 8월 14일, 바르가스 요사는 장편소설 『녹색의 집
(*La casa verde*)』(1966)으로 로물로 가예고스 상을 받으면서 '문학은 불'이라
고 규정했다. 문학이 낡고 부패한 것을 태워 버리는 불이고, 반체제, 불순
응, 반항, 비판, 풍자, 채찍질이며 동시에 사회적 병리 현상을 치유하는 도
구가 된다는 것이다. 독재 체제의 권력 구조를 심층적으로 탐색해 절묘하
게 그려 내고, 개인의 저항과 투쟁, 좌절과 패배 등을 문학적으로 형상화
해 온 바르가스 요사에게 역사는 문학의 주요 질료 가운데 하나다. 『세상
종말 전쟁(*La guerra del fin del mundo*)』(1981)에서는 19세기 말에 브라질에서
발생한 광신교 집단과 정부 측 공화주의자들 사이의 전쟁을 통해 당시의
정치 상황과 신앙의 세계를 다루고, 『염소의 축제(*La fiesta del chivo*)』(2000)

에서는 도미니카공화국을 31년 동안 지배한 독재자 라파엘 레오니다스 뜨루히요(Rafael Leonidas Trujillo)의 '광적인' 삶과 암살의 과정을 독특한 시각으로 문학화했다. 2010년에 출간된 『켈트의 꿈(El sueño del Celta)』은 모티브가 된 주요 인물, 역사적 무대와 사건이 아프리카, 라틴아메리카, 유럽을 아우르기 때문에 바르가스 요사의 실제 역사에 대한 관심사가 더욱 확대되고 재생산된 경우라고 할 수 있다.

소설의 제목은 영국의 외교관이자 아일랜드의 독립운동가인 로저 케이스먼트(Roger David Casement, 1864-1916)가 조국 아일랜드의 신화적 과거를 다룬 장편 서사시의 제목 「켈트의 꿈」을 차용한 것이다. 소설은 15개의 장과 에필로그로 이루어져 있는데, 홀수 장들은 로저 케이스먼트가 런던에서 교수형에 처해지기 전에 자세하게 회상하는 과거를 다루고, 짝수 장들은 콩고에서 행해진 유럽 식민주의의 폐해와 공포를 드러내고(II, IV, VI), 식민주의적 고무 산업이 페루 아마존의 원주민들에게 가한 인권 유린 행위를 고발하며(VIII, X, XII), 아일랜드의 독립을 위한 케이스먼트의 활약과 좌절을 그린다(XIV). 에필로그에는 케이스먼트에 대한 후일담이 담겨 있다.

스무 살 때 콩고에서 고무 채취업자들의 원주민에 대한 무자비하고 비인간적인 착취를 목격한 적이 있는 케이스먼트는 나중에 외교관이 되어 모잠비크(1895-1898), 앙골라(1898-1900), 콩고 자유국(1901-1904), 브라질(1906-1911) 주재 영국 영사로 근무하면서 유럽 제국주의 세력의 식민주의적 탐욕과 만행이 어떠했는지 체감한다. 콩고와 페루의 아마존 지역에서는 고무 채취업자들의 원주민(인디오)에 대한 무자비한 노동 착취와 잔혹 행위에 관한 보고서를 작성해 참상을 세상에 알림으로써 국제적인 명성을 얻고 영국 정부로부터 훈장과 기사 작위를 받는다. 특히 페루의 뿌뚜마요에서 이루어진 참상에 관한 보고서 『블루 북(*Blue Book*)』(1912)은 전 유럽과 미국, 콜롬비아, 브라질, 페루 등지로 퍼져 나간다. 그 결과 원주민의 인권을 유린하고, 노동력을 착취하고, 인종을 말살함으로써 지탱되는 산업을 통해 경제적인 혜택을 누리던 영국의 '페루 아마존 회사(Peruvian Amazon Company)'와 주주들에 대해 즉각적인 시정 조치를 취하라는 요구가 쇄도한다. 빠블로 몬또야(Pablo Montoya)는 케이스먼트가 위선적이고 잔인한 문명에 대해 공정하고 용감한 면모를 드러냈다고 평가한다. 케이스먼트는 16세기에 스페인이 아메리카를 정복하면서 자행한 참사를 고발한 바르똘로메 데 라스 까사스(Bartolomé de las Casas)의 20세기형 인간이라 할 수 있다는 것이다.

비야르 데가노에 따르면(Villar Dégano, 2011), 바르가스 요사는 아프리카와 라틴아메리카에서 실행된 야만적인 식민주의에 대한 새로운 판단을 이끌어내기 위해 위의 문제들을 정치·경제·사회·문화적 관점으로 천착해서 문학적으로 형상화하고, 반식민주의적·반제국주의적 시각을 드러낸다. 특히 '아마존의 문제'를 직접적으로 다룬 장들에서는 식민주의적 자본주의의 만행과 원주민의 인권 유린에 대한 작가의 예리한 분석, '불' 같은 비판과 풍자가 두드러진다.

『켈트의 꿈』에 대한 이 같은 평가는 충분히 수용할 만한데, 이 글에서는 페루의 뿌뚜마요 지역에서 자행된 식민주의적 자본주의의 전횡과 만행, 폭력성을 '고발'하고, 소설이(작가가) 표방하는 원주민의 권리 회복과 저항·투쟁의 문제에 관해 살펴본다. 『켈트의 꿈』의 얼개는 역사적 사실에 기반하고 있지만 그 얼개에 씨실과 날줄을 걸고 다채로운 문양을 집어넣는 작업에는 바르가스 요사의 상상력과 소설 미학, 문체가 다양하게 투여되어 있기 때문에, 이 글에서는 구체적인 역사적 사실이나 케이스먼트의 보고서의 내용이 아니라 문학적으로 형상화된 새로운 이야기(소설)의 내용을 탐색하고 분석할 것이다.

2 아마존 고무 회사의 식민주의적 전횡

우리가 흔히 '고무(goma)'라고 부르는 물질은 라틴아메리카에서 '까우초(caucho)', '헤베(jebe)', '라떽스(látex)' 등으로도 불린다. 콜럼버스(Cristóbal Colón)가 두 번째로 신대륙을 방문했을 때(1493-1496) 아이티 섬의 주민들이 항아리나 옷감의 방수 처리를 할 때 고무나무 수액을 바르거나 수액을 응고시켜 공이나 신발을 만드는 것을 보고서 고무를 유럽에 소개했다고 한다. 1839년에 미국의 화학자이자 발명가인 찰스 굿이어(Charles Goodyear)가 고무에 유황을 첨가해 더욱 탄력적인 고무 제조술을 개발한 뒤부터 고무의 이용이 급격하게 증가하기 시작했다. 자전거와 자동차 등의 발명과 산업 발전 덕분에 가격이 비싸진 고무는 '검은 황금(Oro negro)'이라고 불리며 품귀 현상을 빚을 정도였고, 이 검은 황금을 찾는 자본주의 논리가 고무 생산지 아마존을 지배하게 되었다.

앞서 언급한 '페루 아마존 회사'가 아마존의 고무 생산과 유통을 주도했다. 사주는 '고무 남작(Barón del caucho)'으로 불리던 홀리오 세사르 아라나 데 아길라(Julio César Arana de Águila, 1864-1952)였다. 회사는 페루 아마존의 중심부에 위치한 로레또 주의 수도 이끼또스에 기반을 두고 아

〈그림 1〉• 페루 아마존 회사의 사주 훌리오 세사르 아라나 데 아길라.

출처: 위키피디아.

마존 강과 합류하는 뿌뚜마요 강 주변 지역에서 고무를 채취했다. 고무 농
장의 관리인과 십장들은 원주민 노동자에 대한 학대 및 범죄 행위에 가
담했는데, 노동자들이 강제로 짊어진 부채를 이용해 노동자를 노예처럼
속박하고, 고문하고, 죽였다. 뿌뚜마요는 "법도 질서도 없는 야만적인 세
상"(『켈트의 꿈』, 147)이었다.

　『켈트의 꿈』에는 사주 세사르 아라나와 회사에 관한 사항이 자세하게
묘사되어 있다. 페루의 아마존 밀림의 궁벽한 마을 리오하의 빈한한 집안

에서 태어난 아라나는 "초인적인 작업 능력, 사업을 위한 기발한 직관, 양심의 가책을 전혀 느끼지 않는 성품"(『켈트의 꿈』, 287)과 더불어 초등 교육 몇 년에 불과한 정규 교육을 보충하면서 사회적·경제적 피라미드의 계단을 차근차근 올라갔다. 바르가스 요사는 그를 다음과 같이 묘사한다.

> 그의 굳고 차가운 시선에는 불굴의 뭔가가 있었다. 로저에게 그의 시선은 뿌뚜마요의 고무 농장 책임자들의 인간애가 결여된 그 시선, 선과 악, 선량함과 악함, 인간적인 것과 비인간적인 것을 구별하는 능력을 상실한(만약 언젠가 그것을 가졌다면) 사람의 시선을 상기시켰다(『켈트의 꿈』, 287).

여기서 바르가스 요사는 식민주의적 자본주의의 약탈과 잔혹 행위가 '인간애의 결여', 그리고 '선과 악, 인간적인 것과 비인간적인 것을 구별하는 능력의 부재 또는 상실'에서 비롯된다는 사실을 암시한다. 불굴의 의지를 갖고 비인간적인 성품에, 선과 악조차 구분할 줄 모르는 잔인하고 냉정한 아라나는 나중에 "유럽만큼 큰 제국의 주인, 수만 명의 생명과 재산의 주인으로서 미움과 아부"를 받았고, "아마존이라고 하는 그 비참한 세계에서 유럽 강대국들의 국부(國富)와 비교할 만한 재산을 축적했다"(『켈트의 꿈』, 287). 아라나가 "수만 명의 생명"을 소유했다는 언술을 통해 우리는 그의 재산에 원주민 수만 명의 생명이 포함되어 있으며, 따라서 그들의 목숨도 사유 재산과 마찬가지로 자기 마음대로 처분할 수 있는 것이었다는 사실을 감지할 수 있다.

"이끼또스의 주민 절반이 훌리오 세사르 아라나와 그의 회사에 의존해"(『켈트의 꿈』, 146) 살아갈 정도로 아라나와 회사의 위력이 대단했는데,

이는 주민들의 아라나에 대한 의존도를 증대시킴과 동시에 그들이 정부에 대한 기대를 접게 만들었다. 이끼또스의 공공 기관들도 아라나에게 의지했는데, 가끔은 시장도, 판사도, 군인도 자신들의 급료를 정부에서 받지 않았다. "아라나 씨가 없다면 굶어 죽을"(『켈트의 꿈』, 146) 지경이었다. "모든 정책기관, 경찰기관, 사법기관은 회사가 그 어떤 위험도 없이 계속해서 원주민을 수탈하는 것을 허락하려고 적극적으로 작업했는데, 그 이유는 모든 공무원이 회사로부터 돈을 받고 있거나 아니면 복수를 당할까 봐 두려워하고 있었기 때문이다"(『켈트의 꿈』, 312). 결국 이들 공무원은 회사의 전횡을 묵인·방조·조장하게 된다. 특히 '모든' 공무원이 공포를 느꼈다는 사실은 회사가 이들에게 공포를 유발할 정도로 야만적이고 강압적이었으며 폭력적이었다는 사실을 암시한다. 이는 식민주의적 자본주의가 원주민에게 자행한 잔인하고 야비한 통치와 억압, 수탈과 학대의 메커니즘을 대변한다고 할 수 있다. 아라나 회사의 위력과 전횡은 공적인 선거에까지 영향을 미칠 정도였다.

이끼또스에서 선거가 실시될 경우, 페루의 선거법에 따르면, 투표권을 가지기 위해서는 재산이 있어야 하고, 글을 읽고 쓸 줄 알아야 한다. 이 때문에 유권자의 수가 불과 수백 명으로 줄어들어 버리고, 실재적으로 선거는 아라나 회사의 사무실에서 결정된다(『켈트의 꿈』, 314).

페루의 선거법이 차별적이고, 불합리하고 비민주적이었다고 할지라도 회사가 페루에서 영향력을 확대·강화하고 불법적인 방식으로 경제적인 이익을 얻기 위해 이를 교묘하게 악용했다는 데서 식민주의적 자본주의의 폐해가 어느 정도에까지 이를 수 있는지 알 수 있다.

아라나의 회사가 저지른 온갖 불(탈)법 행위, 만행, 인권 유린에도 불구하고 아라나의 하수인들은 아라나의 행위를 치적으로 포장했다. "고립되고, 멀리 떨어져 있고, 쌍둥이나 신체적인 결함을 지닌 아이가 태어나면 강물에 던져 죽여 버리는 미개인이 사는 곳"에 "훌리오 C. 아라나가 선구자로서 배, 의약품, 가톨릭교, 옷, 스페인어를 도입"(『켈트의 꿈』, 168)했으며, "아마존을 미개 상태로부터 꺼내 현대적인 세계로 진입시키고 있다"(『켈트의 꿈』, 206)는 것이었다. 이끼또스의 시장까지도 "만약 언젠가 이 밀림이 서유럽과 같은 생활 수준에 도달하게 된다면 그것은 훌리오 C. 아라나 같은 사람들 덕분"(『켈트의 꿈』, 170)이라며 이들의 논리에 동조한다.

식민주의적 자본주의의 약탈과 잔혹 행위, 그리고 실제적인 통치권을 행사하는 것을 당연하게 여기고 자랑스러워하는 회사의 태도, 페루 정부의 무책임과 무능 때문에 원주민이 겪은 수난에 관해 '소설' 속의 케이스먼트는 다음과 같이 자문한다.

페루 정부의 대표자가 단 한 명도 없고, 훌리오 C. 아라나의 회사가 자사의 살인자 패거리와 더불어 이들 땅에 페루의 통치권을 행사하는 회사라는 사실을 의당 자랑스러워하는 뿌뚜마요에서 페루 정부가 무엇을 할 수 있었을까? 모든 조치는 무례하고 뻔뻔한 수사(修辭)에 불과할 것이다. 아마존 원주민 공동체들의 수난은 그들이 멸종될 때까지 계속될 것이다(『켈트의 꿈』, 236).

페루 정부의 조치가 "무례하고 뻔뻔한 수사에 불과"할 뿐만 아니라, 원주민이 멸종될 때까지 계속해서 수난을 당할 것이기 때문에 "비인간성과 정신병리학적인 잔인성으로 이루어진 이 세계에서 조사를 계속한다는 것은 아무런 의미가 없다"(『켈트의 꿈』, 229)는 화자의 비관적인 언술은, 페루 정부가 얼마나 무능하고 무책임했는지, 뿌뚜마요 주민들이 정부를 어느 정도로 불신했는지, 그들이 회사에 어느 정도로 종속되어 있었는지 우리에게 알려 줄 뿐만 아니라 더 나아가 아마존에서 자행된 야만적 자본주의의 뿌리가 얼마나 단단했는지, 그 악행이 어느 정도로 집요하고, 잔인하고, 비정상적이었는지, 식민주의적 자본주의의 부정적인 유산과 영향력이 얼마나 컸는지를 역설적으로 증명한다.

3 인디오에 대한 인권 유린의 비극과 참상

바르가스 요사는 역사적인 사실에 특유의 소설 미학을 접목해 재해석하는 수정주의(修正主義)적 관점으로 서구의 자본주의가 아마존 원주민에게 자행한 야만적인 행위를 고발한다. 로저 케이스먼트의 페루 아마존 오디세이아는 비극적인 역사의 기억을 단순하게 되살리는 것이 아니라 공식 역사가 드러내려 하지 않는 것을 속속들이 알리는 기능을 한다. 비극적인 역사의 상처는 공식 역사(Blue Book)에 어느 정도 드러나 있다. 하지만 공식 역사는 뿌뚜마요 원주민의 삶과 세계관, 그들의 전통, 문화, 언어 등을 제대로 이해하거나 파악하지 못한 외국인(로저 케이스먼트)이 제한된 시간과 공간에서 직접 목격하거나 제한된 증언자들로부터 수집한 일부 사항에 기반하고 있다. 뿐만 아니라 공식 역사에는 그 비극의 상흔을 영혼

〈그림 2〉• 머리에 짐을 이고 나르는 인디언 청년들. 케이스먼트가 이들이 짊어진 짐의 무게를 측정한 결과, 약 75킬로그램으로 추정됐다.
출처: 위키피디아.

과 육신에 간직한 원주민의 증언이 거의 배제되어 있다. 바르가스 요사는 이 같은 공식 역사의 빈 공간을 채워 '온전한 역사'를 문학적으로 최대한 재현하려고 시도하는데, 그 결과물이 바로 『켈트의 꿈』이다.

페루 아마존 회사가 운영하는 고무 농장의 관리인과 십장들이 인디오들에게 저지른 불공정하고 비인간적인 행위는 실정법은 물론이거니와 인간 이성의 한계를 뛰어넘는 것이었다. 영혼이 없는 인간으로 간주되던 인디오들은 가족과 헤어져서 밀림의 고무 농장으로 들어가 잔혹한 고무 농장 책임자들의 통제와 바베이도스 출신 흑인 십장들의 감시하에 정당한 보호를 받지도, 제대로 먹지도 못한 채 수 주 또는 수개월 동안 엄청난 분량의 고무를 채취해 바쳤다. 그렇지만 요구받은 분량을 채우지 못하거나 납품을 지체하거나 회사의 명령을 따르지 않거나 불평불만을 표출하면 비인간적인 방식으로 형벌을 받았다.

고무 채취 노동자들이 보름에 한 번씩 채취한 고무를 가지고 돌아오면 관리인들은 미리 조작된 저울로 무게를 달았는데, 3개월 안에 고무 30킬로그램을 채우지 못하면 보통은 채찍질을 당하고, 심한 경우에는 칼(枷)에 씌워지거나 귀와 코가 잘리거나 살해당했다. 심지어는 처자식까지 고문을 받고 살해당했다. 농장 책임자들은 채집된 고무의 양에 따라 수당을 받았기 때문에 저급한 경제적 이익을 늘리기 위해 이 같은 비인간적이고 비윤리적인 행위를 자행했던 것이다.

『켈트의 꿈』에 따르면(206), 조물주가 "그 귀한 물질", 즉 고무를 아마존 지역에 "하사하고", "그 물질로 페루 사람들에게 축복을 내리고자" 했는데, 고무를 채취할 일꾼이 부족했다. 고무 채취 노동에 동원되어야 할 미개한 원주민의 "게으름과 어리석음 때문에 이 '하늘의 만나(maná del cielo)'"가 제대로 쓰이지 못하는 것이 중요한 문제였다. 그것은 고무 채취 회사에게 많은 시간과 돈을 낭비하는 것을 의미했다. 인디오에 대한 착취와 잔혹 행위는 이 같은 야만적인 자본주의 논리에서 비롯되었다. 원주민을 고문하거나 노예화하거나, 특히 죽이는 것은 페루 아마존 회사의 공식적인 정책이 아니었다. 법이 그런 행위를 금지했을 뿐만 아니라 "뿌뚜마요에서 몹시 부족했던 노동력을 위협하는 것은 미친 짓"(『켈트의 꿈』, 174)이었기 때문이다. 하지만 실상은 달랐다. "그 지역의 일곱 개 부족——우이또도, 오까이마, 무이나네, 노누야, 안도께, 레시가로, 보라——은 고무가 뿌뚜마요에 '문명인들'을 데려오기 전에 모두 십만여 명에 달했다"(『켈드의 꿈』, 247)고 추정되었다. 물론 나중에 이루어진 다양한 분석과 비교의 결과 실제로는 4만여 명에 달했다. 많은 사람이 수탈, 굶주림, 매질, 사지 절단,

〈그림 3〉· 뿌뚜마요의 인디오들에게 자행된 잔학 행위에 대한 기록.
출처: 위키피디아.

강간, 칼 고문, 살해 등으로 사라져 버린 것이다. "원주민의 4분의 3이 절
멸"되고, "살아남은 원주민은 약 1만 명을 넘지 않았다"(『켈트의 꿈』, 248).

　갈퉁에 따르면(Galtung, 1990: 292), 폭력이란 인간의 필요 충족을 잠재
적으로 가능한 수준보다 낮추는, 인간의 기본적인 필요와 삶에 대한 모욕
적인 행위다. 폭력은 개별 인간이 가진 잠재력을 축소하기 때문에 인간의
잠재력을 최고로 실현하기 위해서는 폭력이 억제되어야 한다. 자본주의
착취 시스템이 작동하기 위해서는 기본적으로 노동력(인적 자본)이 필요
한데, 뿌뚜마요에서는 노동 생산성을 높이기 위해서라는 미명하에 자행
된 폭력적인 행위가 오히려 노동력을 감소시키고 결과적으로 노동 생산

성을 저하시키는 결과를 초래했다고 할 수 있을 것이다.

뿌뚜마요에서 발생한 인권 유린과 이로 인한 공포는 흡사 지옥의 그것과 같았다. 『켈트의 꿈』에 소개된 학대의 종류와 방법은 상상을 초월할 정도다.

> 살다냐 로까는 잘못을 저지른 원주민에게 가해진 징벌의 각기 다른 유형을 열거했다. 채찍질, 족쇄를 채우거나 고문대에 묶어두기, 귀, 코, 손, 발 자르기, 심지어는 죽이기였다. 목을 매달아 죽인 사람, 총으로 쏘아 죽인 사람, 불로 태워 죽인 사람 또는 강에 집어넣어 익사시킨 사람. 마딴사스 농장에서는 그 어떤 농장보다 더 많은 원주민 유해가 있었다고 살다냐 로까는 단언했다. 계산을 하는 것이 불가능했지만 유골은 희생자 수백 명 또는 수천 명에 해당하는 것이었다(『켈트의 꿈』, 157).

이 같은 잔학한 행위는 고무 채취업자들이 행한 "업무의 일부"였다. "뿌뚜마요에는 피가 흥건"했는데, 사람들은 결국 그것에 "익숙해졌다". "그곳의 삶은 죽이고 죽는 것"(『켈트의 꿈』, 162)이었다. 뿌뚜마요는 '지옥'의 메타포였다.

회사의 하수인들이 인디오들을 상대로 저지른 인권 유린 행위에는 가학적·유희적·성적 폭력성이 두드러진다. 고무 농장의 관리인들은 인디오들이 자신들에게 부과된 최소 할당량을 가져오지 못하자 바베이도스에서 온 흑인 십장들더러 총으로 인디오들을 통제하라고 지시해 놓고는 그들에게 석유를 적신 포대를 덮어씌우고 불을 질렀다. "인간 횃불이 된 그들은 비명을 질러댔는데, 일부는 땅바닥에 뒹굴어 불을 끌 수 있었으나, 무시무시한 화상을 입었다. 활활 타오르는 별똥별처럼 강물에 뛰어든 사람은 익사했다. 마세도, 로아이사, 그리고 벨라르데는 부상당한 사람들을 권총으로 쏘아 죽였다"(『켈트의 꿈』, 157).

불길에 휩싸인 인디오를 "인간 횃불"이나 "활활 타오르는 별똥별"로 비유한 데서는 바르가스 요사의 문학적 상상력과 비유가 돋보이는데, "비명을 지르는 횃불"에서는 비명의 처절함과 강도가 더해지고, "강물에 뛰어든 별똥별"에서 느껴지는 속도감은 피해자가 느낀 고통의 강도와 참상의 비극성을 높인다. 또한 "부상당한 사람들을 권총으로 쏘아 죽였다"라는 표현에서는 가해자들의 목적이 피해자를 죽이는 데 있지만 죽이기 전에 가학적인 유희를 즐겼다는 사실이 드러난다. 인디오들의 "손과 발을 묶어 강물에 던진 뒤 그들이 익사할 때까지 물속에서 몸을 누르고" 있다가 그들이 죽으면 "시체를 숲으로 끌고 가서 짐승의 먹이가 되게"(『켈트의 꿈』, 225) 하는 장면에서도 가해자의 비인간적인 가학성이 두드러진다.

고무 할당량을 채우지 못해 벌을 받은 안도께 족 인디오 다섯 명을 죽이라는 마딴사스 농장의 책임자 노르만드의 명령을 실행한 바베이도스 출신 다이얼의 증언에서는 야만적 자본주의의 잔인성과 가학성이 다른 방식으로 표출된다.

> 다이얼이 첫 두 사람을 사살했으나, 책임자는 다음 두 사람을 유카 빻는 돌로 고환을 짓이긴 뒤에 몽둥이로 쳐서 죽이라고 명령했다. 마지막 사람은 손으로 목을 졸라 죽이라고 했다. 이 모든 과정이 이루어지는 동안, 노르만드는 통나무에 앉아 불그레한 작은 얼굴에 무감각한 표정을 바꾸지 않은 채 담배를 피우며 관찰하고 있었다(『켈트의 꿈』, 233).

몽둥이로 쳐서 죽이기 전에 "유카 빻는 돌로 고환을 짓이긴" 행위에는 동성(同性)에 대한 성적 폭력성과 유희성이 내포되어 있고, 시종일관 "무감각한" 표정과 "담배를 피우며 관찰하는" 행위에는 그 행위에 대한 죄책감이나 타인의 고통에 대한 연민이 완벽하게 부재한다. 이는 고무 농장 책임자들이 얼마나 비인간적이고 냉혹하고 잔인했는지, 자신들의 행위가 유발하는 인권 유린에 얼마나 무감각했는지, 그들의 정신 상태가 어느 정도로 비정상적이었는지, 더 나아가 자본주의가 어느 정도로 야만적이고 폭력적이었는지를 역설적으로 보여 준다.

잔인한 고문 도구들 가운데 하나는 '칼'이다. 작은 우리처럼 생긴 그 도구에 인디오를 집어넣고 손발을 묶어 조임으로써 등, 가슴, 다리, 목, 팔 등을 옥죈다. 가끔은 "벌을 받는 사람에게 칼을 씌우는 대신에 높다란 나무에 매달아 놓은 밧줄에 몸을 묶어 들어 올린 뒤 그 사람이 땅과 부딪치면서 머리와 뼈가 부서지고, 이가 다물어지면서 혀가 잘리는 모습을 보기 위해 땅으로 떨어뜨렸다"(『켈트의 꿈』, 234). 오직 피해자가 처절하게 죽어가는 모습을 "보기 위해" 가해자가 이처럼 폭력적인 방식을 채택했다는 데서는 폭력이 어느 정도로 가학적·유희적이었는지 체감할 수 있다. 바르가스 요사에 따르면, 가해자들이 그런 식으로 자신들의 잔인성을 경쟁적으로 보여주는 것은, "그들이 채찍질, 구타, 고문을 너무 많이 자행함으로써 물들게 된 해악"(『켈트의 꿈』, 157)이었다.

바베이도스 출신의 어느 흑인이 케이스먼트에게 밝힌 바에 따르면, 그들은 이 같은 "피의 유희"(『켈트의 꿈』, 157)를 '내기'처럼 행하기도 했다.

잠시 후, 옥시덴떼에서 일하던 다섯 명의 바베이도스 출신 남자들 가운데 한

명은, 술 파티가 벌어진 어느 날 밤에 피델 벨라르데와 울띠모 레띠로 농장의 당시 책임자인 알프레도 몬뜨가 칼에 씌워지는 형벌을 받고 있던 우이또또 족 남자의 귀를 누가 더 빨리, 깔끔하게 자르는지 내기를 하는 것을 본 적이 있다고 위원들 앞에서 증언했다. 벨라르데는 마체떼질 단 한 번에 그 인디오의 귀를 자를 수 있었으나, 당시 고주망태로 취해 있던 몬뜨는 손이 부들부들 떨리는 바람에 마체떼로 인디오의 다른 쪽 귀를 자르는 대신에 두개골을 쪼개 버렸다(『켈트의 꿈』, 229).

"누가 더 빨리, 깔끔하게 자르는지 내기를 하는" 장면에서는 가해자들의 폭력이 도박 또는 스포츠로 변질된다. 가해자들은 자주 술에 취했는데, 알코올은 "피의 유희"에 더 강력한 비극성을 부여함과 동시에 인디오에 대한 학대의 우발성과 잔인성을 극대화하는 데 일조한다.

회사의 관리인은 노동력이 부족하다는 사실을 인지하고서 가해자들에게 "순전히 스포츠로 인디오를 죽이는 것"에 대해 주의를 촉구하고, "반드시 필요한 경우"(『켈트의 꿈』, 157)에만 그런 난폭한 행위에 의존해야 한다는 점을 상기시켰다. 스포츠로 인디오를 죽이는 것이 노동력의 감소를 초래하기 때문에 주의해야 하되, "반드시 필요한 경우"에는 그토록 난폭한 행위를 해도 된다는 회사의 방침에는 식민주의적 자본주의의 야욕과 폭력성이 노골적으로 드러난다.

고무 채취업자들은 원주민 마을을 습격해 성인 남자만 아니라 소년과 소녀도 잡아와서 팔았다. 이끼또스에서는 "기껏해야 이삼십 솔(sol)을 주고"(『켈트의 꿈』, 176) 어린 하녀 하나를 사는데, 모든 가정이 한 명 이상의 하녀를 갖고 있었다. 실제로는 노예였는데, 노예 제도가 폐지된 상황에서 법을 집행해야 할 경찰과 판사까지 소녀들을 돈으로 사고, 그들을 "작은 동물"(『켈트의 꿈』, 177)이라고 간주하는 무법적인 현실은 회사의 영향력이 아마존 사회에 일반화되어 있었다는 사실을 증명한다. 이들 하녀는 밤낮없이 일을 하고, 가축우리에서 동물들과 함께 자고, 영문도 모른 채 몽둥이질을 당했을 뿐만 아니라 자신이 속해 있는 가정의 아들들이 성적으로 입문하는 데도 소용되었다. 이런 상황에서 가해자들이 가학적 쾌락을 위해 이들 '성노예' 소녀들에게 '성폭력'을 행하는 것은, 비극적이지만, 자연스러운 현상이었을 것이고, 이들 소녀들은 스스로를 방어할 수 없었을 것이다.

> 그 책임자가 자신의 정부인 어린 소녀들이 성기가 화끈거려 지르는 비명을 듣기 위해 습관적으로 그녀들의 성기에 고춧가루나 고추껍질을 집어넣었다고 말했다. 그리니치에 따르면, 그는 그렇게 해야만 흥분을 하고 그녀들과 성교를 할 수 있었다(『켈트의 꿈』, 234).

여기서 "비명을 듣기 위해"라는 표현은, 앞서 언급한 "보기 위해"라는 표현과 마찬가지로 가해자의 폭력에 가학적·유희적 목적이 내포되어 있다는 것을 암시한다. 특히 그가 "그렇게 해야만 흥분을 하고 그녀들과 성교를 할 수 있었다"는 표현은 폭력이 도착증(倒錯症)적인 상태에 이르렀음을 암시하는데, 이 같은 도착증은 식민주의적 자본주의의 야만성과 폭력성에 대한 메타포라고 할 수 있을 것이다. 이들 원주민이 겪은 인권 유린적 참상은 "늘 같은 이야기. 결코 끝나지 않는 이야기"(『켈트의 꿈』, 177)였다는 사실이 참상의 비극성과 치유 불가능성을 높인다.

『켈트의 꿈』에서 "식인종", "야만인"으로 간주되는 인디오들은 등, 엉덩이, 다리에 흉터를 지닌 모습으로 등장한다. 많은 경우 그들의 몸에는 "암소, 말, 돼지에게 낙인을 찍듯"(『켈트의 꿈』, 217), 회사의 이름 즉, '아라나 회사(Casa Arana)'의 약자 'CA'가 새겨져 있었다. 인디오들이 도망치지 못하도록, 콜롬비아 고무 채취업자들이 그들을 훔쳐 가지 못하도록 그토록 잔인한 짓을 자행한 것이다. 특정 지역의 경우 "인디오들 가운데 적어도 3분의 1이 몸에 CA 표시가 되어"(『켈트의 꿈』, 235) 있었다. 소녀들을 하녀와 성노예로 부리고, 사람의 몸에 "가끔은 불로, 가끔은 칼로"(『켈트의 꿈』, 217) 낙인을 찍는 행위는 식민주의적 자본주의에 물든 인간들이 저지른 '비인간화'의 한 예라고 할 수 있을 것이다. 바르가스 요사는 "가해자에 대한 불처벌과 이들 개인이 지닌 절대적인 힘은 이들에게 가학적 성향을 키워 주었"고, "그 가학적 성향이 모든 권리를 박탈당한 원주민들에 대해 자유롭게 발현될 수 있었다"(『켈트의 꿈』, 236)고 주장한다. "잔혹한 행위들은 인간이 태어나면서부터 인간을 따라다니는 원죄이자 인간의 끝없는 사악함을 고무시키는 비밀인 탐욕에 의해 유발되어 최소한도로 변화하면서 되풀이되었다"(켈트의 꿈』, 158).

경제적·사회적 힘의 불균등한 배분과 그로 인한 위계와 격차, 불평등, 그리고 그것들에 기반한 약육강식의 논리가 이 같은 폭력의 원인이라고 할 수 있을 것이다. 극단적인 폭력을 최소화하는 방법은 폭력을 양산하는 정치경제적·사회문화적 구조와 이 구조 안에서 희생당한 타자의 현실을 적극적으로 기억하고, 사유하고, 개선할 때 찾아질 수 있다는 사실을 『켈트의 꿈』이 우리에게 알려 준다.

4 원주민의 저항과 투쟁에 관한 바르가스 요사의 성찰

이야기의 서사적 기능은 역사적이거나 상상적인 현실을 이야기의 틀에 맞춰 단순하게 재현하는 데 머물지 않고, 독자가 자신이 속한 현실과 적극적인 관계를 맺음으로써 자신의 현실과 삶을 돌이켜보면서 새롭게 능동적으로 기획하도록 한다. 이는 폴 리쾨르(Paul Ricoeur)가 규정한 '재형상화' 작업인데, 진정한 의미의 재형상화는 '생산적인' 상상력을 통해 현실을 새롭게 발견해서 드러내고 변형시킴으로써 우리의 세계관을 바꾸는 것이다. 이 같은 재형상화는 우리의 삶에 '의미론적 혁신'을 유발하기 때문에 세계 속에서 우리의 존재를 다시 능동적으로 재구성하는 작업이 된다.

바르가스 요사는 『켈트의 꿈』을 통해 소설의 사회·역사적 의미를 부각할 뿐만 아니라 독자로 하여금 불의에 항거하고, 모순된 것을 지적하고, 비판하면서 자신의 삶에 의미론적 혁신을 이루도록 유도한다. 바르가스 요사의 '도덕적 의무'는 야만적인 자본주의의 전횡, 착취, 인권 유린 같은 폭력성을 고발하고 토착 문화의 존재 의미와 가치를 회복시키는 것이다.

아마존의 고무 채취 산업은 아메리카의 인디오를 식민주의적 자본주의 체제의 희생자로 전락시켰다. "어느 날, 백인 또는 메스띠소 신사들이 소총과 권총을 들고 도착해서는 그곳 원주민더러 자신들의 가족, 경작지, 집을 버리고 낯선 사람 몇 명의 이익을 위해 수십 또는 수백 킬로그램의 고무를 채취하러 가라고 요구"(『켈트의 꿈』, 206)했다. 그들이 그렇게 하는 이유는 "고무 채취업자들이 고무를 채취하고 돈을 버는 것은 당연히 늘 식인종이고 자기 자식을 죽이는 살인자였던 그 이교도들에게 가하는 가장 나쁜 악행을 정당화하던 기독교인들의 이상이라고 믿었"(『켈트의 꿈』, 174)기 때문이다. 타자의 재산과 인권은 무시한 채 오직 경제적인 이익만을 추구하는 야만적 자본주의의 악행이 사람을 잡아먹고 자식을 살해하는 이교도에 대한 응징, 즉 '기독교적 이상'으로 둔갑한 것이다. 로저 케이스먼트는 유럽의 식민 정책이 "3 'C'로 이루어진 로저 자신의 개인적인 성삼위, 즉 기독교(Christianity), 문명(Civilization), 무역(Commerce)과 더불어 정당화되었다고 믿었다"(켈트의 꿈』, 43). 이렇듯 아메리카는 서구적 관점에서 계몽(지배, 식민, 문명화)의 대상이 된다. 유럽인들에게 문명화는 서구화이며, 근대화는 곧 식민화였다.

　"개인의 소유권과 자유를 존중해 주는 사회"를 추구하는 바르가스 요사에게는 "식민지 개척자들이 식민지에서 원주민의 땅을 점유하지 않고", "광산이나 들판에서 일하는 것을 거부하는 원주민에 대해 폭력을 동원하는 것을 금지"하고, "원주민을 학대하지도 동물처럼 사냥하지도 않고, 노예 노동을 시키지 않고 학교, 병원, 교회를 통해 그들을 문명에 통합시키는"(『켈트의 꿈』, 207-208) 것이 바로 제대로 된 문명이다. 문명은 조화로운 삶이 요구하는 법과 규범에 따라, 그리고 합의된 절차에 따라 행위하는 것을 의미하고, 그런 의미에서 문명은 폭력의 배제를 목표로 한다(박기순, 2013: 143-144). 그런데, 페루 아마존의 이끼또스는 "음모, 허위적인 소문, 언어도단의 거짓말 또는 처치 곤란한 거짓말, 모순으로 이루어진 바다에서 자신이 침몰한다는 것을 느끼지도 못한 채 침몰해 가는" 곳이고, "진실이 적대감과 문제를 유발하기 때문에, 또는 더 종종, 사람들이 확실한 것과 허위적인 것, 사기와 실재를 구분하는 것이 이미 실제적으로 불가능한 어느 시스템 속에서 살아가고 있었기 때문에, 그 누구도 진실을 말하지 않았던 세계"(『켈트의 꿈』, 305)였다.

문제는 야만적인 식민주의 자본가들의 악랄한 착취와 압제에도 불구하고 원주민들이 적극적인 저항 또는 반란을 시도하지 않았다는 데 있다. 이는 "착취 시스템이 아주 극단적일 때, 그 시스템이 몸보다 정신을 훨씬 먼저 파괴하기 때문이다"(『켈트의 꿈』, 220). 원주민을 희생시킨 폭력이 그들의 생존 본능과 저항 의지를 없애 버렸고, 그들을 "혼돈과 공포 때문에 몸이 마비된 자동기계(autómata)"(『켈트의 꿈』, 221)로 변화시켜 버린 것이다. 심지어 "많은 원주민은 자신들에게 일어난 일이 실제하는 특정 날삯꾼들이 저지른 악행의 결과라고 이해한 것이 아니라 신화적인 대격변, 신들의 저주, 자신들이 도저히 피할 수 없는 신성한 징벌의 결과라고 이해했다"(『켈트의 꿈』, 221).

음바예는 "바르가스 요사가 무자비한 제국주의의 비호를 받는 탐욕에 의해 지탱되는 예속을 비판하는 로저 케이스먼트라는 인물을 통해 인디헤니스모(Indigenismo, 원주민주의)의 전통들 가운데 하나를 복구하려 시도한다"(Mbaye, 224)고 주장한다. 그런데 『켈트의 꿈』에는 피해 대상자인 원주민의 목소리가 가시적·적극적으로 반영되어 있지는 않다는 한계가 있다. 서구의 식민주의적 자본주의에 대한 비판이 아일랜드 출신 백인(케이스먼트)과 페루 출신 메스띠소 지식인·작가(바르가스 요사)에 의해 이루어진 것이다. 그런데도 이들 '문제적' 인간들이 각각 지난한 삶의 과정에서 자신의 존재 방식과 의미, 세계관을 긍정적으로 변화시키거나(케이스먼트) 문학과 인간에 대한 본질적인 문제를 깊이 성찰하면서 작가로서의 도덕적 책무를 방기하지 않으려고 노력했기 때문에(바르가스 요사) 원주민 문제에 대한 이들의 성찰과 대안 제시는 깊이 새겨볼 만하다.

나는, 뿌뚜마요의 원주민이 자신들을 몰아넣은 그 비참한 상황에서 벗어날 수 있는 유일한 방법은 주인들에 대항해 무장봉기를 하는 것이라는 절대적인 확신에 이르렀다. (……) 이 사회에서 국가는 착취 및 몰살 기계로부터 분리될 수 없는 하나의 부분이다. 원주민은 그런 기관들로부터 아무것도 기대하지 말아야 한다. 그들이 자유롭게 되기를 원한다면 자신들의 팔과 용기로 자유를 획득해야 한다. (……) 감상적인 이유로 스스로를 희생하지 말고. 마지막 순간까지 투쟁하면서(『켈트의 꿈』, 239).

바르가스 요사는 케이스먼트의 입을 빌려 원주민이 적극적인 저항과 투쟁을 통해 자신들의 권리를 회복해야 한다고 주장한다. 원주민이 기존 체제에 종속되거나 의존하지 않은 채 스스로의 힘으로 마지막 순간까지 적극적으로 저항하고 투쟁함으로써 자유를 획득해야 한다는 명제는 "지배와 종속의 상황을 끝장내기 위해 아메리카 대륙의 이 부분에서 민중이 행한 내외적 이중 투쟁의 표현"(Zea, 1978: 14)이라고 할 수 있을 것이다.

É. 발리바르에 따르면, 지배와 폭력의 관계가 치유될 수 없을 만큼 각인된 세계와 역사 속에서 삶을 새롭게 전유할 가능성은 저항의 실천과 연계되어 있는데, 제대로 저항하는 방법은 동일성을 강제하는 기존의 질서에 반대하고, 능동적 주체성이 발현되고 집합적 연대가 이루어지는 것이다(발리바르, 2012: 117-118). "임계점에 이른 극단적 폭력에 맞서 취해야 할 전략적 태도는 이 균질화된 세계 공간에 끊임없는 균열을 가할 수 있는 저항적 주체들 간의 연대와 투쟁뿐"(김현, 2019: 355)이라는 견해도 이와 궤를 같이한다. 이 과정에서 상이한 주체들 간의 집합적 연대와 자유의 공간을 확보하는 것이 중요하다고 할 수 있는데, 『켈트의 꿈』은 우리에게 이에

관해 의미 있는 화두, 적극적인 실천의 방식을 제시한다.

5 『켈트의 꿈』을 통한 기억과 성찰, 그리고 치유

문학은 나의 특권이 타자의 고통과 연결되어 있을지도 모른다는 사실을 숙고하게 함으로써 우리가 타자의 삶과 고통을 공감하고 연민할 수 있는 능력을 길러주고, 그 능력을 발휘하도록 해준다. 따라서 역사적 비극을 기억하고, 성찰하고, 연민하고, 치유하는 것은 문학의 역할이라고 할 수 있다.

라틴아메리카는 거의 항상 정치경제·사회문화적 소외, 고착화된 계급 질서, 남성 우월주의, 권력에 기생하는 인간들이 존재하고, 착취, 폭력, 불평등, 빈곤이 횡행하는 곳이었고, 현재도 그런 상태가 지속되고 있다. 이 같은 세계에서 고통스러운 역사가 반복되지 않게 하는 근본적인 방법은 집요하게 의심하고 냉철하게 질문하면서 그 역사를 제대로 기억하고 알리는 것이다.

당대의 시대정신을 포착하고 그 시대에 참여해야 한다고 느끼는 바르가스 요사는 '작가의 책무'를 충분히 인정하고 실천한다. 다양한 작품을 통해 혼돈의 세계 라틴아메리카를 예리하게 해부함으로써 만성적인 부패를 치유하기 위해 애를 써온 그는 역사의 물결에 떠밀려 망각의 저편으로 사라져가던 비극을 건져내 시대의 이정표로 새기려고 시도한다. 특히 로저 케이스먼트와 마리오 바르가스 요사에 의해 '양피지적'으로 쓰인 『켈트의 꿈』에서는 페루 근대사의 고통스러운 경험을 탁월하게 형상화함으로써 과거 역사를 현재화해 우리에게 보여 준다. 식민주의적 자본주의 세력이 페루의 아마존 인디오에게 가한 고통과 상처를 고발하고 인디오의 권리와 토착적인 가치 회복을 주장한다. 그리고 인간에게 진정으로 필요한 것은 자유와 정의에 기반한 인간애라는 사실을 우리에게 가르쳐 준다.

바르가스 요사는 『켈트의 꿈』을 통해 극단적인 폭력에 희생된 인간의 경험과 '훼손되지 않았어야 했던 것의 훼손'에 관해 증언함으로써 인간의 본질에 관한 문학적 성찰과 작가의 진정한 책무가 어떤 것인지를 제대로 보여 준다.

제 2 장

재난의 일상화:
파괴된 세계의 멕시코시티*

박경은

* 이 글은 필자의 박사학위 논문 "Affective Materiality: Latin American Science Fiction at the Turn of the Twenty-First Century"의 1장 1절 'Mexico City in Ruins'를 발췌·수정한 것이다.

1 들어가며: 1985년 9월 19일

멕시코에서 9월 19일은 공포의 날이다. 1985년 9월 19일 약 6,000명이 사망하고 1만 명 이상이 실종된 대지진이 일어났고, 2017년 9월 17일, 32년이라는 시간차를 두고 같은 날 두 시간 이내에 또다시 치명적인 두 번의 지진이 발생했다. 1985년 이후, 멕시코 정부는 강화된 내진 설계 규정을 제정하고 대규모 연례 지진 대피 훈련을 진행해 왔다. 그럼에도 강도 7.0 이상의 지진으로 최소 400명 이상이 사망했고 약 14만 채의 건물이 파손되었다. 무너진 건물의 10퍼센트 이상이 내진 설계 규정 강화 이후에 지어진 건물이었다. 2022년 9월 17일 세 번째 대규모 지진이 발생했다. 여느 해와 마찬가지로 오전에 대규모 지진 대피 훈련이 있었다. 아이러니하게도 훈련이 끝난 지 한 시간도 채 되지 않아 지진 경보가 울리면서, 시민들이 훈련과 실제를 혼동하기도 했다(김미향, 2022; 이채환, 2022). 진앙지가 멕시코시티에서 조금 떨어진 서부 미초아칸 주 해안 지역이라 도시의 인명 피해는 크지 않았지만, 규모 7.6의 지진으로 만사니요(Manzanillo) 및 떼꼬만(Tecomán) 지역의 건물 140여 채가 무너졌다.

세 차례의 지진이 같은 날 발생한 것은 '우연'일 뿐, 그 어떤 과학적 이유가 없다고 한다. 하지만 우연은 반복되었고 9월 19일은 과거의 비극과 미래에 불안과 공포가 중첩된 기표가 되었다. 환태평양 지진대 '불의 고리'에 자리 잡고 있고, 활화산인 뽀뽀까떼뻬뜰(Popocapetetl)을 곁하고 있는 멕시코시티의 지형적 특성상 1985년의 대지진이 첫 지진은 아니었다. 그럼에도 1985년도 지진은 멕시코 역사에서 큰 변곡점으로 자리매김했다. 그 이유는 자연재해와 인간이 만든 물질문화의 시너지, 즉 건물 잔해, 부서진 기계, 무너진 거리 등 인간이 만든 환경과 인간이 통제할 수 없는 자연의 파괴적인 힘을 마주했기 때문이다. 시민들은 멕시코라는 국가의 눈부신 성장과 그 부침을 상징해 온 거대한 도시인 멕시코시티가 순식간에 위협적인 존재가 되고, 폐허가 되는 것을 목격했다. 사람들의 거주지이자 일터, 피난처로 지어진 건물들이, 지진과 함께 도리어 사람들을 짓밟고 죽이는 치명적인 무기로 변하는 낯설고 두려운 상황을 목도한 것이다.

이러한 파국의 자연 재난과 사회구조적 절망이 중첩된 현실을 그리는 두 단편, 아르뚜로 세사르 로하스(Arturo César Rojas)의 「삐노 수아레스 역으로 간 사내(El que llegó hasta metro Pino Suárez)」(1986, 이하 「사내」)와 이그나시오 빠디야(Ignacio Padilla)의 「포위된 괭이들의 해(El año de los gatos amurallados)」(1994, 이하 「괭이」)를 살펴보고자 한다. 두 작품 모두 멕시코시티가 생태적 재앙, 전쟁, 오염, 전염병으로 폐허가 된 가상의 미래를 다룬다. 1985년 대지진 이후 발표된 두 단편은, 멸망과 파국의 도시를 형상화함으로써 재난의 참상과 당대 멕시코의 사회적 위기를 재현한다. 이를 통해, 실패한 근대화 및 산업화의 잔재, 신자유주의의 물질화 등 도시화가 도시의 경관에 미치는 독특한 영향을 드러내고, 다른 한편으로는 생물과 무생물, 비인간과 인간 사이의 다면적인 관계와 상호작용을 포착한다. 또한 상처받고 폐허가 된 도시 풍경과 문명 속에서 인간의 한계를 대체하는 종말 이후의 신체와 인간-너머의 존재들의 행위성을 그려 낸다. 두 단편을 통해, '가혹한 경험이 된 대지진'과 '일상이 된 사회적 재난'이 가져온 실존적, 인식론적, 존재론적 지형의 변화를 조망하고자 한다.

2 일상화된 파국의 도시, 멕시코시티

아르뚜로 세사르 로하스와 이그나시오 빠디야는 시체 더미와 무너진 건물 잔해, 유독성 공기와 치명적인 바이러스로 가득 찬 종말 이후의 멕시코시티를 그려 낸다. 두 작품 모두 멸망의 명확한 이유를 밝히지 않지만, 천재지변과 환경 오염, 전쟁 등이 맞물려 도시가 폐허가 되고 치명적인 공간으로 변했음을 암시하며, 지하철 역사(驛舍)에 살아남은 소수의 생존자들과 붕괴된 도시의 파편과 오염된 물질, 폐허가 된 풍경들이 주인공이자 서사의 축을 이룬다. 세사르 로하스의 단편 「사내」는 다음과 같은 뉴스 보도의 일부로 시작한다.

워싱턴. 공식적인 선전 포고 이후 두 강대국은 일반 무기를 사용할 것이라고 밝혔지만, 현 상황의 필요에 따라 핵무기와 생화학 무기를 다시 사용할 수도

있다고 말했다. 믿을 만한 정보에 따르면……(César Rojas, 1997: 213)[1]

이 리포트는 다가올 재앙의 전주곡이다. 바로 다음 단락에서 바로 로하스는 전쟁으로 도시가 멸망했음을 알린다. 멕시코시티 전체에 시체가 작은 언덕처럼 쌓여 있고, 남은 생존자들은 변종 나병을 비롯한 만연한 전염병으로 고통받는 상황이다. 얼마 남지 않은 생존자들은 유독 가스와 지상의 폐해를 피해 지하로 피신한다. 그럼에도, 겨우 살아남은 사람들은 원인을 알 수 없는 병으로 신체적 변형과 고통을 겪으며 죽음을 기다리고 있다.

마찬가지로, 이그나시오 빠디야의 「괭이」도 대지진으로 붕괴된 멕시코시티의 지하철역에 피신한 한 무리 사람들의 생존기를 그린다.[2] 지상을 파괴한 치명적인 지진으로 50여 명의 사람들이 머리 위를 덮친 잔해를 피해 옛 지하철역으로 피신한다. 하지만 식량 부족으로 모두 죽음을 맞는다.

두 단편에서 가장 중요한 축을 구성하는 것은 종말론적 모티프이다. 세상의 종말이라는 상황을 가져온 생태 위기와 이미 멸망한 듯한 멕시코시티, 그리고 그 안에서 죽음만을 앞둔 생존자의 형상은 당대 멕시코 사회가 직면하고 있던 환경적, 물질적, 사회경제적 위기에 대한 불안과 우려를 담고 있다. 실상 멕시코시티의 자연 재난과 지정학적 위기로 인한 파괴적인 상황은 단순한 서사적 메타포가 아니라 현실 반영에 가깝다. 붕괴되고 병든 도시는, 산업화와 근대화 프로젝트, 환경 오염의 연쇄적인 영향 아래에서 고통받아 온 실제 멕시코시티가 당면한 현실이었기 때문이다.

---

1) 인용된 모든 텍스트는 필자의 번역이다.

2) 이그나시오 빠디야는 이 단편을 통해 1985년 대지진 이후 마주한 절망과 분노, 실망감에 대해 다루고자 했다고 직접적으로 언급했다(Padilla, 2010: 95-96).

1980년대 멕시코시티는 이미 유독한 공기질과 부실한 도시 기반 시설로 인해, 실제로 날아가는 새들마저 떨어질 정도로 심각한 환경 문제에 직면해 있었다(이의정, 2019). 이러한 문제는 멕시코의 경제적 성장과 산업화에 따른 결과로 볼 수 있다. 멕시코는 1940년대에서 1970년대 사이에 급격한 산업화를 경험하며 "멕시코의 기적"이라 불리는 시기를 겪었다(De Jong and Graf, 2017; Miljkovic, 2021). 이 기간 동안 도시화와 산업화가 급격하게 진행되면서 도시 기반 시설이나 보건, 환경 관리는 산업화 속도를 따라가지 못했다. 수도 근처에 형성된 산업 지구로 인해 대기질이 급격히 악화되고, 인구 급증과 열악한 도시 인프라로 도시 환경은 치명적으로 변한다. 특히, 1960년대에는 수도권 인구가 전체 인구의 20퍼센트를 넘어섰으나, 이에 대응하는 시설이 부족하여 교통, 보건 및 환경 문제가 증대되었다. 늘어난 인구와 함께 교통량이 증가하고 그에 따른 교통사고 사망률이 치솟았다. 멕시코 근대화의 이정표로 여겨지는 지하철 시스템은 급증하는 인구를 감당하지 못해 아비규환의 장소로 변모했다. 또한, 상하수도 시설이 열악해 식수의 오염도가 높았고 이로 인한 전염병과 치사율이 높아졌다. 이런 결과로 1992년 유엔 지구정상회의에서 세계에서 가장 오염이 심한 도시로 멕시코시티가 꼽히기도 했다.

수십 년 동안 멕시코시티의 환경 문제는 정부가 경제 발전을 위한 근대화 프로젝트에 중점을 두면서 방치되어 왔다. 대기를 비롯한 환경 보호는 경제 성장과 대치되는 것으로 여겨졌기 때문이다(Miljkovic, 2021). 그러나 환경과 시민 건강을 희생으로 삼은 경제 발전 및 근대화 프로젝트 또한 1970년대부터 쇠퇴의 길로 접어들었다. 1982년의 부채 위기를 맞으면서 멕시코는 국제통화기금의 조정을 받아들이고 신자유주의 정책을 수용해야 했다. 그러나 신자유주의 정책의 도입으로 인해 국가 전체의 경제 성장에 비해 빈부격차가 커지고, 빈곤층이 더욱 증가하면서 경제적, 사회정치적 불평등이 확대되었다. 사회경제적 양극화는 환경 문제가 동시에 사회적 불평등을 가중시키고 있음을 더욱 선명하게 보여 주었다. 부유한 계층이 비교적 안락한 환경에서 살아가는 반면, 도시 외곽의 대규모 빈민촌 지역의 주민들은 오염된 공기와 물, 부실한 인프라로 가득 찬 환경에서 건강과 생존 문제에 직면한 상황이었다. 특히, 환경 피해를 본 지역의 주민들은 사회적 서비스 및 교육, 직업 기회에서 소외되고 있어 이들은 환경 문제의 부당한 영향을 더 크게 체감했다. 이러한 과정은 결국 환경 문제와 사회적 불평등이 상호 강화하는 현상을 드러냈다.

이런 상황에서, 1985년 지진은 생태 위기와 불평등한 사회 및 경제 구조가 맞물려 낳은 결과인 멕시코 사회의 병폐와 모순을 오롯이 드러낸 사건이었다(De Schmidt and Schmidt, 2010). 다시 말해, 생태 위기와 사회적 불평등이 상호작용하여 도시의 취약성을 더욱 증가시키고, 정부의 부패와 불평등한 사회 구조가 재난 상황에서 어떻게 두드러지게 드러나는지를 보여 주었다. 멕시코시티의 취약한 지반과 호수 바닥, 도시 구조물과 인구 밀집, 수많은 다층 건물, 열악한 건축 기준은 사상자 수와 물리적 피해 수준을 증가시켰다. 위험 지역에 자리 잡고 있던 고층 빌딩이었던 또레 아메리까나(Torre Americana)나 식민지 시대에 지어진 건축물들은 큰 피해를 입지 않았다. 반면에 공공 주택 단지, 병원, 학교, 진료소 등 정부에서 지은 건물들이 대다수 파괴되면서 정부 주도 사업의 부패 의혹이 증폭되었다. 더불어 정부의 위기 대응 능력의 부재와 부조리는 더 많은 인명 피해를 가져왔다. 한 예로, 임가공 공장에서 군인들이 수행한 구조 작전은 인명 구조가 아니라 재봉틀을 회수하기 위한 작전이었다. 실제로 재봉틀을 보호하기 위해 당국은 민간인 구조 작업을 금지했다(Cockcroft, 2012: 81-82). 군인들이 도착했을 때 한 젊은 재봉사는 기계와 함께 파묻혀 있었기 때문에 구조될 수 있었다(Cockcroft, 2012: 82). 국가가 구하고자 한 것은 시민의 생명이 아니라 재봉틀이었다. 군인들이 수행한 재봉틀 회수 작전은 단순히 재난 대응이 아니라 정부의 우선순위와 시민 생명에 대한 불균형한 태도를 드러냈다.

1980년대 초반부터 멕시코에서 신자유주의 정책의 강화 그리고 근대화 프로젝트와 함께 디스토피아, (포스트)아포칼립스 또는 묵시론적 서사가 인기를 끌게 된 것은 우연이 아니다. 생태 위기와 사회적 위기가 교차하는 지점에서 멸망한 멕시코를 상상하는 것은 일종의 현실 반영이자 동시에 시대 감수성의 반영이라 할 수 있다. 현실에 대한 우려와 재현으로서 '세상 종말'의 모티브가 대두된 것이다. 미겔 로뻬스-로사노(Miguel López-Lozano)는 종말론적 모티브의 등장이 "세계화의 동질화와 그에 수반되는 차이의 소외"로 인한 시대적 불안이 종말론적 비전으로 나타났다고 지적한다(López-Lozano, 2008: 3). 비슷한 맥락에서 이그나시오 산체스 쁘라도(Ignacio Sánchez Prado)는 1990년대 중반까지 '크랙 세대'[3]가 문

---

3) 뻬드로 앙헬 빨로우(Pedro Ángel Palou), 이그나시오 빠디야, 호르헤 볼삐(Jorge Volpi), 엘로이 우로즈(Eloy Urroz), 리까르도 차베스(Ricardo Chávez) 다섯 작가들이 모여 1996년 『크랙 선언문(*Manifiesto del Crack*)』을 발표했다. 이후, 이들을 비롯해 선언문에서 제시된 의식을 공유하는 일련의 작가들을 크랙 세대로 불렀다. 이 선언문에서 라틴아메리카 문학 전통과의 파열을 선언하고 새로운 소설의 다양성을 가져올 새로운 세대의 출현을 선언했다. 한편으로는 라틴아메리카에서 생산되는 모든 서사 텍스트를 마술적 리얼리즘의 후예로 묶어 지역화하는 국제 문학 시장에 저항하고, 다른 한편으로는 당대 사회와 관련된 새로운 주제를 탐구해야 한다는 시급성을 강조했다. 이 작가들의 스타일은 서

학적 관습과의 개념적 파열을 위한 토대이자 멕시코 근대성의 몰락을 표현하는 것으로 묵시록적 비전을 채택한 것으로 지적한다(Sánchez Prado, 2007: 11). '종말' 또는 세기말의 디스토피아적 모티브는 사회, 경제, 정치, 생태적 위기에 대한 불안감이 멕시코 문학의 당위와 맞물린 세기 전환기의 감수성인 것이다.

이러한 경향에도 지진 이전 세대와 지진 이후 세대 사이에 균열이 존재한다. 대지진의 후유증으로 지진 이후 세대가 종말 서사를 사용하는 방식에 현저한 차이가 나타났다. 지진은 도시 지형뿐만 아니라 시민들의 사고방식까지 변화시켜, 사회 전체에 인간과 (도시) 생태계의 관계에 대한 탈인간적/비인간 관점을 불러일으켰다. 한편으로 거대한 자연의 힘 앞에서 인간과 비인간의 관계망에 대한 실존적 의문을 일깨웠고, 다른 한편으로는 멕시코 혁명 이후 통일된 멕시코에 대한 비전 그리고 급격한 산업화를 통해 이뤄 온 근대화와 신자유주의를 바탕으로 한 경제 발전에 대한 환멸과 의구심을 불러일으켰다. 즉, 지진은 '자연적' 재난일 뿐만 아니라 인간이 초래한 '사회정치적' 재난이라는 것을 오롯이 깨닫는 경험이었다. 따라서 지진 이전의 종말 서사의 경향이 현재의 위기에 대한 반성과 새로운 시작의 필요성을 묘사하는 데 치중했다면, 지진 이후에는 '종말' 자체에 방점을 둔다. 다시 말해, 이전의 서사가 인간에 대한 믿음을 잃지 않고 인간성을 통해 현재의 위기를 극복하고 새로운 시작을 꿈꾸는 경향이 있었다면, 지진 이후 세대는 이러한 휴머니즘적 가치가 무용지물이 되고, 세계의 붕괴로부터 인간 사회를 방어하는 것이 불가능한 포스트휴먼 사회를

로 다르지만, '디스토피아와 (포스트)종말론적' 메타포는 이들을 하나로 묶는 중요한 주제이다.

묘사하기 시작한다. 즉, 지진 이후 세대의 서사에서 세계의 행위 주체는 더 이상 인간이 아니라 병들고 폐허가 된 멸망의 지형, 인간-너머의 세계 자체가 주인공이다. 두 단편 「사내」와 「괭이」는 이러한 패러다임의 변화를 추동하는 지진 이후 세대의 감수성을 세밀하게 드러내고 있다.

3 지하철, 헤테로토피아의 지하 세계

「사내」와 「괭이」에서 생존자들은 모두 지하 세계, 멸망 이전에 지하철 역이었던 곳으로 모여들었다. 폐허가 된 도시에서 특별히 '지하철역'이 인류의 종말, 종말 이후의 세계를 보여 주는 결정적인 공간적 지표가 되는 이유는 무엇일까? 생존자들의 최후 보루가 되는 지하 세계로서 지하철은 일종의 헤테로토피아 역할을 한다. 멸망 이전의 세계에서는 지상 세계, 즉 가진 자와 질서의 세계에 대비되는 가난한 자들과 주변부화된 사람들의 헤테로토피아이다. 멸망 이후의 세계에서는, 죽음의 지상 세계와 반대되는 생존의 공간으로서의 헤테로토피아이다. 재난이 계속되는 동안 지하철 역은 타자화된 역전/반전 시스템이 작동하는 장소로 기능한다. 미셸 푸코 (Michel Foucault)는 타자성을 헤테로토피아의 중심적인 측면으로 강조했다. 이는 헤테로토피아를 구성하는 것이 역전된 시공간성과 나머지 사회적 차원과의 관계에서 구성원의 타자성 때문이다. 대표적으로 도시의 현대 동물원을 제시하며, 동물들의 서로 다른 '소우주'가 우리 사회에서 양립할 수 없는 존재들로 구성되어 있다고 설명한다(Foucault, 1984). 더욱이 마르꼬 센자티(Marco Cenzatti)는 "현대 사회 질서에 맞지 않는 개인과 사회 집단의 존재에 의해 할당되거나 표시"(Cenzatti, 2008: 76)되는 공간으로 헤테로토피아를 구체화한다. 즉, 기존의 세계 속에 분리되어 있는, 혹은 타자화되고 배제된, 그러나 사회 속에 있는 공간이 헤테로토피아이다.

실상, 멸망 이전의 세계인 '멕시코 사회의 현실의 삶'에서 메트로 시스템은 이미 헤테로토피아였다. 후안 비요로는 지하철 승객들은 열차 안에서 "포스트모던한 속도"를 경험하지만, 그 시스템은 자아, 주체성, 주체성을 박탈당한 채 지하기계의 일부로 전락하는 "부정적 유토피아" 또는 "(포스트)아포칼립스의 생태계"(Villoro, 2004: 131-132)를 경험하는 것이라 비판하기도 했다. 즉, 종말론적 상황은 소설에 등장하는 픽션적 상황이 아니라 멕시코의 현실이었다. 메트로 시스템은 멕시코 국가 주도의 근대화 프로젝트로 근대성/식민성의 양가적 측면, 그중에서도 프로젝트에 내포된 식민성이 초래한 사회적 실패를 여실히 보여 준 역사적 사건이라 할 수 있다. 발전, 진보, 과학, 이성, 그리고 이 모든 것을 가능하게 하는 인간의 힘에 대한 믿음과 희구가 근대성이라면, 이를 현실로 실현시키는 과정이 근대화일 것이다. 근대성 자체가 구분과 구별에 기반한 차별과 위계화에 기반해 있기 때문에, 아니발 끼하노는 근대성은 항상 타자에 대한 폭력을 수반하는 식민성과 동반될 수밖에 없다고 설명한다. 후안 비요로에 따르면, 정부는 "잃어버린 자유를 대체하고" 근래 멕시코 국민에게 가해진 국가적 폭력에 대한 보상으로 메트로 시스템을 구축했다. 이 시스템을 1968년 틀라텔롤코 학살 사건 발생 1년 후인 1969년 9월에 개통했기 때문이다(Villoro, 2004: 123-132).

각 역은 멕시코 독립 전쟁과 멕시코 혁명 영웅의 이름을 따르거나 원주민들의 역사를 담은 아즈텍어로 지어지기도 했다. 역사의 명칭에서 드러나듯, 메트로 시스템에는 멕시코 역사에 대한 지배 계급의 청사진과 근대성의 비전이 반영되어 있다. 노동자 계급을 위해 고안되었으며, 광범위한 대도시 지역을 이동해야 하는 사람들, 특히 저임금 통근자와 다른 지역에서 온 이주민에게 저렴하고 비교적 빠른 교통수단을 제공하기 위한 수단이었다. 한편으로 권위주의적 정권이 자행해 온 국가적 폭력을 무마하고, 다른 한편으로는 과학기술의 발전과 시민에 대한 통제와 조절에 대한 국가 권력의 과시이자 상징이었다. 그러나 지하철 시스템은 계급, 성별, 인종 차별이 만연한 "실패한 혁명의 상징"으로 전락하고 만다(Villoro, 2004: 130-131).

멕시코 정부는 늘어나는 인구와 지하철 이용객을 위한 별다른 고민 없이 사업을 진행했고, 이는 지하철 이용객들의 불편을 넘어선 고통으로 이어졌다. 역사에는 기본적으로 화장실 부족뿐 아니라 환기 시스템의 부족 밑 열량의 부족으로 출퇴근 시간의 지하철은 아비규환이었다. 결국 지하철은 빈민층과 사회적 소수자와 범죄자들이 주로 이용하는 교통수단이 되었고, 지하철을 타는 것 자체가 사회적 계층을 나타냈다. 정부는 이와 같이 도시 하층민들이 이용하는 지하철에 대한 하자 보수나 개선에 대한 의지가 부족했고 이후에도 확장된 노선에도 불구하고 지하 공간은 불안한 치안과 부실 공사와 하자 보수 부족으로 크고 작은 사고들이 끊이지 않았다. 메트로 시스템은 교통 혼잡과 불균등한 도시 밀도라는 현실적인 문제를 해결하기는커녕 또 다른 혼잡과 소외를 조장했다. 그러나 한 가지 역설적인 사실은 1985년의 대지진 때 지진에 대비해 설비된 지하 공간이 지상 건물에 가해진 재앙으로부터 많은 주민과 통근자들을 보호할 수 있었다는 것이다.

1) 생존자/피해자의 헤테로토피아

파국 이후의 세계, 즉 「사내」와 「괭이」의 세계에서 지하철역은 두 가지 방식의 헤테로토피아적 공간으로 기능한다. 첫째, 근대성과 근대화 과정에서 소외된 원치 않는 타자들을 배양하고 보호하는 헤테로토피아이다. 흥미롭게도 두 작품에서 생존자들은 모두 기존 사회에서 소외된 사람들을 상징한다. 여성, 병든 자, 가난한 사람, 그리고 부서진 시설들, 인간-외-존재와 같이 젠더, 계급, 그리고 인간중심주의로 근대화된 사회에서 소외받고 배제된 이들이 종말 이후의 세계에서 살아남은 자들이다. 「사내」와 「괭이」는 지하 세계라는 헤테로토피아를 통해, 멕시코의 급진적인 근대화 과정과 급진적인 신자유주의로 인해 배제되고 소외된 타자들을 조명한다. 생존자들의 면면은 멸망 이전/이후와 상관없이 당대 멕시코 현실에서 소외된 계층과 그들을 향한 착취와 폭력을 반영하고 있다. 다시 말해, 멕시코의 현실에서 실제 배제되고 착취당하는 계급에 위치한 인물들을 지하 공간에 배치함으로써, 메트로 시스템으로 대변되는 멕시코의 근대화 프로젝트의 모순을 고발하고 비판하는 것이라고 할 수 있다. 두 단편의 파괴된 멕시코시티는 이미 종말을 맞은 듯한 멕시코 사회, 즉 인간과 자연, 사회와 환경 모두에 폭력과 파괴가 난무한 당대의 반영이다.

「사내」와 「괭이」는 붕괴된 도시와 더불어 인물들의 '비정상적'인 신체는 생태적 멸망이 불러온 상황 이전에 사회적 폭력이 있었음을 암시한다. 이는 젠더와 계급, 자본화된 타자성을 부각하고, 무대화된 인물들의 각기 다른 신체를 통해 드러난다. 「괭이」의 네 주요 인물은 성병에 걸린 소녀 마이다와 로베르따이며, 그중에서도 주인공인 이니고는 성소수자이고, 그의 연인은 청각 장애를 가진 소년이다. 소녀들이 처음 지하철역에서 피신해 있던 이니고의 무리에 합류하려고 했을 때 다른 사람들은 식량 부족을 이유로 그들을 받아들이지 않았다. 이니고는 "소녀들과 같은 사람들"은 표면에서 살아남을 수 없다고 믿기 때문에 그들을 받아들이도록 설득한다(Padilla, 2010: 87). 이는, 모든 사람이 지상 세계에서 살 수 없는 게 아님을 넌지시 나타내는 장면이다. 지상에도 사람들이 살고 있다는 것을 알고 있지만, 동굴에 있는 사람들은 배고픔과 목마름으로 죽어가는 상황에서도 밖으로 나가기를 꺼린다. 하지만 「괭이」는 왜 특정 사람들만 지상 도시에서 탈출 또는 배제되었는지 밝히지 않는다. 이들이 지하철역에서 사는 표면적인 이유는 지상 세계를 파괴한 괴멸적인 지진 때문이지만 다른 이유도 존재한다는 사실을 은연중에 드러낸다.

그렇다면 무엇이 사람들을 철거된 지하철 플랫폼으로 내몰았을까? 지하 세계의 생존자들은 먹을 것이 없어지고 병에 걸려 죽는 순간까지 이니고 외에 그 누구도 지상으로 갈 용기를 내지 않는다. 막상 이니고가 지상 세계로 올라갔을 때 물을 구할 수 있었고 다른 환경적 위협은 없었기 때문에 무사히 식량을 구해서 지하로 돌아갈 수 있었다. 이 장면을 통해 지상 세계의 위협은 환경이나 물리적인 것에서 나오는 것이 아님을 알 수 있다. 이니고의 독백은 지하로의 도피가 사회적인 원인에서 비롯된 것임을 더욱 명확하게 드러낸다. 이니고는 타인을 지배하려는 것은 인간의 본성이며, 이는 끊임없는 전쟁과 폭력, 그리고 결국에는 인간의 종말로 이어진다고 한다. 다시 말해, 소외된 사람들, "소녀들과 같은 사람들"에게 외부의 파괴보다 인간에 의한 폭력이 훨씬 더 견디기 어려운 상황임을 알려 준다. 이니고는 자신의 일기에서 이유를 조금 더 구체화하는데, "'봉건적 상태는 인간의 자연적 상태'라고 쓴 적이 있다. 마치 터널 속 괭이 제국처럼 저 위쪽 세상에서 확장되고 있을 폭력의 제국을 암시하면서. 처음에는 지진 때문이었지만 이제는 사람들로 인한 폭력의 제국"(Padilla, 2010: 89-90)이라고 밝힌다. 지진 전후로 지상 세계의 질서는 폭력이 난무하는 위계화된 봉건적 사회와 같은 모습임을 시사한다. 이로써, 지상 세계는 주종 관계로 구조화되어 있으며 제국과 같이 지배하는 자와 지배받는 자의 관계로 구성되어 있는 폭력적인 세계임을 알 수 있다.

「괭이」에 등장하는 네 명의 인물은 사회적, 성적, 생물학적 '차이'로 인해 거부당하는 비인간화된 소수자, 즉 '정상적이고 표준적인 인간의 잔여'임을 추정할 수 있다. 그들은 지진을 피한 것이 아니라, 기존의 사회 질서에 부합하지 않는 비인간 존재이기 때문에 지하의 세계로 축출된 것이다. 파국 이후의 지배-피지배의 위계 사회에서 배제된 존재인 것이다. 프랑수아 리오타르는 근대 세계, 특히 산업 사회부터 노골적으로 진행된 비인간화를 두 가지로 정리한다. "시스템의 비인간성"은 소외, 비인간화, 인간의 상품화와 같은 영향을 의미한다(Lyotard, 1991: 2). 이것은 인간의 노동력과 인간성 자체를 자본화하고 시스템화하는 과정을 의미한다. 다른 유형의 비인간성은 "인간의 비밀스러운 나머지", 즉 "인간화 과정에서 억압된 모든 인간의 타자"를 뜻한다(Herbrechter, 2013: 7-9). 두 번째 종류의 비인간성은 인간중심적 휴머니즘의 담론적 파생물로서, '인간'이라는 개념화 과정에서 소외되고 억압된 얼굴을 가리킨다. 다시 말해, 인간이라는 정상 범주에 속하지 않는 모든 존재, 사물, 동물, 그리고 적격하지 않은 신체 또는 정신을 가진 사람, 모두를 비인간으로 간주한다는 것이다. 그리고 근대성의 담론과 실천은, '정상'으로 코드화된 영역 밖의 모든 존재, 즉 비인간을 배제하고 차별해 왔다. 소녀들의 병든 신체와 전염병, 그리고 이로 인한 '지상으로부터의 배제'는 1980년 대규모 사회적 차별과 혐오를 일으킨 후천성면역결핍증(HIV/AIDS)의 등장을 연상시킨다.[4] 병리학적 증후를 젠더 및 성적 지향과 엮어서 병든 신체와 성소수자를 범죄화하고 사회적 병으로 낙인찍는 '혐오 배태'의 과정을 잘 보여 준 사건이다. 사회의 근대화는 이런 방식으로, 사회적 규범에 맞지 않는 이들에 대한 혐오와 배제를 조장해 왔다. 「괭이」의 인물들이 가진 '소외되고 억압된 얼굴'은, 멕시코 사회가 근대성을 추구하는 과정에서 배척하고 착취당한 자들의 얼굴을 담고 있다.

주목할 부분은 지하 세계에서도 지상 세계의 폭력적인 지배-종속의 권력 구조가 다시금 반복된다는 점이다. 지하철역의 50여 명의 사람들 사이에서도 권력관계가 점차 생겨난다. 조금이라도 더 가진 자는 못 가진 자를 착취하고 이득을 취하기 위해 폭력을 가한다. 동굴의 사람들은 식량과 기타 생필품에 대한 유리한 접근성을 이용해 소녀들을 착취하고 폭행한다. 마이다와 로베르따는 식량을 얻기 위해 몸을 팔았고, 소녀들을 유린한 사람들은 모두 성관계로 인해 죽는다. 약자인 소녀들은 자신들보다 더 약자인 장애 소년, 이니고의 연인을 잡아먹는 방식으로 자신의 권력을 행사

---

4) 소녀들의 병리학적 상태는 1980년대 중반부터 시작된 HIV 감염자 증가로 인한 성소수자에 대한 사회적 차별을 대변한다. 1982년 임상적 정의를 얻은 후 에이즈는 가장 위험한 전염병 중 하나가 되었다. 주로 성관계나 약물 사용으로 전염되고 치료법이 없기 때문에 많은 편견과 공포가 존재한다. HIV/AIDS는 개인과 국가 차원에서 낙인을 찍는 질병이었으며 지금도 여전히 그런 상황이다(Whiteside, 2016: 4). 미국이나 다른 국가들에 비해 멕시코는 상대적으로 에이즈의 영향을 덜 받았다. 그러나 멕시코에서도 1981년 첫 감염 사례가 보고된 이후 에이즈는 전국적으로 확산되었다(Del Rio and Sepúlveda, 2002: 1445-1457).

한다. 권력과 지배를 향한 인간의 욕망이 지상뿐만 아니라 지하에서도 서서히 퍼지고 이로 인해 지하 세계도 지상과 마찬가지의 결과를 맞이할 수밖에 없다. 결국 세계의 멸망을 가져오는 것은 단순히 물리적 위협에서 오는 것이 아니라 타인에 대한 지배를 기반한 인간 사회의 구조적 문제인 것이다. 서로를 감염시켜 죽음으로 이르는 파국을 통해, 이러한 사회 구조는 비인간화된, 타자화된 소수에게만 불합리한 것이 아닌 사회 전체의 지속 가능성 자체를 파괴하는 것임을 나타낸다. 「괭이」의 세계가 한층 더 디스토피아적이고 묵시록적인 이유는 명백한 잔학 행위뿐만 아니라 인류가 지배와 정복의 식민적 관계를 지속해 나갈 것을 보여 주기 때문이다.

같은 맥락에서 세사르 로하스의 단편 「사내」에서, 피노 수아레스 지하 역사에 정착한 사람들, 빤초라레스(Panchólares)라고 불리는 이 무리의 사람들은 질병과 성별뿐만 아니라 경제적 지위, 계급으로 인해 사회적으로 배제된 소수자를 분명하게 상징한다. 이 단편에서의 배경은 모두 실제 장소를 배경으로 하며, 각 장소와 거주자들은 사회적 빈곤층 및 비인간의 전형을 대변한다. 이 단편에서 더욱 흥미로운 점은 도시의 환경, 생태 위기가 사회적 위기와의 상호작용하여 더 많은 생태 및 사회적 불균형과 폭력을 만들어 내는지를 구체적으로 드러낸다는 점이다. 「사내」는 전쟁과 환경 파괴로 인한 도시의 파괴가 빈곤층과 소수자들에게 더 많은 재앙적 결과를 낳는 상황을 여실히 보여 준다.

이 이야기의 주인공인 로커-트루바두르(음유시인)[5]는 피노 수아레스

---

5) 주인공의 직업인 로커-트루바두르는 양가적이면서도 역설적인 의미를 지니고 있다. 록(Rock)이라는 음악은 전자 음악의 발전과 등장한 장르이지만, 트루바두르는 중세 시대 음유시인을 뜻한다. 음유시인은 노래와 시를 짓는 예술가이기도 하지만, 마을을 돌아다니

역에 잡혀 있는 연인을 구하기 위해, 수도 외곽의 시우다드 네싸우알꼬요뜰(Nezahualcóyotl, 이하 네싸) 지역에서 출발해 지하철 메르세드역을 거쳐 피노 수아레스까지 가는 여정을 시작한다. 지하철 터널을 따라 이동하는 주인공의 여정을 통해 멸망 위기의 도시의 풍경을 엿볼 수 있다. 멕시코시티의 중심지에 위치한 피노 수아레스역만큼이나 네싸는 특별한 의미를 지니는 장소이다. 파멸의 도시 네싸에서 출발하면서 그는 "아, 네싸는 참 재밌는 곳이야, 항상 먼지로 가득 차 있어, 예전에는 갈색 먼지더니 이제는 주황색 먼지네"(César Rojas, 1997: 216)라고 읊조린다. 네싸의 척박한 환경을 가리키는 먼지와 흙의 색깔은 최근 재난의 여파로 바뀌었다지만, 바뀐 것은 색이지 위협적인 '먼지'의 유무 자체가 아니다. 이를 통해 지진과 핵전쟁이 가져온 파국적 상황이 픽션의 네싸 시민들 삶에 큰 변화를 불러온 것이 아님을 유추할 수 있다.

네싸로 불리는 이 지역은 멕시코시티의 동쪽에 위치하며, 소위 "멕시코 기적의 어두운 이면"이라 불리기도 했다(De Jong and Graf, 2017). 1960-1970년대 이주자들이 밀집되면 판자촌을 형성했고, 초반에는 수도, 하수도, 전기와 같은 공공 서비스조차 제공되지 않았다. 설상가상으로 텍스코코 호수의 물이 빠진 분지 지형에 지어진 도시 구조상, 잦은 홍수가 일어났고 거주지가 염분을 포함한 진흙탕으로 변하기 일쑤였다(Russell, 2011). 비참한 주거 환경과 열악한 위생 상태 및 잦은 재난으로 높은 사망률과 이환율(罹患率)을 보였다. 1990년대까지 네싸는 멕시코뿐만 아니라 전 세계에서 악명 높은 판자촌 중 하나이자 실패한 도시화의 최악의 사례

며 글을 읽지 못하는 사람들에게 소식을 전하는 역할을 했다. 주인공의 직업은 주종 관계에 기반한 중세 시대처럼 변해 버린 암울한 현실을 암시한다.

중 하나로 여겨졌다. 로베르또 바야리노(Roberto Vallarino)는 1982년 멕시코의 외곽 도시 네싸, "여기서 인간은 동물계의 연장선에 불과하다. 돌연변이, 인간의 형태를 가진 끔찍한 돌연변이"(Vallarino, 2009: 538)라고 묘사하기도 한다. 허구적인 상황 없이도 현실 도시 네싸에서의 삶은 이미 파국을 맞이한 듯 절망적이었기 때문이다.

「사내」의 도시 네싸에서도 마찬가지로 먼지, 폐기물, 악취는 허름한 집뿐만 아니라 사람들의 몸까지 뒤덮어 물질과 동물, 인간을 변형시킨다. 도시의 표면은 "폐가와 동물의 해골, 사방에 불길이 치솟고 사방이 썩은 물결"(César Rojas, 1997: 214)로 가득찼다고 로커-음유시인은 노래한다. 주인공이 지하로 내려가기 전 실제 명칭인 네싸를 사용하고, 현실과 비슷한 도시의 상황을 서술하면서, 소설과 실제에서 네싸의 상황을 중첩한다. 「사내」의 지하 세계의 모습과 함께, 주인공이 출발하는 도시로 등장하는 네싸는, 멕시코 사회의 급진적인 발전, 다시 말해, 소수의 기득권과 경제적 이익을 위해 내달린 사회 현실이 자연을 비롯해 많은 이들을 위태롭게 했는지를 보여 준다.

주인공인 로커-음유시인은 처참한 지하 세계를 묘사하는데, 아래의 조건은 훨씬 더 나빠 보인다. 지하의 열기는 방사선, 시체 부패 악취, 공기 부족으로 인해 지상보다 더 유독하고 강렬하게 묘사한다. 파괴된 지상의 세계보다 지하의 세계가 훨씬 위험한데 어째서 사람들은 지하의 세계로 들어간 것일까? 앞서 언급했듯 「사내」는 핵전쟁과 환경 오염으로 지상 세계가 완전히 파괴되어 사람들이 더 이상 살 수 없는 세계처럼 서사를 시작한다. 하지만 주인공 로커-음유시인의 노래를 통해서 실상은 지하의 세계가 지상 세계보다 유독하다는 것을 알게 된다. 지하의 사람들에게서 지상의 도시에서 살 권리를 빼앗은 사람들은 누구일까? 오염, 공해, 전쟁은 지상에서의 삶을 훨씬 더 어렵게 만드는 요인임이 틀림없지만, 빤초라레스 무리를 지하의 역사(驛舍)로 추방한 "위쪽 놈들"이 존재한다. 이런 의미에서, 이들은 피난처를 선택한 것이 아니라 이 공간으로 쫓겨난 실향민에 가깝다.

나는 노래했어. 저 위쪽 놈들이 빼앗아 간 세상에 대해서 말이야, 먹을 수 있는 물과 푸른 나무들, 소박하지만 따뜻한 음식, 수수하지만 온전한 집, 차뿔떼뻭 (Chapultepec)에서 노를 젓고, 평원에서 축구하고, 여자들과 데이트를 나가고 영화관을 가며 휴일을 보내던 나날들. 나는 노래했어. 위쪽 놈들이 우리에게 남겨 둔 세상에 대해서. 공해, 잦은 전쟁, 세계대전, 풍전등화의 생태계에 대해서 말이지. 나는 노래했어. 운 좋게 쥐머리를 찾아서 빨아먹을 때 쥐머리의 맛에 대해서 그리고 또 결함이나 기형을 가지고 태어나 피와 내장, 심지어 뼈까지 뱉어내며 죽어가는 수백 명의 아이들에 대해서 노래했어(César Rojas, 1997: 222).

주인공의 노래에서 알 수 있듯이 빤초라레스를 구성하는 사람들은 지상 세계에서 사회의 빈곤층이다. 그들은 지상 세계에서 상대적으로 가난하지만 안온한 삶을 살았음을 알 수 있다. 하지만 파국 이후에는 남은 환경과 삶이 없어진 그들은, 도시에서 제거되어야 할 바람직하지 않은, 병들고 일그러진 몸이 되었다. "결함이나 기형"을 타고나 먹을 것도 없는 지하 세계로 추방된 것으로 보인다. 지하 세계 무리의 경제적 결핍은 신체적, 육체적 소외로 변형되거나 오히려 증폭된다. 그들의 질병이 지상 사회에서 쓸모없고 가치 없는 신체로 만들어 버리는 감금의 주요 원인으로 보인다. 이는 역에 격리된 사람들이 비인간적인 외모와 신체, 즉 더 이상 사회의 질서에 맞는 '정상적인 인간'이 아니라는 이유로 버려졌음을 드러낸다. 「괭이」의 소녀들처럼, 이들은 조직적인 비인간성의 피해자로 나타나며, 자신보다 약한 사람들에게 폭력을 가함으로써 이러한 비인간성을 재생산한다.

이 이야기에서 유일한 여성 캐릭터인 로커-음유시인의 여자친구는 빤초라레스의 지도자에게 강간당하면서 그의 병에 옮았다고 생각하며 자살을 선택한다. 로커-음유시인은 여자친구를 결국 구하지 못했다. 전반적인 여성의 부재, 한 명의 여성 인물이 간강과 죽음을 맞는 결론은 남성화된 사회의 폭력성을 극단적으로 드러낸다. 이는 마치스모(machismo), 즉 남성우월주의를 기반한 가부장제로 악명이 높은 멕시코 사회의 젠더 불평등을 직접적으로 드러내는 측면인 동시에, 비유적으로는 지배층과 피지배층, 가진 자와 못 가진 자, 정상인과 비정상인 등과 같이 이분법화된 사회를 은유한다 할 수 있다. 「괭이」와 마찬가지로, 「사내」는 극도로 남성화되고 감금된 사회를 통해 인간 사회의 종말을 선언함으로써, 멕시코 사회 구조의 폭력성, 비생산성, 퇴행적 측면을 전면에 부각한다. 파괴된 세계의 지하철 역사의 헤테로토피아적인 양상, 사회 질서에 맞지 않는 존재로 가득 찬 공간을 통해, 두 단편은 세상 종말의 파국은 다름 아닌 이 같은 비인간화, 타자화, 권력 구조의 이분법화를 통해 일어난다는 것을 명확히 한다.

2) 인간-너머의 세계

멸망의 멕시코시티에서 지하 세계가 헤테로토피아적 공간으로서 기능하는 두 번째 방식은 대안적 존재, 인간-너머의 세계를 재생산하는 것이다. 지하 공간은 단순히 수동적인 공간이 아니라 그 안에 있는 모든 존재에게 변화를 부여하는 능동적인 수행자로 등장한다. 텍스트 속 디스토피아적이고 세상 종말의 환경은, 앞서 언급한 것처럼 동시대 멕시코 사회를 투영하는 동시에, 인간중심의 기존 질서를 파괴하고 인간-너머의 비인간 개체 간의 관계를 재구성하는 행위자이다. 또한 종말 이후 지하 공간은 인간의 감시와 규제에서 벗어난 새로운 시간과 공간의 패러다임을 만들어 낸다. 팀 에덴서(Tim Edensor)는 '버려지고 폐허가 된 장소'를 일종의 헤테로토피아로 본다. 사회에 속한 질서의 공간에 반해, 폐건물이나 버려진 공터는 "생각지도 못했지만, 피할 수 없는 근대성의 부산물"서의 역할을 하기 때문이다. 원치 않는, 간극적인 공간과 폐허는 "무질서한 공간"을 의미하는데, 이러한 차원은 사회적 규제와 네트워크의 합리성에 저항하고 도전한다(Edensor, 2005: 53-95). 이러한 공간의 중요한 역할은 인간의 질서와 사회 구성에 도전하는 이질적인 시공간을 구성하는 것이다.

「사내」와 「괭이」의 쇠락하고 폐허가 된 역, 터널, 열차량은 이질적인 시간, 무질서한 공간을 형성하며 헤테로토피아적 차원을 펼쳐 보인다. 파괴된 지하 세계에는 하나의 선형적인 시간만이 존재하는 것이 아니다. 모든 개체는 각자의 시간성에 의해 변형되어 메트로에서 이질적인 사물과 물질의 집합을 만들어 낸다. 여기서 레비 브라이언트(Levy Bryant)의 시간에 대한 개념을 차용하고자 한다. 브라이언트는 모든 존재, 즉 사람이든 사물이든 또 다른 생물이든 상관없이 모든 개체는 각자의 다른 시간성의 형식을 가진다고 설명한다. 따라서 각 존재들은 자신만의 시간적 리듬이 있는 것이다(브라이언트, 2020: 241-243). 또한 이 시간성은 존재하는 양식, 공간을 형성하는 양식을 구성하는 힘의 속도이다. 공간성으로서의 시간성이라는 개념은 사물의 리듬, 움직임의 속도와 지속 시간, 사물이 다른 개체가 되는 '해체'의 단계까지 이동하는 사물의 발현을 의미한다(Bryant, 2014: 16). 브라이언트는 존재는 변화하며 결국 해체를 통해 다른 존재로 이동해 가는 움직임의 행위자로 본다. 선형적이고 인본주의적이며 이성적인 근대성의 시간이 인간의 시간만을 전제한다면, 브라이언트는 각각의 존재가 (상호)작용과 작동의 흐름에 따라 각기 다른 시간성, 다시 말해, 힘의 작용과 속도, 그것을 통해 존재 공간의 구축하는 방식이 있음을 나타낸다. 두 단편은 이러한 다양한 존재들이 이질적 시간으로 구성하는 지하 세계의 헤테로토피아를 형상화한다.

「사내」에서는 파괴, 돌연변이, 산화가 역에서 작동하는 다양한 형태의 시간성을 보여 준다. 뜨거운 공기, 나병 바이러스, 부서진 금속 레일과 자동차는 인간의 통제를 벗어나 자신들만의 살아있는 시공간을 재구성한다. 지상의 시간 흐름이 과거에서 혼돈의 현재로 이어지는 선형적이라면, 지하의 시간 흐름은 파편화되고 분산된 물질과 기계처럼 구겨지고 무너져 내린다. 버려진 열차량은 산화되고 플랫폼은 폐허가 되어 쓸모없는 구조물로 변모한다.

터널로 들어가 녹슬고 물이 새는 열량들을 지나 끊임없이 걷다 터널을 빠져나와 다른 플랫폼에 다다랐다. 너무 많은 돌과 뼈와 잔해로 더 이상 플랫폼처럼 보이지 않는 다른 플랫폼에 이르렀다. 그리고 환승 복도에서 아즈텍 돌, 마치 플랫폼처럼 생겼던 그 돌을 발견했다. 이전에는 잔디가 자라고 살짝 하늘이 보이던 곳이었다. 하지만 더 이상 하늘은 없었고 야외는 더더욱 없었다. (……) 유일하게 남아있는 것은 아즈텍 돌 뿐이었다. (……) 마치 귀신의 집 불빛처럼 붉은빛, 보랏빛이 반복적으로 켜졌다가 꺼졌다가 다시 켜지고는 했다. (돌도 동식물처럼 돌연변이를 일으키고 있었다.)(César Rojas, 1997: 219)

재난의 잔재를 통과하는 터널에서 「사내」의 주인공은 인간의 시간성과는 완전히 다른 이질적인 시간성의 공존을 발견한다. 그에게 아즈텍 석재는 여러 시간이 축적된 저장소이다. 과거 그에게 아즈텍 석재는 먼 역사를 상징하는 무생물일 뿐이었다. 한때 신을 위한 아즈텍 제단이었던 이 돌은 이제 피노 수아레스역에 노출된 유산의 일부로, 한편으로는 아즈텍의 웅장했던 먼 역사를, 다른 한편으로는 종말 이전의 현대 생활의 소용돌이를 떠올리게 하는 향수를 불러일으키는 기념물로 변모했다. 아즈텍 바위의 몸체에서 식민지 시대와 현대의 과거는 재난이 멈추고 터널에 갇힌 현재의 시간으로 수렴한다. 그러나 로커-음유시인은 돌에 투영된 인간의 시간성을 넘어 '바위의 독자적인 시간성'을 포착한다. 그는 돌이 다른 움직이는 물체처럼 다른 보이는 물체와 보이지 않는 물체와의 상호작용을 통해 변화한다고 말한다. 그는 돌의 색과 질감의 점진적인 변화를 통해 인간의 시간 흐름과 무관하게 움직이는 '다른' 시간성의 존재에 대해 인식한다. 이 돌은 생명체로서 '돌연변이'를 일으킬 수 있는 생명력을 보여 준다. 인간들의 삶은 파국의 상황으로 죽음이 임박했지만, 아즈텍 돌은 인류의 종말 이후로도 한참을 그렇게 자신만의 삶을 지속해 나갈 것이다.

「괭이」는 인간-너머 존재의 이질적 시간성과 그 행위성을 한층 더 강렬하게 표현해 낸다. 이 이야기에서 인간은 물, 바닥, 공기, 습도 등의 총체적인 작용에서 나오는 시간, 즉 사물의 시간에 밀접하게 관련되어 있다. 게다가 인간-너머의 존재들이 만드는 이질적 시간은 인간의 통제를 벗어난 정도가 아닌 인간을 지배하고 압도하는 행위성으로 나타난다. "마이다는 버려진 레일 위로 반짝이는 한 방울이 사라지는 것을 보았다. 물방울이 부딪히는 소리는 메아리가 되어 터널의 긴 어둠 속으로 사라져 버렸고, 그 소리를 들은 괭이들의 끝없는 울음소리만 남았다"(Padilla, 2010: 86). 녹슨 레일은 마지막 한 방울의 물을 먹으면서 소리를 내며 동시에 일종의 "물시계"(Padilla, 2010: 86)로 작동한다. 괭이 울음소리와 함께 물소리, 철길 소리는 동굴에 사는 사람들의 생존을 위협하는 소리다. 간지럽게 떨어지는 물방울 소리는 주인공들에게 물 부족으로 인한 생존자들의 죽음을 경고하고, 인간만큼이나 굶주린 괭이들을 동요시킨다. 물방울을 두고 인간과 경쟁하는 괭이들의 기묘한 존재와 금속성 물질의 분출은 그들이 인간의 주체성과 이성이 아무런 도움이 되지 않는 미지의 시공간에 있다는 것을 문득 깨닫게 한다. 물방울이 떨어지는 시간성, 즉 '작동의 속도'는 인간의 삶에 압도적인 영향을 미친다.

괭이의 울음소리는 단순한 동물 반응이 아니라는 것을 알게 된 등장인물들에게 섬뜩한 느낌을 불러일으킨다. 인간 생존자들은 괭이와 다른 물체에서 나는 소리의 원인과 그 이유를 파악하는 것은 불가능하지만, 그 이면에 능동적이고 신중한 의도가 있음을 알아챈다. 동굴에서 갑작스럽게 일어난 변화는 없지만 괭이와 물소리는 인간에게 정서적인 힘을 발휘한다. 이 소리는 생존자들에게 무언가가 그들의 삶과 죽음을 지배하고 있다는 것을 알려 주지만, 그 주체를 파악하는 것은 불가능하다. 이러한 방식으로 이전에는 감지되지 않았던 인간-너머 존재를 감각하는 것은 경험의 문을 열어 주는 동시에 묘한 섬뜩함을 불러일으킨다. 마크 피셔(Mark Fisher)는 우리는 "부재의 실패 또는 존재의 실패"(Fisher, 2017: 61)를 관찰하는 상황에서 '섬뜩함(eerie)'을 느낀다고 한다. 인간이 주체성을 박탈당하고, 그로 인해 (인간이 아닌) 타인의 주체성을 통제할 수 없다고 느낄 때 '섬뜩함'이라는 감각이 불거지는 것이다. 다시 말해, 섬뜩함은 인간-너머의 존재 상연과 발현이 인간의 감각을 압도할 때 느끼는 감각이다. 지하철역에 있던 네 사람은 이전에는 인식하지 못했던 쾡이의 야생성과 물방울의 속도를 갑자기 깨닫는다. 이들의 시간성과 다른 물질적 환경의 시간성사이의 괴리감, 인간과 인간-너머 존재 사이의 전복된 권력 관계는 공포와 섬뜩함을 자아낸다. 이 이야기의 기묘하고 밀실 공포스러운 분위기는다양한 존재들의 숨겨진 기관과 생명력, 그리고 세상의 주체가 모두 인간이 아니라는 사실을 드러낸다. 멸망 이후의 세계는, 세계의 질서가 인간중심, 인간 유일의 공간이 아닌 다양한 존재들의 삶으로 구성되어 있다는 것을 명확히 한다. 인류는 종말을 맞을지라도 아즈텍 돌은 삶을 지속할 테니말이다.

그러나 무엇보다 큰 행위성을 보이는 존재는 지하철 역사, 지하 세계자체이다. 인간중심의 체계와 질서를 전복시키는 '아래'의 세계일 뿐 아니라, 새로운 존재를 창발하는 자궁의 역할을 한다. 지하철에서 인물들은급격한 삶의 변화를 경험한다. 「쾡이」에서 이니고는 죽음을 맞이하고, 소녀들은 동물(쾡이)로, 나중에는 돌로 변한다. 마찬가지로 「사내」의 사람들은 질병으로 인해 삶과 죽음의 경계를 무너뜨리는 극단적인 육체 변화를 겪는다. 인간의 죽음도 끝이 아닌, 여러 인간-너머 물질과 만나 인간이 흙으로 변하는 일종의 변태(變態) 과정이다. 이렇듯 인간-너머의 존재들과 인간 신체가 얽혀 변태하는 과정을 통해, 인간의 신체가 닫힌 실체가 아니라 가변적이고 투과적인 실체임이 드러난다. 변태를 종용하는 파괴적인 인간-너머의 존재이며 집단적이면서 동시에 하나인 존재자가 지하철 역사이다. 다양한 개체로 구성되어 하나의 지하 동굴을 구성하고, 이것은 새로운 존재자를 생산하는 행위자로 역할을 한다. 물론, 두 단편에서 인간들이 맞이하는 새로운 상태로의 변화는 전혀 유쾌하지 않고 공포스럽고 기괴하지만 말이다.

「사내」에서 피노 수아레스역은 다양한 요소와 구성 요소의 집합체이자 하나의 존재자로 움직인다. 닫힌 공간, 눈에 보이지 않는 공기, 열, 바이러스가 하나로 모여, 인간을 다른 존재 변이, 병들게 만들어 새로운 존재로 만들어 낸다. 주인공의 연인을 납치한 빠초라레스의 지도자의 혐오스럽고 비인간화된 신체는, 지하 세계라는 집합적 존재로 인한 변태의 과정을 잘 드러낸다. "그의 등 쪽 종양이 시뻘건 뱀 마냥 오르락내리락했다"(César Rojas, 1997: 166)라는 묘사처럼, 병든 육체를 동물화하여 묘사한다. '인간' 몸의 이미지를 부수면서, 더는 '인간'의 범주에 속하지 않는 새로운 존재임을 암시한다. 더불어 내밀한 곳에 위치한 내장 기관을 밖으로 내놓는 것은 신체 안팎의 경계를 허물어 버리는 것이라 할 수 있다. 종양은 명백히 외부의 것이 신체에 침입한 것이지만, 분리할 수 없는 자아의 일부가 되어 인간의 삶과 죽음 사이의 경계를 모호하게 만들고 있기 때문이다. 동시에 내장의 물성(物性)을 잔인하게 드러내는 이 장면은, 역설적으로 인간의 육체가 다양한 기관, 생명체의 집합체라는 사실을 깨닫게 한다. 구체화된 주체성으로서의 자아는 다른 물질과 정신이 쉽게 침입할 수 있는 연성적인 개념이자 물질이다. 개인의 신체조차도 완전히 닫힌 시스템이 아니라 이질적인 물질이 얽혀 있음을 보여주는 것이다. 스테이시 알라이모(Stacy Alaimo)는 "인간은 항상 인간 이상의 세계와 얽혀 있으며, 인간의 실체가 궁극적으로 '환경'과 분리될 수 없음"을 강조한다"(Alaimo, 2010: 2). 병든 인물들의 개방된 육체는 알라이모가 주장하는 몸의 '횡단-신체성(trans-corporeality)'을 극단적으로 상연하는 사례라 할 수 있다.

무엇보다도 빤초라레스라는 집단 자체가 지하철이 만든 가장 인상적인 피조물이다. 지하철역은 이 집단적 실체를 탄생시켰다. 누구도 이름이나 특별한 성격을 가지고 있지 않으며 분비물, 피, 조직 및 살점 조각이 뒤섞여 한 구성원을 다른 구성원과 구별하는 것은 불가능하다.「사내」에서 병의 증후이자 변이의 과정을 묘사할 때 "버섯, 피, 침, 구토, 삼키기, 기침"과 같은 단어를 반복적으로 사용함으로써 인간과 동물, 자아와 타자 사이의 경계성을 강조하는 동시에 파괴한다. 분비물은 부분적으로 정적인 육체를 유동적인 상태로 되돌려 놓으며 이전에 숨겨져 있던 미지의 물질을 인체에 부분적으로 드러낸다(Filimon, 2014: 67). 이렇듯 종양과 마찬가지로, 분비물은 자아와 타자 사이의 경계를 무너뜨리는 매개이다. 병과 병의 증후인 분비물, 주변의 독성 물질과 공기, 물, 빛 등이 얽혀서 비인간적인 존재를 형성하고, 대안적인 사회와 생명체를 형성하고 있다. 이 익명의 병든 군중은 일반 사회에서 추방된 비정상인 동시에 인간/비인간의 대거 출현으로 상징된다. 병들고 죽어가는 것이 즐거운 변태는 아니지만, 이들이 병들어 가면서 서로 옮고 옮기며 하나의 몸을 형성하는 것은, 기대치 못한 역설적인 집합체의 출현이다. 인간 자체가 잡종이지만, 지하철 역사 안의 빤초라레스 무리는 인간-너머의 존재들이 인간에게 얼마나 영향력 있으며, 침투적이며, 밀접하게 얽혀 있는지를 보여 주는 것이다.

「괭이」의 소녀들은 「사내」 속 인물만큼이나 큰 변태를 겪는다. 처음 등장하는 현상은, 로베르타가 괭이들처럼 마이다를 할퀴고 물어뜯는 현상이다. 일종의 동물화와 같은 변태를 경험하는 것이다. 이후, 이니고는 나중에 두 소녀를 뱀파이어로 묘사하는데, 그 이유는 이들과의 성관계가 파트너에게 치명적인 질병을 가져다주지만 본인들은 살아남기 때문이다. 신체 변화와 상관없이, 이러한 변화가 소녀들을 점차 인간-내-타자로 변화시키는 본질적인 특성이라고 설명한다. 그리고 서사의 끝에서 소녀들은 돌로 변이하기로 결심한다. 마지막 남은 식량이었던 이니고의 연인을 잡아먹고 나서 그녀들은 그대로 깨어나지 않는 상태로 빠지기로 결심한다. "괭이들처럼 그녀들도 소화의 깊은 잠에 빠질 때가 되었다. 어둡지만 필요한 소화. 하지만 그들은 더 이상 그 잠에서 깨어날 생각이 없었다. 종유석으로 변해 버릴 때까지 가만히, 그대로 있는 것이 좋겠다고 생각했다"(Padilla, 2010: 95). 그들의 비인간적인 모습은 시간을 멈추고 인간적인 삶을 끝냄으로써 점차 비활성 존재로 전환된다. 이 여성들은 죽는 것이 아니라 '동면'을 선택했다. 파국의 형상화를 통해 「괭이」는 인류의 종말, 특히 인간 사회에서 자행되는 타자에 대한 폭력과 이것이 낳는 인류의 파국적 미래에 관해 이야기한다.

그러나 동시에 소녀들의 죽음과 같은 동면, 이로 인한 종유석으로의 변태는 '인간의 죽음'을 끝으로 간주하기보다는 인간-너머 존재가 되는 단계로 다시 생각할 수 있게 해준다. 로시 브라이도티(Rosi Braidotti)는 이 작품에서 인간의 죽음에 대한 대안적인 관점을 제시한다. "죽음은 우리 모두가 두려워하는 비인간적인 개념적 과잉, 즉 존재할 수 없고, 상상할 수 없으며, 비생산적인 블랙홀이다. 죽음은 또한 흐름, 에너지, 영원한 존재의 창조적 종합체이기도 하다"(Braidotti, 2013: 131). 이런 맥락에서, 지하 세계에서의 인간적 결핍과 비인간으로 변태는, 인간의 삶과 죽음이 건물이나 도시, 공기, 물과 같은 인간/너머 세계와 밀접하게 연결되어 있으며, 그로 인해 인간의 존재가 얼마나 취약한지를 일깨우는 과정이다. 인간에게 죽음을 비롯해, 인간-너머 존재들에 대한 인간의 특권적 지위를 잃는다는 것은 결코 유쾌한 경험이 아닐 것이다. 그럼에도 인간중심적 휴머니즘이 낳은 이원론은 인간과 비인간 타자에 대한 불평등, 차별, 폭력 등 많은 문제를 야기했다. 또한 이러한 이분법적 논리와 보편주의는 인간 자체가 단일한 주체/개체가 아니라 다른 개체와의 다양한 관계로 구성된 혼성적 존재라는 점을 충분히 설명하지 못한다. 「괭이」의 세계는 이러한 인간 중심, 이원론적 근대 세계의 담론을 벗어나 인간-너머의 세계와 다양한 관계망을 조망할 수 있는 대안적 관점을 추동하는 세계이다.

4 나가며: 종말 없는 종말의 세계에서

파국을 맞은 멕시코시티를 통해 「사내」와 「괭이」는 멕시코 사회의 다양한 층위에 존재하는 물질적, 육체적 타자에 대해 조명했다. 지하 도시의 모든 개체는 인간이든 비인간이든, 생물이든 무생물이든 지진의 잔혹한 상황에 직면하기 전에 이미 파손된 상태이다. 인간-너머 존재로 가득 찬 지하 세계는 오늘날 사회에 내재된 악순환이 중단되지 않고 계속된다면 실현 가능한 미래에 펼쳐질 수 있는 상상의 세계이다. 동시에, 환경 오염, 기후변화, 도시 구조와 같은 비인간 물질 세계가 인간의 삶에 미치는 영향을 다루는 서사적 실험이기도 하다. 「사내」와 「괭이」는 현실과 가상의 교차점을 살펴봄으로써 인간과 인간-너머 존재로 구성된 사회에 대해 고민하는 것이다. 특히 두 단편 속 실제 1985년 지진의 여파에 처한 사람과 환경에 대한 은유는 과거, 현재, 미래 사이의 경계를 모호하게 만든다. 멕시코시티 주민들의 비참한 삶의 경험은 허구 속 파국의 세계와 평행선을 달린다. 현실의 삶을 반영하는 자연재해와 인간이 만든 재난의 희생자들을 전면에 내세우면서 붕괴된 멕시코시티와 같은 비인간적 존재를 통해 근대성의 숨겨진 이면을 드러낸다 할 수 있다. 그리고 이러한 사회구조가 지속된다면 파국의 끝은 또다른 파국으로 끝날 수밖에 없음을 보여 준다.

또한 부서진 시신과 산산조각 난 신체를 불러일으킴으로써 「사내」와 「괭이」는 다양한 인간과 물질, 사물 간의 공존, 소수자에게 권력을 행사하지 않는 공존의 문제를 제기한다. 지하 세계의 극단적인 변태를 통해, 인간의 고유성, 우월성이라는 것이 우리의 상상에 불가한 관념이라는 것을 극단적으로 나타낸다. 시간과 공간의 규범을 위반하는 기이하고 섬뜩한 현상은, 인간만이 세상을 통제할 수 있는 주체가 아니라는 '탈인간중심적 관점'으로의 패러다임 전환의 필요성을 보여주는 신비로우면서도 위협적인 경험을 선사한다. 파괴된 세계의 다양한 힘과 생명력을 보여 주며, 자연을 비롯해 타자에 대한 착취를 이어온 근대 세계의 구조는 공멸의 세계로 이끌 수밖에 없다는 점을 시사하는 것이다. 「사내」와 「괭이」는 미래를 예측하지도, 과거를 기억하는 것도 아닌, 멕시코 사회의 끊임없는 종말의 반복을 기록하는 서사이다. 재난이 일상화된 멕시코에서 「괭이」와 「사내」는 다양한 인간과 물질, 사물 간의 공존, 소수자에게 권력을 행사하지 않는 공존의 담론을 절실하게 요청한다.

2024 글로벌 공급망 가치 사슬 변화: 멕시코 니어쇼어링과 전기자동차 관련 리튬 자원 개발 국제 협력 필요성*

하상섭

* 이 글은 2023년 3월 KDI에 제출한 「멕시코 전기자동차 산업 발전을 위한 경제혁신파트너십프로그램(EIPP)」, 『멕시코 자동차산업 혁신을 위한 전기차 가치사슬 강화 국제협력 방안 연구』의 일부분을 수정·보완한 것이다.

1 2024 멕시코 무역 전망: 니어쇼어링

　멕시코는 '니어쇼어링(nearshoring)', '프렌드 쇼어링(friend-shoring)' 그리고 '동맹 쇼어링(ally-shoring)'이라고 혼용되는 현상으로 인해 무역에서 호황을 누리고 있다. 이러한 추세는 미·중 무역 갈등의 영향, 예를 들어 도널드 트럼프 행정부가 중국에 부과한 관세 및 기타 무역 제한에 대한 대응으로 시작되었다(이후 현 조 바이든 행정부가 유지). 코로나19 대유행으로 인해 수많은 중요 기업의 공급망 가치 사슬에 내재된 상당한 위험이 노출되면서 특히 산업 제조업 부문에서 중요한 제품 및 중간재에 대한 단일 공급업체가 많았던 멕시코에서 니어쇼어링은 힘을 얻고 있다. 미국은 이웃 국가, 특히 '북미 자유무역협정(NAFTA) 2.0'으로 일컬어지는 미국·멕시코·캐나다 간 자유무역협정(USMCA) 체제 재가동(2020년 7월 1일 발효)

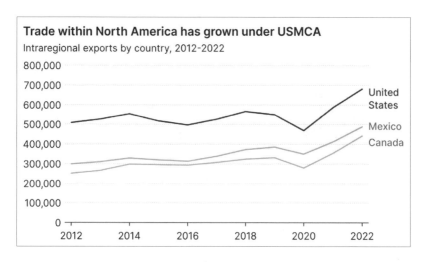

Trade within North America has grown under USMCA
Intraregional exports by country, 2012-2022

〈그림 1〉 • 2012-2022년 USMCA 회원국 역내 무역량 증감에 따른 수출액 변화(단위: 백만 달러).
출처: Wayne, 2023: 24.

으로 중국을 대신해 미국-멕시코 양자 무역은 극적으로 증가해 오고 있다. 구체적으로 보면, 2019년 이후 미국과 멕시코 간 무역은 크게 증가한 반면, 미중 무역은 감소했다. 2023년 7월 현재 미국과 멕시코의 연간 무역액은 4,619억 달러에 달해 2018년 7월 수치인 3,515억 달러보다 24퍼센트 증가했다. 같은 기간 미국의 대중국 무역은 3,223억 달러로 2018년 7월 3,711억 달러에 비해 작지만 13퍼센트 감소했다(Rudman, 2023: 47-53).

멕시코의 대외 무역은 2021년 9월 이후 엔데믹 선언과 더불어 완전한 성장세를 이루고 있다. 2021년 1-9월까지 멕시코 교역액은 3,683억 달러에 달했으며 이는 2020년 동기 대비 34퍼센트 증가한 수치이다. 2019년보다 8퍼센트 증가했으며 팬데믹 이전 수준을 넘어섰다. 2021년 상반기 멕시코 교역액은 4,711억 달러로 2020년 동기 대비 29.8퍼센트 성장했으며, 2019년에 비해 4.4퍼센트 증가해 팬데믹 이전 수준을 회복했다.

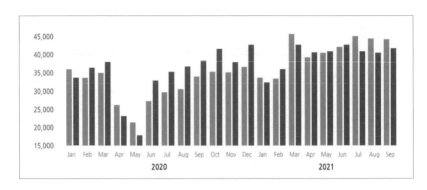

〈그림 2〉• 2020-2021년 멕시코 대외 무역 교역액(단위: 백만 달러).
출처: 멕시코 통계청 INEGI.

2021년 1-9월까지 수입은 2020년 대비 30.3퍼센트로 2019년 대비 4.9퍼센트 증가했으며, 수출은 각각 연간 29.2퍼센트, 3.8퍼센트 증가했다(하상섭, 2022: 10-12 내용 참고 재인용).

멕시코 정부는 2021년 멕시코 대외 무역이 6퍼센트 이상 성장의 가장 큰 원인은 위에서 언급한 USMCA(이전 NAFTA) 협정 발효(2020년 7월)라고 볼 수 있다(KOTRA, 2021).

〈표 1〉• 2019-2022년 멕시코 대외 무역(단위: 백만 달러, 퍼센트)

분류	2019	2020	2021(전망치)	증감률	2022
수입	455.24	382.99	482.83	26.10	519.16
수출	460.60	417.00	496.30	19.00	532.58

출처: IHS Markit.

멕시코 무역에 대한 미래 전망 혹은 분석을 위한 주요 변수로는 USMCA 발효로 인해 기존 NAFTA 체제를 대체하면서 새롭게 북미 시장을 겨냥해 투자를 진행 중인 다수 기업의 움직임, 특히 장기화된 미국과 중국 간 무역 분쟁, 코로나19 글로벌 보건 위기 극복과 더불어, 2024년 1월 현재 러시아-우크라이나 전쟁 등의 글로벌 공급망 위기 등으로 산업의 생산·수급 차질 사태로 많은 기업들이 생산 거점을 중국에서 멕시코로 이전 하려는 움직임(니어쇼어링 효과) 등을 고려해 분석 가능하다.

저렴한 인건비, 북미·중남미와 가까운 지리적 강점뿐만 아니라 미국·멕시코·캐나다 간 새로운 무역협정(USMCA)의 발효로 역내 생산 요건이 강화된 점도 멕시코가 중요한 생산 기지 역할과 이점이 있다. 예를 들어 2020년 기준, 멕시코로 니어쇼어링 기업 품목 분석 결과, 가구(23퍼센트), 전자기기(20퍼센트), 의료기기(15퍼센트), 기계류(14퍼센트), 자동차 부품(12퍼센트)으로 확인되며 주로 멕시코 북부 지역들(몬테레이, 티후아나, 께레따로)에 산업 투자가 집중되고 새로운 산업 시설들이 이전 및 이동한 사례들이 다수 관찰된다. 물론 멕시코 수출에서 대미 수출이 차지하는 비중은 약 80퍼센트 수준으로, 높은 대미 의존도가 지속되고 있다. 멕시코의 미국으로부터의 수입 비중도 전체 수입량의 40퍼센트 이상을 유지하고 있다(멕시코는 2019년 미국과의 통상 마찰로 타격을 입은 중국을 제치고 1위 대미 교역국이 되었으나, 2020년에는 코로나19로 인한 교역 감소로 1위 자리를 다시 내어 준 바도 있다).

2020년 멕시코의 대미 수출액은 2019년 대비 7.7퍼센트 감소한 데 반해, 중국의 대미 수출액 감소 폭은 2019년 대비 3.6퍼센트로 멕시코의 대미 수출액이 코로나19에 더 크게 영향을 받은 것으로 나타났다. 2020년 멕시코의 대한국 수출은 5위였으며(2018년 7위), 주요 수출품은 광물성 연료, 광물, 자동차 부품 등이 주류를 이루었다.

〈표 2〉· 2020년 멕시코의 주요 수출 및 수입 상대국.(단위: 퍼센트).

	수출	비중	수입	비중
1	미국	81.2	미국	43.8
2	캐나다	2.7	중국	19.2
3	중국	1.9	한국	3.8
4	독일	1.6	일본	3.6
5	한국	1.3	독일	3.6

출처: 외교부, 2021: 69–73.

1990년대 초반 멕시코는 신자유주의 기반 경제 성장 정책에 편승해 개방 무역 확대, 외국인 투자 유치 등을 위해 적극적으로 자유무역협정(FTA) 체결을 추진해 왔으나, 2000년대 들어 경쟁력이 약한 국내 제조업 부문 등에서 정부의 FTA 정책에 대한 비판이 증가하자, 2003년 11월 더 이상의 FTA는 없음을 강조하며 'FTA 모라토리엄'을 선언하기도 했다.

하지만 2004년부터 FTA를 재추진, 일본, 볼리비아, 페루, 중미 5개국, 파나마, 태평양동맹과 FTA를 체결해 왔으며 대표적으로 유럽연합(EU)과의 FTA 현대화 협상 타결(2020년 4월), 브라질과의 경제보완협정 추진, 아시아 태평양 지역과 협력 확대를 위한 포괄적·점진적 환태평양경제동반자협정(CPTPP) 발효(2018년 12월), 태평양동맹(PA) 확대 및 USMCA 발효

(2020년 7월) 등을 통해 경제 및 통상 관계에 대해 다변화 전략을 추진해 오고 있다.

　현재 멕시코가 체결한 FTA를 살펴보면 이러한 무역선 다변화 전략을 이해할 수 있다(외교부, 2021: 60-61).

〈표 3〉• 2024년 현재 멕시코의 FTA 체결 현황.

국가/지역별 사례	서명일자	발효일자
포괄적·점진적 환태평양경제동반자협정(CPTPP)	2018.03.	2018.12.
멕시코·EU FTA 개정 현대화 협상	2018.04.	2020.04.
USMCA	2018.11.	2020.07.
멕시코·칠레 FTA	1998.04.	1999.08.
NAFTA(멕시코·미국·캐나다)	1992.12.	1994.01.
G3 FTA(멕시코·베네수엘라·콜롬비아)	1994.03.	1995.01.
멕시코·코스타리카 FTA	1994.04.	1995.01.
멕시코·콜롬비아 FTA	1994.06.	1995.01.
멕시코·니카라과 FTA	1997.12.	1998.07.
멕시코·EU FTA		2000.10.
멕시코·이스라엘 FTA	2000.04.	2000.07.
멕시코·중미 북부 3개국 FTA (엘살바도르, 온두라스, 과테말라)	2000.06.	2001.03.
멕시코·유럽자유무역연합 FTA (아이슬란드, 리히텐슈타인, 노르웨이, 스위스)	2000.11.	2001.07.
멕시코·우루과이 FTA	2003.11.	2004.07.
멕시코·일본 EPA	2004.09.	2005.04.

멕시코·볼리비아 FTA	2010.06.	2010.06.
멕시코·페루 FTA	2011.04.	2012.02.
멕시코·중미 5개국 FTA (코스타리카, 엘살바도르, 과테말라, 온두라스, 니카라과)	2011.11.	2012.11.
멕시코 · 파나마 FTA	2014.04.	2015.07.
태평양동맹(PA) 상품의정서(CP)	2013.05.	2016.05.

출처: SICE.

FTA 협상이 재개 중인 사례로는 한국-멕시코 FTA 협상, PA에 한국이 준회원국 가입 협상(PA 준회원국 가입이 성사되면 PA 회원국인 멕시코와 신규 자유무역협정을 체결하는 효과와 함께 칠레·페루·콜롬비아와의 기존 FTA를 개선하는 효과 기대), 멕시코·브라질 FTA 1차 협상(2018년 4월) 등이 있다.

2 멕시코 에너지 생산 체제 전환 필요성

많은 에너지 전문가들은 2024년 멕시코 대통령 선거에서 당선된 후보는 멕시코를 전례 없는 번영과 경쟁력의 시대로 이끌 수 있는 한 세대에 한 번뿐인 기회에 직면하게 될 것이라고 전망, 분석하고 있다. 앞에서 언급한 니어쇼어링은 지정학적, 지경학적 재조정 과정에서 잠재적으로 변화를 가져올 수 있는 현상이다. 그러나 국가의 잠재력을 최대한 발휘하려면 풍부하고 저렴한 에너지에 대한 접근이 보장되어야 하며 멕시코는 해당 에너지 생산에 있어 전례 없는 수준의 환경 지속 가능성을 달성해야 한다. 지속 가능한 방식으로 효율성과 형평성의 균형을 맞추는 것이 에너지 부문에 대한 장기 비전을 수립하는 열쇠이기 때문이다. 무엇보다도 이러한 에너지 개혁 분야에서 도전은 2024년 10월 집권하는 새로운 멕시코 정부의 성공을 결정짓게 될 것이다(Helfgott and Wood, 2023: 5).

하지만 2024년 1월 현재 멕시코의 전력 발전 및 송전에 대한 투자가 급격히 감소하면서 전국적으로 정전의 빈도와 심각도가 높아져 생산적인 경제뿐만 아니라 사회의 가장 취약한 부문에도 나쁜 영향을 미치고 있다. 정전은 일주일 치 식료품 손실, 학생들의 숙제를 위한 인터넷 접속 불가능, 필수 서비스와의 통신 중단 등을 의미한다.

멕시코는 발전과 송전을 모두 확대해야 하지만 멕시코 연방전력청 (CFE)은 이를 위한 대역폭과 자금이 제한되어 있다. 따라서 에너지 부문에서 중요한 개혁으로 민간 부문을 참여시켜 전력 공급을 늘리고 비용을 절감하며 지속 가능성과 국가 에너지 독립성을 높여야 하며, 특히 새로운 에너지원, 예를 들어 재생 가능 에너지원에 투자하도록 장려해야 한다. 멕시코의 재생에너지 발전에 대한 엄청난 잠재력은 멕시코의 기후변화 대응 정책 및 제도 개선과 정책 발전을 통해 잘 문서화되어 있으며, 2016-2017년에 세 번의 성공적인 경매 라운드를 통해 국가의 재생에너지 용량이 두 배로 늘어났으며 풍력 및 태양광 발전 가격은 2024년 현재 사상 최저 수준을 기록하고 있다. 그동안 3번의 라운드를 통해 약 90억 달러에 가까운 투자가 이루어졌으며, 멕시코는 시장 기반 모델로 확고히 이동했다.

따라서 이 분야의 많은 전문가들에 의하면, 2024년에 선택되는 정부는 빠른 재생에너지 개발 허가와 수준 높은 규제 경쟁을 약속하면서, 재생에너지 프로젝트에 개방적이라는 강력한 신호를 주면 민간 부문의 투자와 참여를 되살리는 데에 많은 도움이 될 것이라고 분석, 전망하고 있다(Helfgott and Wood, 2023: 10-12). 예를 들어 멕시코 남부에서 풍력 및 태양광 자원을 더욱 개발하면 가난한 지역의 에너지 빈곤 문제를 완화하는 데 많은 도움이 된다. 이는 대양간 통로(Interoceanic Corridor) 산업 발전을 위한 에너지 솔루션의 필수적인 부분이 된다.[1] 그러나 해외 투자 확대를 위한 정부 주도 국유화 문제는 반드시 극복되어야 하며 에너지 기업의 효과적인 참여는 미래 투자를 지속 가능하게 만드는 데 필수적이다.

멕시코는 다시 한번 경제 발전의 중요한 진전을 눈앞에 두고 있다. 공급망 재편성과 니어쇼어링이 제공하는 기회는 경제를 성장시키고, 생활 수준을 높이며, 지속 가능하고 공평한 발전을 위한 조건을 조성할 수 있다. 그러나 이 기회를 활용하기 위해 차기 멕시코 대통령은 최종적으로 에너지 개혁 혹은 국가 외 시장 간 균형을 맞추는 에너지 부문의 전략적 비전을 개발해야 한다. 다행스럽게도 멕시코는 투자 환경이 맞다면 개발할 수 있는 막대한 화석연료 및 재생가능에너지 매장량을 보유하고 있다. 해당 비전이 포괄적인 방식으로 개발되면 에너지 안보, 형평성 및 지속 가능

---

1) 멕시코는 미국과 인접한 북부 지역에 주요 산업 시설이 다수 들어서 있으며, 이 때문에 여러 인프라를 비롯한 기반 시설 투자도 북부 지역을 중심으로 이루어졌다. 그리고 그 과정에서 나타난 지역 간 개발 속도 차이로 인해 멕시코 남부 지역은 상대적으로 낙후되었다. 암로 대통령은 지역 균형 개발을 위해 남부 지역에 대규모 산업 단지를 조성하려 하고 있으며, 대양 횡단 철도를 그 중심축으로 삼았다. 안드레스 마누엘 로페스 오브라도르(이하 '암로') 멕시코 대통령이 제시한 태평양-대서양 회랑 조성 정책 역시 철도 노선 주위로 산업 시설을 집중시키는 계획이다. 즉, 대양 횡단 철도는 암로 대통령의 지역 균형 개발 구상의 핵심 열쇠라고 할 수 있으며 양 해안 지역 접안 시설과 하역 설비 등 필요한 인프라를 갖춘다면 멕시코의 대양 횡단 철도는 파나마 운하의 역할을 충분히 대체할 수 있다고 주장되고 있기도 하다(EMERICs, 2023 참고).

성이 모두 달성될 수 있다.

특히 다음 절에서 살펴볼 멕시코 사회의 기후변화 대응 및 지속가능발전목표 분야에서 가장 중요한 과제인 '교통수단의 전기화' 이슈는 이러한 에너지 부문의 변화 가능성을 진단해 볼 수 있는 중요 사례이다. 가솔린이나 천연가스 같은 전통적인 화석연료 소비 대신 전기를 사용해 이산화탄소 배출을 낮추는 데에 크게 기여할 수 있기 때문이다. 이에 더하여 멕시코가 경험하고 있는 자동차 산업 사례를 통해 현재 학계와 기업들에서 언급되는 니어쇼어링의 효과와 한계를 각각 살펴볼 수 있다. 특히 교통수단의 전기화는 세계적으로 진행 중이지만 모든 국가들과 시장에서 동일한 속도로 진행되고 있지는 않기 때문이다. 특히 교통수단의 전기화 분야에서 멕시코는 상당히 후발 주자이다. 전기차 생산 관련 정책들도 현재 경차(LDV)에 대해 느슨한 연비 규제를 시행하고 있으며, 일시적으로 전기차(EV)에 대한 수입세를 철폐해 전기차의 대중화를 모색하고 있는 단계이다. 더욱이 전기자동차 전력원의 근간인 리튬 자원 개발에 대해 정책적 변화와 논쟁이 목격되고 있다. 이 분야에 대한 국제 협력이 시급한 상황이다.

3 멕시코 전기차 생산 관련 에너지 체제 전환: 멕시코 리튬 개발

2022년 4월 현 멕시코 암로 정부는 전기차의 주요 에너지원인 리튬을 전략 광물로 지정하고 새로운 공공기관에서 재충전 가능한 전기차 배터리 2차 전지의 원료인 리튬의 가치 사슬을 국가가 전담 관리하겠다고 발표했다

〈그림 3〉• 멕시코 암로 정부의 리튬 국유화 선언. 2022년 북동부 소노라 주 바카데우아치 시(el municipio de Bacadéhuachi)에서 암로 대통령은 "우리가 지금 하고 있는 일은 러시아, 중국, 미국 등 외국인이 리튬을 착취할 수 없도록 리튬을 국유화하는 것"이라고 선언했다.

출처: Lopez King, 2023.

(광업법 개정을 통한 리튬 국영 기업 발족 및 국유화).[2] 광업법 개정을 통한 리튬 국영 기업 발족은 여타 다른 관련 법안들인 탄화수소법, 전력산업법 개정 등과 더불어 에너지 주권 확보를 위한 멕시코 정부의 방향성이 뚜렷하게 드러나는 정책이다. 하지만 국내 전문 기관 보고서에 의하면 리튬 광물 탐사에만 최소 12년이 소요될 것으로 관찰되며, 민간 투자 없이는 빠른 속도로 리튬 자원을 상업화하기에는 어려울 전망이라고 분석하고 있다(KOTRA, 2022).

---

2) 리티오 파라 멕시코(Litio para México, LitioMx, 이하 리티오멕스)는 2022년 4월 의회에서 승인한 광업법 개정안 일환으로 설립됐다. 개정안은 리튬 탐사와 채굴권을 정부가 독점하고, 민간 기업과 외부 기관에 리튬에 대한 양허·채굴권·계약·승인·지정 등을 허가하지 않는 내용을 담았다.

특히 2020년 7월 새롭게 출발한 USMCA 무역 합의 및 인플레이션 감축법과도 맞지 않아, 이에 대한 국내외 반발이 심하다(USMCA 국제분쟁위원회 제소 대상). 미국은 인플레이션 감축법(Inflation Reduction Act, IRA)을 통해 중국의 광물 분야 영향력을 견제하기 위해 '전기차 세제 혜택'을 받으려면 핵심 부품에 사용된 '미국 혹은 미국과의 FTA 체결국산 광물 비율'이 50퍼센트 이상이어야 한다는 법안을 발표했다.

하여 2022년 9월 들어 암로 정부는 외부 투자 자본을 조달하기 위해 민간 기업들에 멕시코 에너지부(SENER) 산하 기관인 국영 리튬 회사 리티오멕스와 협력이 가능, 민간 투자를 촉진하겠다는 방안을 마련하면서 이전의 강한 국유화 정책을 다소 철회했다.[3] 정부가 외부 투자 자본을 전면 차단하는 대신, 적절히 개방해 투자를 확보하는 방향으로 정책을 선회했으며, 특히 민간 기업과 연계해 리튬에서 파생된 제품의 생산, 변환, 유통에 필요한 활동을 허가하고 대신 이를 정부가 관리하는 역할을 새롭게 주문하고 있다.

2022년 4월 설립된 멕시코 리튬 국영 기업의 이름은 리티오멕스로 '멕시코를 위한 리튬(Litio para México)'이라는 뜻이다. 멕시코에너지부(SENER, Secretaría de Energía) 산하 기관으로 설립된 리티오멕스의 기관장은 멕시코에너지부의 추천을 받아 대통령이 지명한다. 의결권이 있는 5명의 이사진은 행정부 5개 부처, 예를 들어 에너지부, 재정신용부, 경제부, 내무부, 천연자원환경부(Secretaría de Medio Ambiente y Recursos Naturales,

---

3) 멕시코 광업법 8절 13조: "리티오멕스가 리튬 및 리튬 파생 상품의 생산, 가공, 배분에 있어 다른 민간 및 공공기관과 제휴할 수 있다." 이 조항을 통해 민간 투자 참여에 대한 법제적 근거는 마련되었다.

〈그림 4〉• 멕시코 리튬 광물 자원 국유화와 갈등.
출처: 박미숙·정광숙, 2022.

SEMARNAT)의 기관장으로 구성되었다. 대부분 멕시코 국영 기업들은 보통 정부 기관 외에도 기업 경영진이나 통상고문, 근로자위원 등을 포함되었지만 리티오멕스의 경우는 정부 부처 위주 기관장이 참여하는 이사회 구성으로 리튬 산업을 국가가 전면적으로 주도하겠다는 현 정부의 의지가 반영되었다고 볼 수 있다.

리티오멕스는 법적 지위를 지니며 전용 예산을 배정받고 운영 및 관리에 있어 독립성을 갖는 기관으로 에너지부는 리티오멕스의 예산에 대해 기본적으로는 연방 예산 및 재정책임법(Ley Federal de Presupuesto y Responsabilidad Hacendaria) 및 회계연도 연방지출 예산각령(Presupuestos de Egresos de la Federaci'on de cada ejercicio fiscal)에 준거해 재원을 마련하고 기타 가능한 예산들을 조달해야 한다(박주영, 2022). 향후 예산 확보 및 가능한 범위 안에서 수도인 멕시코시티뿐만 아니라 다른 연방 주들에 도 리티오멕스를 확대 설립할 수 있도록 했다. 리티오멕스의 역할은 리튬 관련 가치 사슬 전반에 대한 관리 및 통제 기관으로 주요 여섯 가지 역할을 포함한다. 1) 리튬의 탐사, 채굴 및 활용에 대한 중장기 전략 수립, 2) 엔지니어링 프로젝트의 개발 및 추진, 3) 관련 분야 연구 및 신규기술 개발, 4) 경제부 산하 멕시코지질조사국(Servicio Geológico Mexicano, SGM)과 협력해 멕시코 영토 내 리튬 매장지 파악 및 멕시코 영토 내 리튬에 대한 기본 정보 작성, 5) 재생에너지 전환을 위한 리튬의 활용 촉진, 6) 리튬 파생 상품에 대한 관리 및 통제 등의 중요한 역할을 수행할 예정이다(박주영, 2022).

멕시코 정부는 2015년부터 정부 차원에서 멕시코 지질조사국을 통해 리튬 매장량 조사를 시작했으며, 2021년 10월 멕시코 경제부의 투자 계획에 따르면 멕시코 정부는 5,520만 페소(약 275만 5,000달러)를 투자해 2021년 52개 지역, 2022년 30개 지역에서 리튬 탐사를 추진할 계획이었다. 하지만 멕시코의 실질적인 리튬 보유량은 아직 미지수로 파악된다. 2020년 멕시코 지질조사국이 소노라(Sonora) 주에 10만 헥타르에 걸쳐 2억 4,300만 톤이 매장돼 있다며 전 세계에서 가장 많은 매장량을 가진 지역 중 하나라고 보도했으나, 2021년에 리튬을 함유한 점토의 매장량이 2억 4,300만 톤이고 실제 추출 가능량은 85만 톤 정도라고 정정했다. 멕시코의 리튬 보유 지역은 18개 정도로 추정되며, 미국 지질조사국은 멕시코는 리튬 보유 23개국 중 10위로 전 세계 매장량 8,900만 톤 중 2퍼센트 미만(1.7퍼센트)을 보유한다고 추정하고 있다.

하지만 많은 광물 자원 분석 기관들의 분석과 전망에 의하면 멕시코의 리튬 매장량과 별개로, 세계적으로 비중 있는 리튬 생산국이 될 수 있을지

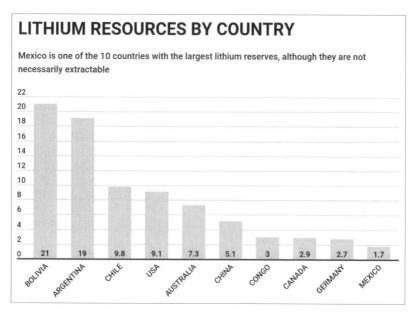

LITHIUM RESOURCES BY COUNTRY

Mexico is one of the 10 countries with the largest lithium reserves, although they are not necessarily extractable

BOLIVIA	21
ARGENTINA	19
CHILE	9.8
USA	9.1
AUSTRALIA	7.3
CHINA	5.1
CONGO	3
CANADA	2.9
GERMANY	2.7
MEXICO	1.7

〈그림 5〉・ 멕시코 및 라틴아메리카 국가들의 리튬 매장량 순위.
출처: Solís, 2023 재인용; United States Geological Survey, 2022.

는 미지수이다. 멕시코 광업협회(La Cámara Minera de México, Camimex)에 따르면, 멕시코 내 매장된 리튬은 분산돼 있고 밀도가 낮아 채산성이 떨어진다고 분석하고 있다. 또한 에너지 전문가들은 "멕시코와 같은 점토질 토양에서 리튬이 채굴된 사례는 아직 없다"며 초기 개발 시 시행착오를 예고하기도 했다. 실제로 2022년 1월 캐나다 기업인 원월드리튬(One World Lithium)은 탐사 결과 바하칼리포르니아(Baja California) 지역의 리튬 채굴은 채산성이 없다고 발표했다.

현지 언론 및 관련 연구 기관들도 이른 시일 내 리튬 채굴이 이뤄지기에는 어려울 것으로 전망한다. 소노라, 바하칼리포르니아, 싸카테카스(Zacatecas), 산 루이스 포토시(San Luis Potosi), 코아우일라(Coahuila) 주

등에서 리튬 개발 관련 20여 개의 프로젝트가 예정돼 있으나 윤곽이 드러난 프로젝트는 소노라와 소노라 에타빠 도스(Sonora Etapa 2) 두 개로, 나머지 프로젝트들은 아직 탐사 단계이다. 가장 생산 가능성이 높은 것은 2023년 리튬 생산을 목표로 하고 있는 영국과 중국(중국, 호주, 아르헨티나에서 개발 경험이 많은 간펑리튬(Ganfeng Lithium)) 합작 기업 방카노르테 리튬(Bancanorte Lithium) 프로젝트였다.

대한무역투자진흥공사(KOTRA) 및 현지 언론과 전문 기관들의 전문가들의 분석을 종합해 보면, 멕시코에서 리튬 자원의 탐사는 최소 10년 이상 그리고 실제 배터리로 활용할 순수한 리튬 생산은 더 많은 시간이 필요한 것으로 분석된다. 리튬의 탐사, 개발, 생산 그리고 이를 활용한 배터리 생산까지의 비즈니스 전반에 불확실성이 큰 상태이다.

4 멕시코 리튬 개발과 중남미 지역 국제 협력 참여

멕시코 정부는 리튬을 국가 발전을 위한 전략 자원으로 지정하고 이와 관련 국제 협력도 강화해 오고 있다. 2022년 5월 전 세계 리튬 매장량의 56퍼센트를 보유해 '리튬 삼각지대'라 불리는 아르헨티나, 볼리비아, 칠레와 연합체 결성에 대해 논의했고 리튬 워킹그룹을 출범시켰다(〈그림 4〉 참고). 2022년 11월 볼리비아의 제안을 수락해 제1회 국제리튬회의(Primer Congreso International de Litio)가 출범했으며 2023년 7월 아르헨티나 수도 부에노스아이레스에서 제4차 국제회의 및 라틴아메리카 리튬전시회(4o Congreso Internacional y Exposición Litio América Latina)가 개최

되기도 했다. 제1회 국제리튬회의에 참석한 멕시코 에너지부 장관 로시오 나흘레 가르시아(Rocío Nahle García)는 '멕시코의 리튬 전망(Perspectivas del Litio desde México)'을 발표했다. 프레젠테이션에서 나흘레 장관은 미국 지질조사국의 통계를 인용해 멕시코에 약 170만 미터톤의 리튬 매장량이 있으며, 매장량은 주로 점토에서 발견되고 있다고 분석했다(소금 평지에서 소량). 멕시코 정부는 이미 리튬 산업에 36개의 허가권을 부여했으며 이들 중 27개가 활성화되어 있고 10개 프로젝트는 외국 투자 자본이 참여하고 있다고 언급했다. 리튬 이온 배터리 생산, 양극 및 음극 생산을 위한 산업용 로봇, 전기 자동차용 배터리 조립이 멕시코 리튬 분야의 과학기술 의제로 고려되고 있음을 확인하기도 했다. 특히 자동차용 배터리 생산은 멕시코에서 전기 자동차 제조를 위한 중요한 시작점이다. KOTRA 및 라틴아메리카 지정학적 전략 연구 센터(Centro Estratégico Latinoamericano de Geopolítica, CELAG)에 따르면 리튬 워킹그룹 4개국의 매장량을 합치면 전 세계 리튬 매장량의 68퍼센트에 달하는 비중을 차지하고 있다. 이에 현지 라틴아메리카 국제 언론들은 이 워킹그룹이 리튬계의 석유수출국기구(Organization of the Petroleum Exporting Countries, OPEC)가 될 수 있을지 주시하고 있다.

현재 미국 정부의 IRA 추진으로 전기차 세제 지원을 위해서는 1) 북미 내 생산 비율, 2) 미국 혹은 미국과의 FTA 체결국에서 생산된 광물 사용 비율을 충족해야 한다. 따라서 중국산 리튬을 활용해 전기차 배터리를 만들던 기업들에는 경제적 타격이 클 전망이다. 이에 더하여 멕시코 정부의 리튬 자원 국유화 정책, 기술적으로 리튬 탐사와 생산의 빠른 공급의 어려움 등은 멕시코산 리튬의 활용도를 낮추고 있는 한계로 지적되고 있다.

2023년 2월 멕시코 비즈니스 뉴스의 보도에 의하면, 암로 정부는 멕시코의 모든 리튬 채굴 허가권에 대한 승인을 에너지부에 넘길 것이라고 밝혔다(Mares, 2023). 에너지부 채굴 허가권을 넘기기 위해 2023년 2월 18일 법령에 서명했지만, 암로 대통령은 법령의 내용과 리티오멕스의 운영에 대해 국가 주도냐 아니면, 민간 주도냐에 대한 개발 참여자의 역할에 대해 자세히 설명하고 있지 않고 있다. 암로 대통령은 또한 소노라 계획의 진행 상황을 확인하기 위해 소노라를 방문했다.[4] 멕시코 북부 노갈레스(Nogales)를 방문하고 미국 애리조나 주 당국과 만나 멕시코 국경 반대편에서 개발된 프로젝트에 대해 국제 협력을 강화하고 있다. 또한 암로 대통령은 중국에 본사를 둔 간펑리튬이 관리하는 멕시코 최대 리튬 프로젝트인 바카데후아치(Bacadehuachi) 광산을 방문해 국제 협력을 이어 가고 있다. 하지만 리튬 자원 개발 허가권 부여에서 가장 큰 이슈는 모든 리튬 개발 프로젝트는 가장 큰 지분을 보유하게 될 리티오멕스와 함께 개발되어야 함을 분명하게 명시하고 있다. 이에 더하여 멕시코 정부는 리튬 추출에 더 많은 투자자를 유치하기 위해 세금 인센티브를 제공하는 것을 고려하고 있다고 언급하고 있다. 정부 주도 규제와 더불어 관리 방식에서 경제적 인센티브를 늘려 가겠다는 전략이다.

2023년 3월 배터리 및 전기 자동차 제조업체인 미국 테슬라(Tesla)는 또한 멕시코에 50억 달러 규모의 배터리 공장을 건설한다고 발표했다. 미

---

4) 2022년 4월 멕시코 정부는 소노라를 청정에너지 허브로 전환하는 것을 목표로 하는 소노라 계획(Sonora Plan)의 지원을 받아 리튬 탐사 및 개발을 국유화했다. 소노라 계획을 실현하기 위해 멕시코 정부는 소노라-미국 공급망을 강화하고 배터리 및 전기 자동차 제조를 촉진하며 푸에르토 페냐스코(Puerto Peñasco)에 있는 라틴아메리카 최대 태양열 발전소를 포함한 청정에너지 발전소를 건설하기 위해 480억 달러 이상의 투자를 발표했다.

국의 '청정 차량 신용(Clean Vehicle Credit)' 지원 계획에 부합해 멕시코 북부 몬테레이(Monterrey)에 대규모 배터리 생산에 투자할 계획이다.[5] 멕시코에서 최종 조립을 마친 전기 자동차 차량에만 적용되는 보조금인 미국 정부의 청정 차량 신용(Clean Vehicle Credit) 혜택을 받을 수 있다.[6] 물론 테슬라가 멕시코에 투자한 유일한 전기 자동차 제조업체는 아니다. 2023년 2월 BMW는 중부 산루이스포토시 주에서 전기자동차 및 배터리 생산에 8억 6,600만 달러 투자를 발표했고, 2021년 GM도 전기차 생산을 위해 멕시코에 10억 달러 이상을 투자한다고 발표했다. 전기차 생산 관련 배터리 생산과 투자에서 실제 투자가 이어지고 있다.

멕시코는 오늘날 지리적으로 미국에 가까운 북부 지역을 중심으로 전국에 여러 전기 자동차 제조 허브를 건설할 준비를 하고 있으며 세계 최고의 자동차 제조업체들과 협의 중이다. 멕시코 전기 자동차 산업은 미국과 비교할 때 많은 이점을 가지고 있는데, 이는 미국 시장과의 근접성(니어쇼어링), 기존 자동차 제조업 인프라 및 전문성 확보 등에서 기인하고 있다.[7]

---

5) 멕시코는 미국 에너지 저장 시장의 공급망 근접화 및 중국 의존도 감소 과정을 활용할 수 있는 좋은 위치에 있으며 2022년 10월 미국 최대 배터리 저장 시스템 통합업체 중 하나인 포윈(Powin)은 제품 조립을 멕시코 북부 몬테레이로 옮겼다(Jones, 2023).

6) 2022년 8월 16일, 바이든 미 대통령은 IRA에 서명했다. 이 법안의 일환으로 전기자동차와 관련된 세금 공제 확장으로서 청정 차량 신용 프로그램은 확실히 전기자동차 채택을 장려하고 생산을 지원한다. 100퍼센트 전기 자동차 및 하이브리드플러그인 구매자에게 최대 7,500달러를 지원하는 이 프로그램은 2032년까지 연장되었다. 특히 이 지원 혜택을 위해서는 배터리 구성 요소 및 다양한 요구 사항을 충족해야 한다.

7) 2023년 2월 마르셀로 에브라르드(Marcelo Ebrard) 현 멕시코 외무장관(2024년 멕시코 대통령 선거 후보)와《로이터》의 인터뷰 참고, https://www.reuters.com/business/autos-transportation/mexico-talks-with-top-carmakers-make-electric-vehicles-foreign-minister-says-2023-02-03/.

하지만 외국 투자 기업들이 가장 우려하는 것은 청정에너지 공급 보장, 물확보, 필요한 인력 확보, 송전선 용이성(인프라) 등에서 여전히 갈 길이 멀다. 특히 전기자동차의 생산과 수출도 중요하지만, 멕시코 내 국내 소비확대도 중요하다(전기자동차 이용에 대한 소비자 인식 전환). 이를 위한 효율적인 정책 개발과 이의 제도화, 국제 협력 그리고 현 암로 정부의 민족주의적 에너지 정책의 폐지와 재생에너지 개발로의 빠른 전환이 시급하다(2024년 멕시코 대선과 차기 행정부의 개혁 과제).

5 한-멕시코 전기자동차 및 배터리 생산 분야 국제 협력

멕시코는 2020년 7월 발효된 USMCA 회원국으로 한국 기업들 입장에서 간접적으로 미국·캐나다 시장 진출을 위한 교두보 역할을 하고 있다(한국-멕시코 양자 간 FTA 협상 및 PA 준회원국 가입 협상). 이를 전제로 가장 시급하게 전기자동차 및 배터리 생산 관련 공급망 가치 사슬 강화를 위해 양국 간의 국제 협력이 필요한 세 가지 경우를 살펴보면 다음과 같다.

첫째, 자원 외교 국제협력 차원에서 미래 리튬 자원 확보를 위해 멕시코가 참여 중인 '라틴아메리카 4개국 리튬 워킹그룹'과 자원 외교 강화 방안 모색이 요구된다(국제 포럼, 리튬 자원 한-중남미 네트워크 강화). 멕시코와 리튬 자원 국제협력 포럼을 통해 리튬 자원 개발, 전기자동차 배터리 생산 분야 협력 가능성을 모색(특히 논의 중인 '한국-멕시코 FTA' 협상, 한국의 '태평양동맹' 준회원국 가입 협상에서 협상 의제로 활용 가능성 충분함)해야 한다.

둘째, 자원 개발 거버넌스와 국제협력 차원에서 전기 자동차 및 배터리 생산을 위한 멕시코 정부의 통합적 국가 전략과 정책, 법, 제도 개선 과정에 참여는 거버넌스 협력 차원에서 요구된다. 멕시코 정부 부처 간 전기 자동차 및 배터리 생산 관련 법안 통일(환경부와 경제부)에 대한 정책 연구 및 정책 거버넌스 협력도 중요하다. 특히 많은 전문가들이 지적하고 있는 내연기관 가솔린 자동차의 폐기 시기 사회적 합의와 이의 제도화, 정부 조달, 수입 면세 기간, 연료비, 전기 요금, 전기 자동차/배터리 가격, 가정 및 공공 충전 시스템, 전기 자동차 관련 다양한 세제 개혁, 규제(법)와 관리(시장 인센티브) 부문 활성화(효율적 정책과 프로그램 개발 및 이의 이행), 원산지 규정/전기 자동차 보조금 지급 문제 등 USMCA 내 회원국 간 분쟁 해결 관련 국제적 수준의 규범화 등에 대한 연구와 통합 거버넌스 구축에 대한 협력은 필수적이다.

셋째, 특화된 형태의 다자협력 강화 차원에서 멕시코에 진출한 기업 및 분야별로 특화된 글로벌 전기 자동차 투자 기업들과 네트워크 강화를 통한 전기자동차 생산 및 판매 확대를 위한 협력도 중요하다. 예를 들어, 한국 기업들의 우수한 리튬 배터리 생산 기술과 멕시코에 진출해 있는 볼리비아 전기자동차 기업인 '퀀텀(Quantum)' 사를 연계해 진출하는 전략이다. 부문별로 특화된 기업들이 멕시코 시장에서 컨소시엄(제휴)을 통해 전기자동차의 멕시코/미국 시장 진출을 위한 리튬 자원 개발/배터리 기술 발전 부문에 공동 진출은 다자간 협력(삼각 협력)으로 특히 상호 이익 공유 방식으로 반드시 고려되어야 한다. [8)]

---

8) https://tuquantum.com/categoria-producto/baterias-de-litio/.

2부
라틴아메리카의 생태학적 위기와 전망

제 4 장

지구법학과 자연의 권리:

21세기를 주도하는 중남미발 생태주의

심재환

1 들어가며

1970년대 환경 운동이 전 세계적으로 확산되면서 국제적인 환경 보호의 필요와 자연환경을 대하는 인간의 태도, 윤리, 가치관이 변할 필요가 있음이 거론되었고, 환경 오염과 파괴로 인한 범지구적 기후변화와 생태계의 변화가 이는 가운데 부상한 개념과 사상이 바로 자연의 권리(Rights of Nature)와 지구법학(Earth Jurisprudence)이다.

자연의 권리[1]는 생태계 및 종을 포함한 자연이 고유한 가치를 가지고 있어 인간과 같이 법적 권리를 부여받아야 한다는 신념이며, 지구법학은 생태계 및 종을 포함하는 자연환경을 하나의 법인격으로 대하고 그 권리

---

1) 지구권(Earth Rights)이라 일컫기도 하지만, '대지권'으로 잘못 이해되어 혼란을 빚을 여지가 있기에 자연의 권리(Rights of Nature)가 좀 더 선호되는 추세이다. 이 글에서는 '지구권(지구의 권리)'과 '자연의 권리'를 동등한 의미로 사용한다.

를 법 제도와 규제로 보호하는 법철학이다. 인간 사회로 비유하면 '인간의 권리', 그리고 그 권리를 보장하기 위한 '법 제도 및 규제'를 의미하는 것으로 21세기에 들어 유엔(UN)에서 지속 가능한 발전을 위해 모든 국가가 받아들이고 또 도입하기를 바라는 이념이다.

자연의 권리와 지구법학은 인류는 인간 공동체보다 큰 지구 공동체의 일부이며, 인간이 살아가는 지구 전체의 안녕은 이를 구성하는 수많은 존재의 안녕에 달려 있다는 사실에 기초하는 개념과 거버넌스(governance) 철학이다. 이 개념과 철학은 지구에서 살아가는 인류는 지구 공동체를 구성하는 다른 생물의 살아갈 권리를 인정하고 또 존중해야 함을 주장하며 인류 자신을 위해서도 이들이 살아가는 자연환경을 마구잡이로 훼손하지 않고 법제도적으로 보호해야 함을 알린다.

이를 처음 접하는 사람들은 일반적으로 '인간이 아닌 것에 법인격과 권리를 부여하는 게 말이 되나?', '실현 가능한 것인가?', 그리고 '굳이 그렇게까지 하면서 자연을 보호할 필요가 있는가?'라는 의문을 품게 된다.

20세기 중반부터는 자연을 지키고 환경 오염과 파괴를 줄여야 한다는 범지구적인 인식이 많이 향상되어, 오늘날 대부분의 사람이 이를 위해 시행되는 정책에 적극적으로 협조하고 있고, 많은 국가가 물품의 재활용과 온실가스 배출을 줄이기 위한 다양한 노력을 기울이고 있다. 또한 그린벨트(greenbelt) 지정 및 자연 보전 지역 지정을 통해 자연환경과 생태계를 보호하기 위한 정부의 조치와 대응이 이어지고 있으며, 이런 추세가 확산됨에 따라 아직 부족하기는 하지만 예전과 비교해 환경 보호에 대한 사회의 인식과 태도가 확연히 달라졌음을 느낄 수 있다.

그러나 지구의 인구는 77억 명에 달하고 있으며, 우리가 현재 살아가는 세계는 더 많은 개발과 생산을 부추기는 소비 중심적 자본주의 시장 경제 체제로 돌아가고 있다. 이익 창출을 위해 더 생산하여 팔고, 더 많이 팔기 위해 소비를 부추기는 경제 체제가 현시대를 주도하고 있으며, 이러한 이해관계와 득실에 따라 국가와 기업과 사람이 움직인다.

환경 위기가 체감되는 오늘날 여러 국가와 기업이 이상기후와 자연 재해의 피해에서 벗어나기 위해 자연환경을 보존하고 탄소 배출을 줄이는 운동에 동참하고 있다. 그러나 이들이 위기가 지나간 후에도 이런 태도와 방향을 유지할 것이라는 보장이 없으며, 기업의 경우 경제적으로 체감되지 않는 생태 파괴나 동식물의 멸종에 눈길조차 주지 않을 것임이 명백하다.

이런 상황 앞에서 에콰도르는 2008년 헌법 개정을 통해 세계 최초로 자연의 권리를 명시하며 환경법에 대한 접근을 혁신적으로 바꿨고, 볼리비아는 2009년 4월 22일에 열린 유엔 총회(General Assembly)에서 지구는 권리를 지닌 존재임을 주장했다. 유엔 총회는 이날을 '세계 지구 어머니의 날(International Mother Earth Day)'로 선포하고, 같은 해 12월 21일에 열린 총회에서는 회원국들이 '지구와 생태계'를 인류가 다른 생명체와 함께 더불어 사는 공동 터전으로 인정함에 따라 '하모니위드네이처(Harmony with Nature, HwN)'[2] 프로그램 안이 채택되었다.

자연의 권리와 이것의 법제화는 환경 문제나 무분별한 자연환경의 훼손 및 개발 문제를 인권 이슈와 같이 다룰 수 있는 길을 열어 줌으로써 각

---

2) 하모니위드네이처는 유엔 경제사회부(UN Department of Economic and Social Affairs, UN-DESA)의 유엔 지속가능발전목표(UN Sustainable Development Goals, UN-SDGs)에 속한 프로그램으로 2009년 볼리비아가 제안한 '탈인간중심적 패러다임'을 따라 자연을 '권리를 지닌 존재'임을 알리는 걸 골자로 하며 자연에 대한 범세계적 인식의 변화 및 '자연의 권리' 개념의 세계적 확산과 법제화를 목표로 한다.

국이 가진 법 제도 안에서 자연의 파괴를 막고 생태환경을 보호하기 위한 민사, 형사, 헌법 소송을 가능케 하며, 나아가 인권 문제와 마찬가지로 유엔 같은 국제기구 및 타국의 개별 또는 집단적 개입 가능성도 열어 준다는 점에서 기존의 자연 보호 방식과 구별된다. 또한, 필요에 따라 그때그때 입법부를 거쳐 제정되는 환경 보호 법안과는 달리, 이미 기능하는 인권 기반 법체계를 이용하는 것을 상정하므로 자연의 무분별한 개발과 훼손에 더욱 빠르고 효과적으로 대응할 수 있는 이점이 있다.

그러나 법제화의 과정은 생태계와 종을 포함한 자연을 법인격체로 인정하는 것으로 끝나는 게 아니며, 자연의 권리를 인류 법체계에 도입하는 것도 만만치 않은 난관으로 가득하다.

먼저 자연을 인격으로 인정하면 자연은 인간이 사유할 수 있는 소유물이 아니게 되는데, 현재 법체계에서는 산과 들과 토지가 누군가의 사유로 등록되어 있고 그에 대한 세금도 부과하고 있다. 또한 자연이 인격으로서 받아들여진다 해도 자연이 결코 인간이 되는 것은 아니기에 종교의 자유, 사상의 자유, 집회의 자유와 같은 권리를 요하지 아니하는 등 그 본질적인 권리가 인간의 기본 인권과 같을 수가 없으며, 인간처럼 말하거나 표현하지 못하고 소송에 필요한 서류 절차나 증거를 제시할 자체 능력이 부재하기에 언제나 자신을 대변할 인간 대리인을 필요로 하나, 스스로 그 대리인을 선택할 수가 없고, 또 그 대리인의 수임료나 소송 비용의 지불, 배상이나 보상과 관련된 협의도 진행하지 못한다.

법이 주장하는 공정성이나 형평성 측면에서도 여러 가지 문제와 논란이 일 수 있다. 자연에 가한 피해에 대한 책임은 인간에게 묻지만, 자연이 인간에게 끼치는 피해나 재해에 대해서는 그 책임을 물을 수가 없다. 이러한 측면에서 볼 때 권리를 인정받는 자연은 마치 모든 필요한 권리는 누리지만 그 어떤 책임도 지지 않는 유아 같은 존재로 비칠 수 있다.

어느 정도의 개발과 훼손을 권리 침해로 봐야 하는지에 대한 기준과 척도도 마련하기 쉽지 않다. 인간 역시 자연의 일부로 자연에 의존하여 살아가는 지구 생태계의 구성원이며 다른 동식물과 마찬가지로 자연으로부터 필요한 자재와 양식을 취하고 자연이 제공하는 공간에서 서식한다. 그러나 인간은 그 수가 많은 만큼 자연으로부터 취하는 규모가 일반 동식물에 비할 수 없는데, 존재할 권리를 침해함을 다툴 때 어느 정도 취한 것이 무분별한 훼손이고, 또 어느 정도 개발한 것이 불합리한 파괴인지 가늠하기가 힘들다.

마지막으로 법에서는 피해자와 가해자가 특정되어야 하는데, 단일 생명체도 자연으로 볼 수 있는지, 자연을 아우르는 흙이나 돌 같은 무생물도 자연이라 말할 수 있는지, 사건 범위 안에 들어가는 모든 생태, 환경, 생명체가 자연으로 봐야 하는지에 대한 명확한 특정과 정의가 필요하다.

이처럼 자연의 권리를 법제화하는 과정에는 기존의 법 개념이나 법제도와 상충할 부분이 많고 이를 해결하며 도입하는 과정은 쉽지 않을 것이라 예상된다. 그러나 이를 피하거나 우회하고자 소유물을 제외한 자연만을 구분해 법인격으로 인정한다면 자연의 권리와 지구법학이 가져다주는 이점은 자연과 환경 보호를 위해 이미 마련된 기존의 환경 보호 정책 및 조치와 별반 다르지 않을 것이다.

인간중심주의에서 자연과 조화를 이루며 사는 자연과 조화를 이루며 살아가는 탈인간중심주의(nonanthropocentrism)나 생태주의(Ecocentrism)로의 전환은 앞서 언급한 해결 과제를 포함해 많은 난관을 내포하고 있다.

그럼에도 불구하고 이 전환은 현재의 인류가 문명을 유지하며 지구에서 생존하기 위해 반드시 지나야 하는 길인 동시에 언젠가는 마주해야 하는 자기성찰의 과정이며 다음 단계의 인류 문명으로 발돋움하기 위한 필수 절차이다.

2 자연의 권리, 그 개념과 부상

자연의 권리(지구권)에 대한 개념은 여러 사상가와 환경 운동가들의 신념과 사상에 기반하던 개념으로 환경 문제와 지속 가능한 개발에 대한 인식이 높아지기 시작한 20세기 중후반에 구체적으로 언급되며 확산하기 시작했다. 21세기에 이르러 볼리비아를 필두로 많은 유엔 회원국이 지지하는 이 개념은 누가 처음으로 주장했는지 정확히 찾아보기 힘들지만, 그 유래로 삼을 수 있는 주요 출발점과 계기는 아메리카 대륙에서 찾아볼 수 있다.

라틴아메리카 안데스 지역에서는 고대 때부터 '대지의 어머니'를 뜻하는 '파차마마(Pachamama)'를 대자연에 빗대어 숭배하는 문화가 현재까지 이어져 오고 있으며, 볼리비아와 에콰도르에서는 '좋은 생활' 및 '좋은 삶'을 의미하는 옛 인디오(원주민)의 문화와 철학이 이어져 오고 있다. 볼리비아의 '부엔 비비르(Buen Vivir)', 그리고 에콰도르의 '수막 카우사이(Sumak kawsay)'라 불리는 개념은 인간과 자연, 그리고 공동체 간의 균형과 조화를 강조하는데, 부엔 비비르는 개인의 복지뿐만 아니라 공동체와 자연과의 상호작용에도 주목하며 보다 균형 잡힌 방식으로 사회를 발전시키는 지속 가능한 발전을 추구하고, 수막 카우사이는 물리적인 풍요와 경제적 성공만이 아니라 자연과의 조화, 문화적 다양성, 지역사회의 공동체적인 삶, 그리고 환경과의 균형을 포함하는 총체적인 접근을 추구한다.

반면, 북미에서는 윤리적이고 철학적인 접근으로 자연환경의 가치를 지키려 했는데, 미국의 환경학자이자 생태학자인 알도 레오폴드(Aldo Leopold)의 저서 내용이 중요한 출발점이 되었다. 1949년에 출간된 그의 저서 『모래 군(郡)의 열두 달(*A Sand County Almanac*)』은 환경 윤리학과 생태학에 대한 철학적인 고찰을 담으며, 자연의 가치를 경험하고 존중해야 한다는 주장을 피력했다. 그의 접근은 이후 '자연의 권리'에 대한 논의에 큰 영향을 미치게 되었고, 1970년대 환경 운동이 전 세계적으로 퍼져나가며 새로운 환경 윤리와 법제도에 대한 관심이 일 때 '자연의 권리'라는 개념이 알려져 국제적으로 논의되기 시작했다.

이후 1972년 크리스토퍼 스톤(Christopher Stone) 교수는 「나무도 원고 적격을 가져야 하는가?(Should Trees Have Standing?)」라는 글을 통해 자연물(natural objects)에도 법적 권리를 인정할 수 있음을 설득력 있게 논증했고, 2008년 9월에 이르러서는 에콰도르가 자연의 권리 조항을 담은 헌법 개정안을 국민투표로 통과시킴으로써 헌법에서 자연의 권리를 인정[3]한 첫 번째 나라가 되었다.

2009년 유엔 총회(제63차 유엔 총회)에서 당시 볼리비아 대통령 에보 모

---

3) 에콰도르 헌법 제71조: 생명이 재창조되고 존재하는 곳인 자연 또는 파차마마는 존재와 생명의 순환과 구조, 기능 및 진화 과정을 유지하고 재생을 존중받을 불가결한 권리를 가진다. 모든 개인과 공동체, 인민과 민족은 당국에 청원을 통해 자연의 권리를 집행할 수 있다.

랄레스 아이마(Evo Morales Ayma)는 생명을 지키는 신성한 지구 어머니의 산, 강, 들, 호수는 물론, 그 안에 살아가는 모든 동물의 생명을 존중해야 한다고 말하며, 지구도 권리가 있고 세상과 우주는 인간 중심으로 돌아가지 않음을 강조했다. 또한 4월 22일 열린 해당 유엔 총회에서 이날을 '세계 지구 어머니의 날'로 선포하고, 같은 해 12월 21일 열린 총회(제64차 유엔 총회)에서는 회원국들이 '지구와 생태계'를 인류가 다른 생명체와 함께 더불어 사는 공동 터전으로 인정함에 따라 하모니 위드 네이처 프로그램 안이 채택되고 유엔 사무총장이 매년 「하모니 위드 네이처 보고」를 발간하는 것으로 결정되었다.

자연의 권리라는 개념을 통해 지구의 자연과 그 안에 있는 동식물의 생태계를 보호하려는 접근은 자연을 단순히 인간의 이익을 위한 재산이나 소유물로 보지 않는다는 점에서 전통적인 환경법과 대조되며, 이 안에서의 자연은 고유한 가치를 지닌 인격으로 존재하고, 번성하고, 재생하고, 진화할 본질적인 권리가 인정되며 여기에서 비롯되는 다른 권리들 또한 존중된다.

하모니 위드 네이처는 자연의 권리에 대한 범세계적 인정과 법제화를 위해 여러 학문 분야의 전문가 및 민관학연 기관과 협력하고 있으며, 이를 위한 일환으로 지구법학과 자연의 권리에 대한 개념을 확산하는 데 다방면으로 노력하고 있다.

3 지구법학, 그 태동과 의의

지구법학 또는 지구법(Earth Law)은 지구 전체의 환경을 보호하며 지속 가능한 개발을 촉진하기 위한 법철학적 접근이다. 인류가 지구의 생태계, 생물다양성, 대기, 물 등 자연을 지키면서 발전하기 위한 법체계를 마련하는 것을 목표로 하며, 인간만이 아닌 지구 전체의 생태계와 자원에 중점을 둔다는 점에서 전통적인 환경법과 구분된다. 이 법철학은 인류가 더 넓은 지구 공동체의 일원으로서 스스로 규제해야 한다는 사상에 근거하며, 우주 기능을 지배하는 기본 법칙이나 원칙, 즉 대법학(Great Jurisprudence)에 부합하는 삶을 통해서만 인류가 생존하고 번영할 수 있음을 고수한다.

인류를 넘어 지구 공동체의 모든 구성원 간의 조화로운 관계를 유지하고 또 규제하는 거버넌스를 위한 규제와 법체계, 나아가 인간중심적이기보다는 지구중심적이라는 면에서 다른 법 분야와 구별되는 지구법학은 윤리, 법률, 제도, 정책 및 관행을 포함하는 인간 거버넌스 시스템의 개발 및 구현을 위한 철학적 기반을 제공하며, 지구와 그 생태 구성원이 이루는 공자연의 권리(지구의 권리, 자연의 권리)를 존중한다.

이와 같은 새로운 법학의 필요성은 토마스 베리(Thomas Berry)에 의해 처음 제시되었는데, 그는 기존의 법적, 정치적 구조의 기반이 되는 파괴적인 인간중심주의가 인류가 자연과 조화를 이루며 살아가는 생태 시대로의 전환을 가로막는 주요 장애물이라 강조했다. 이 법학은 제시될 당시 임시로 '지구법학'이라 불렸으며, 그 타당성은 2001년 4월 토마스 베리가 참석한 회의에서 논의되었다. 해당 회의는 런던의 가이아 재단(Gaia

Foundation) 주최로 미국 워싱턴 외곽에 위치한 에어리 콘퍼런스 센터(Airlie Conference Center)에서 이루어졌으며 남아프리카, 영국, 콜롬비아, 캐나다 및 미국에서 법률가와 원주민이 참여했다.

'대법학'이라는 용어를 포함해 지구법학에 관하여 상세히 기술한 최초 인쇄물은 코막 컬리넌(Cormac Cullinan)이 집필하여 2002년 세계지속가능발전정상회의(World Summit on Sustainable Development)에서 선보인 『야생의 법: 지구법 선언(*Wild Law: A Manifesto for Earth Justice*)』이다.

컬리넌은 저서를 통해 저자는 자연 공동체와 생태계를 법적 권리를 가진 법인격으로 인정할 것을 제안하는데, 그 내용은 지구법학의 핵심이 되는 원칙과 기반으로 아래와 같이 간추릴 수 있다.

1. 지구법(지구법학)은 인간의 법보다 상위에 있는 법으로 더 큰 범주에서 빚어지고 작용한다.

2. 지구 공동체를 이루는 모든 존재의 권리는 인간이 아닌 우주로부터 주어지는 것으로 인간의 법에 의거해 제한하거나 폐지할 수 없다.

3. 지구 공동체를 이루는 인간 아닌 구성원의 권리와 각각의 역할을 인정해야 하며, 인간은 이를 부당하게 침해하거나 훼방해서는 안 된다.

4. 지구 공동체 전체의 공익에 의거해 지구 공동체를 형성하는 구성원 사이의 능동적인 상호작용(공생, 조화, 상호 의존) 관계의 균형을 유지해야 한다.

5. 인간의 행위는 그것이 지구 공동체를 구성하는 유대 관계를 강화하거나 약화시키는지 여부에 기초해 이를 용인하거나 금하는 접근 방식을 취해야 한다.

지구법학은 이러한 내용의 선포를 시작으로 세계로 곳곳으로 확산되기 시작했고, 2006년에는 배리 대학(Barry University)과 세인트 토마스 대학(St. Thomas University)의 공동 후원으로 미국 플로리다에 최초의 지구법학 센터가 설립되었다. 이 센터의 사명은 자연의 권리를 인정하고, 인간과 자연 공존하며 조화롭게 발전할 수 있는 지구 공동체 전체의 복지를 지원하는 법률과 거버넌스를 재구상하는 것으로, 『야생의 법』에서 나타나는 핵심 원칙에 근거한다. 또한 인간중심이 아닌 지구중심 관점 혹은 지구 공동체의 관점에서 만물의 권리와 수행 역할을 고려해 인간 행위의 합법성을 논하고 규제함으로써 지구 생태계의 독립성과 존엄성을 강조하는 거버넌스를 지향한다.

자연의 권리를 기반으로 하는 지구법학은 국제법과 국내법에서 지구 공동체가 기능하는 상호 의존 시스템의 보호에 중점을 두는 새로운 법 원칙과 규제를 형성하고자 하지만, 인간에 의해 인간을 위해 만들어진 법제도를 이러한 법철학을 반영한 새로운 법체계로 탈바꿈시키는 것에는 많은 어려움이 있다.

자연의 권리를 인정하는 지구법학에 기반한 법제화는 일단 이것이 이루어질 국가에서 자연을 권리를 가진 주체 혹은 법인격으로 인정해야 이루어질 수 있다. 나아가 여기에서 말하는 '자연'이 무엇인지를 법적으로 명확히 정의할 필요가 있고, 법인격으로서 권리를 존중한다 해도 종교의 자유나 표현의 자유처럼 오직 인간만이 누리는 권리도 있기에 어떠한 권리를 인정할 것인지에 대한 고뇌가 필요하며, 누가 자연을 대리하여 발언하거나 소송할 수 있는지는 물론, 지구 공동체와 그 구성원 사이의 상호작용적 의존관계와 공익을 고려할 때 어느 정도까지의 취함, 개발, 훼손이 허용되는지에 대한 척도와 기준이 필요하다.

그러나 이런 과제들을 앞두고도 자연의 권리를 위해 움직이는 환경 운동가, 사상가, 법조인들은 자연을 정의하는 첫 난관에서부터 의견이 일치하지 않았고, 나아가 생명 있는 지구 공동체 구성원이면 모를까 생명이 없는 무생물까지 인간과도 같은 권리가 있음을 인정하는 것은 다소 지나치다는 의견도 있었다.

실제로 자연의 권리라는 개념이 처음 등장할 때부터 자연에 대한 정의는 다소 모호하고 또 포괄적이었다. 산, 강, 들처럼 특정 대지나 지형이 자연인지, 지구의 생태환경 자체가 자연인지, 서식하는 동식물의 터전을 자연으로 봐야 하는지, 아니면 모든 생물종과 생태계를 모두 개별적인 자연으로 여겨야 하는지 의견이 분분했다. 현재까지 개최된 자연의 권리 및 지구법학 학술대회나 세미나에서도 자연에 대한 명쾌한 정의나 법적으로 응용할 만한 대안은 제시되지 않았지만, 정의의 모호함에서 오는 여러 가지 문제와 특정성에 대한 필요는 법조인 및 법 관련 학자들에 의해 언급이 되었다.

자연은 이것도 되고, 저것도 되고, 모든 걸 내포할 수도 있으며, 일부를 지칭할 수도 있다는 넓고도 모호한 정의가 환경 운동가나 철학자에게는 별다른 문제가 아닐 수도 있겠지만, 자연의 권리를 인류의 법체계로 도입하는 것을 고민하는 법조인과 법학자에게 있어서 이런 적용 대상의 모호함은 피해자를 특정하는 어려움을 초래할 뿐 아니라 현존하는 법체계 자체를 뒤흔들거나 붕괴시킬 수 있는 위험 요소로 비춰진다.

지구와 자연환경을 보호하자는 취지에서 출발한 개념과 철학인 만큼 자연을 형성하는 생명체는 물론, 그 환경을 구성하는 무생물까지 지킬 필요가 있다. 그러나 이를 위해 기존의 환경 보호 방식이 아닌, 인격으로 그 권리를 지키는 법제화를 통한 보호에서는 비생명, 즉 생명이 없는 돌, 물, 흙과 같은 무생물에까지 인간과 같은 권리가 있음을 인정하기가 어렵다. 실제로 이와 관련해서는 많은 법조인이 회의적인 반응을 보였으며, 마구잡이식 권리 부여나 인정으로 인해 도래할 후폭풍과 혼란에 대한 우려가 컸다.

지구권의 법제화를 두고 법조인들이 시사하는 해결 과제는 아래와 같다.

(1) 대상 특정의 객관성이 없는 모호하고 통일성 없는 자연에 대한 정의는 사법 체계와 제도가 추구하는 보편성, 획일성, 일관성을 훼손할 수 있어 법제화를 어렵게 할 수 있다.

(2) 무생물에 직접적인 권리를 부여하는 건 불가함으로 무생물을 보호할 수 있는 다른 방도나 명분을 찾아야 한다.

(3) 자연을 인격으로 인정하는 것은 곧 자연은 사유할 수 없고 또 소유물이 될 수 없음을 의미하게 되는데, 그렇다면 현재 특정 토지의 사유를 인정하고 그 소유 토지에 대한 세금을 걷는 인간의 법 제도와 상충하지 않을 방법이나 해석을 찾아야 한다.

(4) 특정 지역의 자연환경 및 멸종 위기에 놓인 특정 생물종을 보호하기 위해

벌목, 수렵, 개발 등을 일괄적으로 금지하는 법은 차치하더라도, '자연'이라는 정의에 속하는 다른 곳과 생물에 대해서는 어느 정도의 취함과 개발이 자연의 권리에 대한 침해가 아닌지 가늠하기 위한 기준과 척도를 마련해야 한다.

(5) 자연을 대신하여 대리인 자격이 인정될 수 있는 개인 또는 단체에 대한 기준이 필요하며, 대리인을 자처하려는 이들 간에 이해관계를 둘러싼 분쟁이 발생할 시 무엇을 기준으로 이에 대처할지 생각해 봐야 한다.

이러한 고민과 의논이 이어지는 가운데 7월 28일 2022년, 유엔 총회가 역사적인 결의안을 채택하여 건강한 환경에 대한 인간 권리를 인정했다. 이 결의안은 2021년 10월 18일 유엔 인권 이사회(UN Human Rights Council)가 '건강한 환경에 대한 인간 권리'를 인정한 점을 반영한 것으로, 단 하나의 반대표도 없는 전례 없는 지지를 받아 가결되었다(찬성 161표, 반대 0표, 기권 8표). 이런 결정은 기후변화에 대응하는 국가와 단체는 물론, 자연의 정의를 보다 명확히 하고 자연이 갖는 권리를 구체화하는 데 있어 큰 도움이 되었다.

모호하고 포괄적인 '자연의 권리'에 대한 정의가 '생태계와 생명종에 내재된 권리'로, 그리고 이에 따라 '자연'은 '생태계와 생명종'으로 구체화함으로써 생태계에서 생명종이 원만하게 살아가는 데 필요한 주변의 무생물을 결의안에서 언급한 '건강한 환경에 대한 인간 권리'와 마찬가지로 '건강한 환경에 대한 생태계와 생물종의 권리'로 해석하여 보호할 여지가 생긴 것이다.

또한 이 정의와 해석을 바탕으로 토지의 사유에 관한 문제도 어느 정도의 타협점을 찾을 방도가 나타났는데, 이는 현재 인간이 개발하여 소유하고 있는 부동산에 대해 생물종이 생태계를 이루고 있는 곳이 아니기에 법적인 '자연'으로 볼 수 없다는 해석에 기대는 것이다.

물론, 이런 정의가 정착되기 전에도 특정 지형지물의 지구권을 인정한 국가와 자연의 권리를 헌법상으로 인정한 국가는 있었다. 그러나 그 개념은 국가에 따라 다르게 해석되어 구현되는 상황인 데다 그린벨트를 통한 자연 보호와 별반 다를 게 없었으며, 후자의 경우에는 그 여파나 효과는 아직 기존의 환경법이나 멸종 위기 야생동물 보호법의 범주를 크게 벗어나지 않는다.

자연을 인격으로 인정하고 지구권을 인간의 보편적인 법체계로 도입하고자 하는 지구법학 연구자들은 앞서 언급한 과제 중 (3), (4), (5)의 해결을 위해 현재도 다양한 논의를 이어가고 있다.

4 자연의 권리를 인정하는 이들의 유형 및 방향성 차이

일반적으로 자연의 권리를 인정하고 지구권 중요성을 관철하는 이들이 같은 이상, 목표, 방향을 갖고 있다 생각하지만, 실제로는 이들 간에도 여러 가지 차이가 존재하며 함께 일하며 협력하는 게 어려운 이들도 있다.

한국외대 중남미연구소가 타 대학이나 연구소, 그리고 유엔 하모니 위드 네이처 등과 함께 협력하며 주최한 총 3개의 국제 학술 대회를 통해 필자는 세계 각지에서 참여한 150명 이상의 학자, 전문가, 운동가를 관찰할 수 있었고, 이중 몇과는 질의응답을 통해 실제로 개인 및 소속 단체에 대한 이상과 방향에 대해 논할 기회가 있었다.

이 경험을 통해 필자는 현재 자연의 권리를 인정하는 이들을 크게 두 부류로 나눌 수 있음을 알게 되었는데, 하나는 자연과 조화를 이루는 발전을 도모하는 이들이며 다른 하나는 자연과 조화를 이루던 전통적인 삶으로 돌아가야 함을 주장하는 이들이다.

자연과 조화를 이루는 발전을 도모하는 부류(이하 제1부류)는 지구와 자연을 지키기 위해 인류 스스로 자원 및 토지 개발을 절제하고, 불필요한 소비를 줄이며, 친환경적이지 않은 과학기술의 개발을 피하여 지속 가능한 발전과 인간중심이 아닌 생태중심의 문명 전환을 촉구한다.

자연과 조화를 이루던 전통적인 삶으로 돌아가야 함을 주장하는 부류(이하 제2부류)는 지구와 자연환경을 지키기 위해 인류 스스로 현재의 편의와 과학기술을 버리고 자연에 순응하며 살아가던 과거의 전통적인 삶으로 돌아갈 것을 촉구한다.

두 부류 모두 지구와 자연환경을 보호하고 또 자연의 권리를 인정하고 있지만 이를 위해 인류가 취해야 하는 방향에 대해서만큼은 의견이 갈리며 지구법학을 통한 지구권의 법제화에 대한 태도도 미묘하게 다르다. 제1부류는 인류가 지구권의 개념 확산과 자연의 권리를 헌법 및 인간의 법제도에 반영하는 것을 긍정적으로 보며 적극적으로 지지한다. 반면 제2부류는 지구권의 개념 확산, 그리고 법을 통해 자연의 파괴를 막고 무분별한 개발을 막는 것에는 적극적으로 지지하나 지구법학을 통한 지구권의 법제화에 관해서는 다소 미온적인 태도를 보인다.

이밖에 지구권의 법제화를 위해 '자연'을 정의하는 것에 대해 양 부류 안에서 다시 둘로 갈리는데, 한 부류는 법제화를 위해 자연이라는 대상을 특정하고 정의하는 것에 별다른 이의가 없는 반면, 다른 한 부류는 기존의 포괄적인 정의를 그대로 유지해야 함을 고수한다. 이는 개개인이 주관적으로 지닌 자연에 대한 관점과 의미가 다른 데에서 기인하는 것으로 후자의 경우 자연을 경외해야 한다는 관점이 강하거나, 생명의 근원이자 우주 기능의 핵심인 자연의 의미를 전략상의 이유로 좁히는 것은 바람직하지 않다고 생각하는 경우가 대부분이다.

자연의 권리에 관한 해석과 자연에 대한 정의는 국가와 지역마다 다른 상황이며 앞서 언급했던 바와 같이 이것을 구현하는 방법과 방식에도 차이가 나타난다. 유엔 하모니 위드 네이처는 자연이 인격으로써 받아들여지고 법제도를 통해 보호될 수 있다면 이러한 해석의 차이는 크게 문제되지 않는다는 태도를 보이지만, 지구법학에서는 자연과 지구권에 대한 정의와 해석만큼은 획일적이고 보편적인 형태로 변화해 나아가기를 선호한다.

5 자연의 권리가 인정된 대표 사례

여러 국가가 자연의 권리를 인정하거나 인정하는 방향으로 전환하는 양상을 보이는 추세이며, 이를 헌법상으로 명시하거나 특정 강과 생명종에 적용해 보호한 사례들이 있다.

2008년 10월 20일: 남미, 에콰도르에서 세계에서 처음으로 자연을 인격으로 인정하고 법적 권리를 부여한 나라로 헌법에서 7장 제71조부터 제74조까지

'파차마마(대지 어머니)'의 "주기, 구조, 기능 및 진화 과정을 유지하고 생성하는 권리"를 인정.

2010년 11월: 미국, 피츠버그 시(City of Pittsburgh)는 미국 주요 자치 단체 중 최초로 자연의 권리를 인정.

2012년 10월 12일: 남미, 볼리비아에서 에보 모랄레스 아이마 대통령의 주도로 '대지 어머니(자연)의 권리에 관한 법(Ley de los derechos de la Madre Tierra)'을 통과시킴으로써 자연의 권리를 인정.

2017년 3월 15일: 뉴질랜드의 황가누이 강(Whanganui River)은 뉴질랜드 정부로부터 살아 있는 존재에 상응하는 권리와 의무, 책임을 지닌 인격을 법적으로 부여받은 세계 최초의 강으로 역사에 오름.

2017년 3월 20일: 인도의 우타라칸드 주 고등법원은 갠지스(Ganges)와 야무나(Yamuna) 강을 살아있는 존재로 선언하며 이들에게 사람과 동일한 법적 권리를 누리는 인격으로 인정.

2022년 2월 24일: 중미, 파나마에서 다른 국가들과 협력하여 자연을 보호하기 위한 생태중심적인 법을 제정, 자연의 "존재, 지속 및 재생"할 권리를 인정하는 새로운 법을 공표.

2022년 9월 30일: 유럽, 스페인의 상원에서 마르 메노르(Mar Menor) 석호와 그 유역의 법적 인격을 인정하는 '마르 메노르(Mar Menor) 법'을 가결.

2023년 3월 1일: 중미, 파나마의 대통령 라우렌티노 코르티소(Laurentino Cortizo)가 해양거북과 그들의 서식지를 보호하고 보존하기 위한 국가법에 서명, 이 법은 다른 보호 조치들과 함께 제29조에서 해양거북과 그들의 서식지의 본질적 권리를 인정.

특히 자연의 권리를 헌법상에 최초로 명시해 인정한 에콰도르의 경우 2010년부터 2012년까지 10건 이상의 사건에서 자연의 권리가 적용 및 언급되었고, 2018년부터 2023년까지 자연의 권리에 기반한 23건의 소송 및 행정 조치(보전 처분)와 1건의 국민투표가 진행되었다.

이들 사건 중 2010년에 빌카밤바(Vilcabamba) 강의 오염을 두고 로하(Loja) 지방 정부를 상대로 제기된 헌법 재판 사건[4]은 자연의 권리 법적 근거로 한 최초의 헌법 소송이며, 2011년 갈라파고스 상어 밀렵으로 민간 어선을 상대로 제기된 갈라파고스 상어 지느러미 형사 사건[5]과 2014년 콘도르를 불법 포살한 민간인을 상대로 제기된 콘도르 포살 형사 사건[6]은 자연의 권리를 적용한 최초의 형사 소송들로 기록되었다.

민간 사회가 자연의 권리를 근거로 지방 정부를 상대로 제기한 빌카밤

---

4) 에콰도르의 로하 지방 정부가 도로공사 잔해를 빌카밤바 강에 폐기해 오염시킨 사건 (원고 승소).

5) 민간 선박 페르마리(Fer Mary) 및 6대의 소형 어선이 갈라파고스 제도 연안의 상어(357마리)를 밀렵한 사건(원고 승소).

6) 나포(Napo) 주에서 61세 멸종위기종인 콘도르를 포살한 사냥꾼을 상대로 제기된 사건 (원고 승소).

바 강 오염 사건의 1심 판사는 해당 강에 법적 자격이 없다는 이유로 보호 조치를 취하지 않았으나, 로하 주 법원으로 상소 후 2심에서는 판사가 자연의 권리를 근거로 해당 강이 법적 자격이 있다고 했을 뿐만 아니라 원고들은 자신이 입은 피해를 입증할 필요 없이 자연이 입은 피해만 입증하면 된다고 판결해 지구권의 법제화로의 첫 모범이 되었다.

갈라파고스 상어 밀렵은 유네스코 세계 유산 및 보호구역 내에서의 불법 조업, 그리고 콘도르 포살 사건은 멸종위기종의 불법 사냥과 관련된 사건으로 자연의 권리를 적용하지 않았더라도 충분히 진행하고 이길 소송이었지만, 자연의 권리를 언급하는 형사 사건이란 점에서 의미를 찾을 수 있다.

이처럼 자연의 권리를 인정하며 법제화를 시도는 국가들과 사례들은 지구법학의 사례 연구와 발전에 이바지하며 다른 지역에서도 이를 장려하는 모범 예시가 되어 주고 있다. 실제로 한국에서는 제주 연안에 서식하는 멸종위기종인 남방큰돌고래 120마리의 보호를 위해 법인격을 인정하는 생태 법인을 도입하자는 논의가 본격적으로 이루어지고 있다. 이는 제도 특례를 담은 제주특별법 개정을 통해 추진되고 있으며, 인간이 아닌 생태 가치가 중요한 대상에 권리를 부여하는 이러한 제도의 정당성을 위해 앞의 해외 예시들을 언급했다. 제주도는 이러한 제도가 대규모 개발 과정에서도 남방큰돌고래들의 권리를 우선순위로 하여 지금보다 효과적으로 보호하기 위한 일환이 될 것이라 보고 있으며 제주도의 생태계를 지키는 데 있어서 긍정적인 영향이 줄 것이라 내다보고 있다. 제주도는 또한 남방 돌고래는 물론, 이후 다른 생명종과 생태계에까지 법인격 대상을 확대하는 방안을 검토하고 있으며, 도민 공론화를 거쳐 개정 방안을 확정 지으면

22대 정기 국회에 법률안을 상정해 2025년에는 국내 첫 생태 법인을 지정할 계획이다. 이러한 논의 과정에서 법제화를 둘러싼 여러 가지 문제와 해결안들이 제시되었으며, 법인격을 부여하거나 후견인 제도를 전담하는 생태 법원을 도입하자는 안도 제기되었다.

6 맺음말

자연을 인격으로 간주하고 그 권리를 존중하자는 발상은 현대 문명을 살아가는 사람에게 생소하거나 터무니없게 들릴 수 있지만, 자연을 의인화하거나 인격으로서 존중하는 자세는 과거 인류의 철학, 사상, 관습에서도 찾아볼 수 있는 발상이다. 특히 중남미 원주민들은 예로부터 대자연을 숭배하며 지켜 왔고, 이들의 관습과 법은 자연과의 조화를 유지하는 중요성과 자연의 권리를 침해해서는 안 된다는 가르침을 중시하며 후세에까지 전승했다.

오늘날 자연의 권리를 주장하고 지구법학을 연구하는 이들은 과거 원주민처럼 자연을 숭배하지는 않지만, 지구와 자연을 보호하고, 나아가 인류 자체의 안녕을 지키기 위한 일환으로 자연의 권리를 인정하는 법체계 및 제도의 도입을 촉구한다.

지구의 자연과 생태계를 지키고자 마련된 법안과 정책은 많이 있으나, 이는 대개 인간중심 관점과 입장에서 시행 중인 한시적인 것으로, 국가가 인간중심의 필요나 공익에 따라 언제든지 변경하거나 폐지할 수 있는 것이다.

지구와 자연은 77억의 인구, 그리고 산업화한 소비 중심의 경제 체제 안에서 빠르게 파괴되어 가고 있다. 기후변화와 자연재해 앞에 불가항력일 뿐인 인류는 이제 국경과 인간을 초월한 효과적이며 획일적인 자연 보호 대책을 마련해야 한다. 자연의 권리는 인권과 같이 국경을 초월할 수 있으며, 지구권의 법제화는 각 국가의 법체계와 제도를 인간 중심이 아닌 인간과 자연을 전부 고려하는 생태 중심으로 전환할 수 있다.

그러나 자연의 권리와 지구권의 법제화는 결국 국가가 수용해야 이루어지며, 이러한 수용과 변화는 각국의 국민, 나아가 세계적인 인식의 변화가 있어야 실현될 수 있다.

생태주의라는 자연과 인간의 조화와 지속 가능한 발전을 추구하는 시대적 흐름 앞에 우리는 이제 인간만이 아닌 지구 공동체의 안녕을 위해 인간 중심이 아닌 탈인간 중심 패러다임으로의 전환을 추구해야 할 것이다.

제 5 장

생태적 전환을 위한 브라질 사회의 실천: 자연권 입법화 과정과 과제*

양은미

* 이 글은 『중남미연구』 제42권 3호에 게재된 「브라질의 생태중심 법제도 구축 동향: 브라질 뻬르낭부꾸 주 보니뚜 시의 자연권 입법화 과정 연구」(2023)를 재구성·보완한 것이다.

1 인간중심 법제도에서 생태중심 법제도로

2010년대를 전후로 환경 오염과 이로 인해 동식물이 처한 위기가 심각해지면서 자연의 권리를 법적으로 보장해야 한다는 주장과 실천이 세계적으로 증가하고 있다. 자연에도 인간과 똑같이 법적 권리를 부여해 선제적이고 적극적으로 자연 보호를 실천하겠다는 취지다. 여기서 자연은 비단 동식물만 말하는 것이 아니다. 이른바 자연권(rights of Nature)[1]에서 말하는 법적 주체에는 강, 공기, 땅 등 비생물을 포함한 비인간 요소가 포함된다. 법인격을 인정받은 대표적인 비생물로 강을 들 수 있다. 2017년 뉴질랜드 황가누이 강, 인도 갠지스 강과 야무나 강이 입법을 통해 법의 주체가 됐다. 황가누이 강은 마오리족이 조상으로 여기는 강으로, 무분별한 개발과 소유권 분쟁으로 강의 파괴가 심각해지자 뉴질랜드 의회가 황가누이 강에 법인격을 부여한 것이다. 약 150년에 걸친 마오리족의 요구와 노력 끝에 쟁취한 결실이다. 인도에서는 우타라칸드 주 고등법원이 갠지

---

1) 여기서 자연권은 '자연의 권리'로, 인간이 태어날 때부터 가지는 천부적 권리로서의 자연권(natural rights)과는 구별된다.

스 강과 야무나 강의 법인격을 인정했다. 영적으로나 실질적으로 인도인의 삶에 매우 중요한 역할을 해 온 두 강이 온갖 중금속과 독성 물질로 심각하게 오염되고 난 후에야 내려진 결정이다. 그 외 미국의 클래머스 강, 캐나다의 맥파이 강, 콜롬비아의 아뜨라또 강이 법적 주체의 지위를 얻었고, 이미 그보다 먼저 에콰도르의 빌까밤바 강도 판례를 통해 헌법적 권리를 인정받았다.

비생물까지 아우르는 자연의 권리를 법적으로 인정해야 한다는 생각의 본질은 인간이 인간과 자연의 관계 방식을 재고할 필요성을 깨달았다는 것이다. 서구 중심의 산업 문명과 자본주의 체제에서 자연은 인간의 물질적 번영을 위한 착취 대상이었고, 인류는 비로소, 환경 오염과 기후위기로 인한 파괴된 생태계의 바깥에 자신이 우월하게 서 있는 것이 결코 아님을 직시할 수밖에 없게 됐다. 자연권의 인정은 현재까지의 인간중심(Anthropocentric) 세계관과 법학에서 지구중심(Earthcentric) 세계관과 법학으로의 전환이라는 패러다임 전환을 말하는 것이다. 인간중심적 세계관과 법학이 현재 지구와 인류가 직면한 생태 위기를 불러왔고, 이제 지속 가능한 미래를 위해 패러다임의 전환이라는 혁명적 수정이 필요하다는 데 많은 이들이 동의한다. 지구중심 세계관, 지구법학(Earth Jurisprudence)은 그 대안적 패러다임의 대표적인 이름이다. 지구법학은 무엇보다 지구와 그 속에 선 인간의 위치, 인간과 비인간 지구 구성원 간의 관계 맺기에 대한 근본적인 인식론적 전환을 바탕으로 한 사회 전체의 구체적 실천이 필요하며, 이를 위해서는 법체계의 혁명적 변화가 이루어져야 한다는 문제의식에서 출발한다.

지구법학 개념을 처음 제안한 것은 미국의 신학자, 문명사상가, 지구법학자로 활동한 토마스 베리다. 베리는 지구가 파괴적인 인간중심주의가 일으킨 심각한 손상으로 가득하며, 지금의 지질학적 시대인 신생대는 대멸종 등 인간이 책임져야 할 원인으로 인해 끝나가고 있다고 지적했다. 따라서 존재의 지속 가능성과 지속 가능한 번영을 위해서는 근본적 전환이 필요하다는 것이다(Berry, 1999; 강금실 외, 2020: 9-10). 1999년 베리는 『토마스 베리의 위대한 과업(The Great Work: Our Way into the Future)』에서 현재 생태 위기의 근본적인 체계상의 오류를 이해하고 인간과 자연의 관계를 파괴의 관계에서 서로를 이롭게 하는 관계로 전환하는 것이 인류에게 주어진 도전이라고 강조했다(Berry, 1999). 그는 가이아 재단이 2001년 개최한 콘퍼런스에서 그러한 신념을 '지구법학'이라 명명하여 발표했다(Maloney and Siemen, 2015: 8). 현재는 2009년 유엔 총회가 4월 22일을 지구의 날로 정하면서 결의된 프로그램 하모니 위드 네이처(Harmony with Nature, HwN)가 지구법학 개념을 세계적으로 제도화하고 구체적 실천 방향 실천을 주도하고 있다.

지구법학은 민주주의와 법치, 인권이 핵심 요소인 인간법학의 대안으로 제시되고 있다. 인간법학이 지구 위기를 막지 못해 왔고, 앞으로도 불가능하거나 본질적 한계가 있다는 판단 때문일 것이다. 지구에 존재하는 다양한 생명체들의 연합인 지구 공동체를 중시하는 지구법학의 관점은 철학적 차원에서는 광범위한 동의를 얻을 수 있다. 그러나 왜 그러한 관점이 새로운 법체계 마련이라는 혁명적인 전환으로 이어져야 하는가? 이에 대한 답은 명료하다. 법질서를 통해 세계관이 사회적 행동으로 전환되기 때문이다(강금실, 2021: 218).

환경 보호라는 주제를 놓고 봤을 때 인간중심주의와 생태중심주의의 차이는 매우 분명하다. 기존의 인간중심 헌법이나 환경법에서는 환경 범죄가 발생하면 범죄를 일으킨 개인이나 기업을 처벌한다. 기업과 관계자는 처벌과 벌금을 부과받고 손상된 자연에 대한 적절한 복구 작업을 실시한다. 그러나 이는 환경 범죄로 피해받은 인간에 대한 조치이지 실제 피해를 입은 자연이 수혜자가 되지는 않는다. 반면 생태중심 법체계에서는, 자연 훼손 발생 시 자연을 법의 주체로 본다. 당연히 자연의 이름으로 소송이 제기되고 손해배상도 피해를 입은 자연에 대해 이루어져야 한다(조희문, 2021: 6). 이것은 간단한 문제가 아니다. 무엇보다 자연권이 인정된다 해도 소송을 제기하거나 성취된 손해배상을 적용하는 것은 결국 이 절차를 대리하는 인간이라는 한계가 있다. 인간이 오롯이 생태중심적 사고에 기반해 어떻게 온전한 자연의 대리자 역할을 수행할 것인가. 자칫하면 기존의 인간중심적 환경 보호론과 지역 이기주의에 기반한 배타적 환경 보호와 크게 다를 것 없는, 동기만 낭만적인 법으로 끝날 수 있다.

그런데도 꾸준히 자연권의 법적 인정을 중심으로 그 논의가 세계적으로 확대되고 있는 것은 인간중심 법체계가 지구의 지속 가능성에 위협이 된다는 강력한 '믿음' 때문일 것이다. 유엔에 따르면 현재 전 세계 37개 국가가 공식적, 제도적 수준에서 어떤 형태로든 자연권 인정 관련 논의를 진지하게 이어나가고 있다.

2 생태중심 법체계를 구축하고 있는 라틴아메리카 국가들

앞서 2017년 황가누이 강과 갠지스 강을 법인격을 부여받은 최초의 사례로 소개했지만, 최상위법인 헌법을 통해 특정 자연물이 아니라 자연물 전체에 대한 법적 권리를 인정한 것은 에콰도르가 세계 최초다. 이른바 에콰도르의 생태 헌법 제정은 전 세계 생태중심 법체계 구축이라는 여정에 이정표와 같은 역할을 하고 있다. 에콰도르 생태 헌법이 획기적인 것은 무엇보다 이 헌법이 헌법적 제한이라는 틀을 깼기 때문이다. 지금까지 여러 환경을 위한 행보는 인간중심적 헌법 질서를 벗어나지 못했다. 또한 에콰도르 생태 헌법은 세계 최초의 생태중심 환경 헌법이자 헌법의 기본권 편에 자연권을 규정하는 가장 발달한 입법 모델이다(조희문, 2021: 4-6). 자연권은 이제 원주민뿐 아니라 한 국가, 세계의 인류가 고려해야 할 주제가 됐지만, 이를 가능하게 한 배경은 에콰도르 사회에 자연스럽게 깔려 있는 원주민의 세계관임을 부정할 수 없다. 전체 인구 중 원주민은 7퍼센트밖에 안 되지만, 약 70퍼센트를 차지하는 메스티소에는 백인과 원주민 혼혈이 상당 비중 포함된다. 에콰도르 사회에서 인간-자연 관계에 대한 원주민의 생태중심적 관점은 비교적 자연스러운 것이고, 이 점이 국민투표를 통한 생태 헌법의 탄생에 중요하게 작용한 것으로 볼 수 있다. 자연권이 명시된 장은 제7장으로, 제71조에서는 "생명이 재생산되고 실현되는 자연 또는 빠차마마(Pachamama)는 그 존재와 생명 주기, 구조, 진화 기능의 유지 및 재생을 온전히 존중받을 권리가 있다"고 규정하고, 제72조에서는 자연의 회복권에 대해 명시한다. 자연의 회복은 자연이 침해됐을 때 그 영향을 받은 자연 체계에 의지해 살아가는 개인과 단체에 대한 보상 의무와는 별개로 구분하고 있다(Ecuador, 2008).

볼리비아는 2009년 헌법에 자연권을 암묵적으로 인정하고, 2010년 12월 10개 조항에 걸쳐 자연을 법적 권리의 주체로 인정하는 '어머니 대지법

(Ley de Derechos de la Madre Tierra)'을 통과시켰다. 2012년에는 이를 구체화시킨 자연권 기본법 '대지의 어머니와 좋은 삶을 위한 통합적 발전을 위한 기본법(Ley Marco de la Madre Tierra y Desarrollo Integral para Vivir Bien, 법률 제300/2012호)이 제정됐다(조희문, 2020: 457-458). 메스티소와 원주민 인구가 전체 인구의 각 68퍼센트, 15퍼센트인 볼리비아에서 생태 중심 법이 전제하는 인간과 자연의 관계 방식은 낯선 제안이 아니다. 그런 정서를 토대로 에보 모랄레스 정부와 풀뿌리 단체, 다양한 스펙트럼의 원주민 정체성을 가진 인구와 광부, 농부가 연대해 이 같은 변화를 이끌어낼 수 있었다.

콜롬비아는 아직 입법화 단계에는 이르지 못했지만 헌법재판소와 대법원 판례를 통해 자연권을 인정하고 있다. 2016년 헌법재판소가 북서부 초꼬 지역을 흐르는 아뜨라또 강을 법적 주체로 인정하는 판결을 내린 것이 대표적이다. 이 판결을 통해 강의 훼손으로 영향을 받은 지역 공동체의 건강한 환경권과 함께 강 고유의 가치와 법적 주체로서의 권리가 인정됐다. 2018년에는 아마존 역시 법적 주체로 인정받게 됐다. 7-26세의 청소년과 청년이 아마존의 무분별한 삼림 벌채와 그로 인한 온실가스 배출 증가로 현세대와 미래 세대가 위협받고 있다며 대통령과 정부 기구에 소송을 제기했고, 대법원이 아마존의 손을 들어 준 것이다(Angelo, 2018).

아르헨티나는 2014년 오랑우탄 산드라를 비인간 법인격(non human person)으로 인정했다. 다음 해 동물 권리를 위한 공무원 및 변호사 협회(AFADA)는 산드라가 살던 부에노스아이레스 동물원에서 오랑우탄이 처한 열악한 상태를 고발하는 소송을 시작했다. 담당 판사는 "부에노스아이레스 정부에 적절한 서식지 환경을 보장하고 동물의 인지 능력을 보존할 것"을 명령하고 산드라를 플로리다에 있는 유인원 보호구역으로 옮기라는 판결을 내렸다.

2022년에는 칠레가 생태중심 법체계 구축을 위한 이웃 국가들의 노력에 합류했다. 칠레 헌법 9조는 이제 "개인과 국민은 자연과 상호 의존적 관계에 있으며 이들은 한데 어우러져 분리할 수 없는 하나를 이룬다"는 사실을 인정하며 이어 "자연은 권리를 가지며 국가와 사회는 이 권리를 보호하고 존중할 의무를 지닌다"라고 명시하고 있다.

간략하게 살펴본 이들 사례에서도 라틴아메리카의 국가들이 자연권을 인정하는 방식이 각기 다름을 알 수 있다. 에콰도르의 생태 헌법은 상위법 제정으로 인해 하위 법률, 조례 가능성 기반을 마련해 준다는 면에서 가장 이상적인 모델임이 분명하다. 그러나 현실에서 이 모델을 따르는 것은 결코 쉬운 일이 아니다. 법을 통해 자연권을 인정해야 하는 상황은 주로 사회 여러 구성원이 얽힌, 즉 다수 당사자가 관계된 '집단소송'[2]을 통해 해결되어야 할 '갈등' 상황이기 때문이다. 원주민이나 메스티소의 비중이 큰 나라에서는 자연을 중시하는 그들의 세계관으로 인해 지연권 입법화의 필요성에 대한 공감이 비교적 자연스럽게 이루어지는 경향이 있다. 따라서 자연의 훼손이라는 공동의 가치 침해를 해결하는 법적 장치로 집단소송의 발전이 다른 지역에 비해 자연스러운 상황이다. 그것이 자연권 논의의 시작을 좀 더 수월하게 하고 입법화 초기 단계가 신속한 동의하에 이

---

2) 조희문(2018)은 『포르투갈-브라질 연구』 제15권 2호에 게재된 논문 「환경집단소송의 이론적 모델과 브라질 검찰의 역할」에서 집단 소송의 이론적 모델을 분석하여 집단 소송이 환경 보호에 적합한 이유를 밝히고, 브라질 검찰이 사용하는 환경 집단 소송의 경험을 분석했다.

루어지는 데 어느 정도 기여하는 것은 맞지만, 그 같은 인구 조건이 자연권 입법화를 비롯한 생태중심 법제도 구축, 패러다임 전환의 성공과 절대적으로 비례한다고 볼 수는 없다. 실제 구축된 생태 헌법을 적용하며 얽히게 될 다양한 이해관계를 어떻게 풀어 나갈지는 장기적으로 지켜봐야 할 일이며, 그 과정에서 더 이상 원주민도 비원주민도 생태중심 법이라는 새로운 법을 단순히 '원주민적' 세계관으로 환원해서는 이 법의 성숙한 정착을 위한 유의미한 진전을 기대할 수 없을 것이다.

3 브라질 최초로 자연권을 인정한 뻬르낭부꾸 주 보니뚜 시

1) 인간중심 법제도에 의문을 제기하다

브라질의 생태중심 법 구축 동향과 관련된 소식과 연구는 한국에 많이 소개되지 않았다. 브라질은 방대한 영토와 지역별로 다른 사회경제적 수준, 연방제라는 특성 때문에 자연권 인정에 대한 국가 차원의 공감대를 단번에 이끌어내기는 힘든 상황이다. 그러나 환경·생태 위기와 그것이 인간에 미치는 영향에 대한 국제적 경각심, 지금까지와는 다른 접근을 통해 그 문제를 해결하려는 국제사회의 분위기, 자연권 인정에 있어 선구적 행보를 보이는 이웃 국가들에 영향을 받아 브라질에도 관련 논의가 공론화되고 있다.

사실 브라질은 이미 1992년 상파울루의 한 쇼핑센터 수족관에 있던 민물돌고래 보뚜(boto)를 원래 서식지인 아마존 포르모주 강으로 되돌려보

내야 한다는 결정을 내린 선례가 있다. 그것이 연속적인 노력과 확대로 이어지지 못하고 있다가 2015년과 2017년 브라질 광산댐 붕괴 사건을 통해 인간중심 법제도에 의문을 제기해 볼 필요가 있다는 인식이 확산되고 있다. 그중 2015년 미나스제라이스 주 마리아나 시의 사마르꾸 사(社)가 관리하는 광산댐 붕괴는 2년 후 자연의 이름으로 소송을 제기한 브라질 최초의 사례를 남겨 사회적 각성의 계기가 됐다. 댐의 붕괴로 심각한 인명 피해가 발생했고 도씨 강(Rio Doce) 생태계가 입은 치명적 손상은 좀처럼 회복되지 못한 채 방치됐다. 이에 2017년 11월 벨루오리종치 법원에 도씨 강, 정확하게는 도씨 강 수로분지(Bacia Hidrográfica do Rio Doce)가 자신의 법적 권리를 인정해 달라는 소송을 제기했다. 도씨 강의 이름으로 소송을 제기한 것은 비정부 단체 빠차마마협회였다. 마리아나 댐 붕괴로 수십 명의 사상자가 발생하고 도씨강과 주변의 생태계 파괴, 인근 주민의 보건위생 및 생계에까지 악영향을 미친 사건 발생 후 정확히 2주년이 되는 시점이었다. 이는 시민사회가 앞으로도 언제든 있을 수 있는 재난에 대비해 정부가 아직 남아 있는 도씨 강의 생물다양성과 생태계 보존을 보장하는 예방적 계획 수립과 실천을 통한 효과적 의사 결정 체계를 확립하도록 요구하는 행위였다. 결과적으로 이 소송은 현재 법에는 강이 소송의 당사자 적격을 인정할 수 있는 근거가 없다는 이유로 법원에 의해 각하 처리되었다(LEI.A, 2022).

이를 단순히 실패로 볼 수는 없을 것이다. 이미 심각한 관리와 오염 문제를 보이고 있었기에 충분히 예견할 수 있었던 이 사고가 부른 도씨 강 환경·생태계의 파괴와 인명 피해는 브라질 사회가 나아가 인간이 자연과 관계하는 방식, 사회적 책임에 대해 다시 생각해 보게 하는 계기가 됐기 때문이다(Costa, 2018; Lobel, 2018).

2) 보니뚜 시의 자연환경과 피부색별 인구 구성

그러던 중 2017년 브라질 북동부의 한 도시가 자연권 입법화에 성공했다. 그 주인공은 뻬르낭부꾸(Pernambuco) 주의 자치시 보니뚜(Bonito)다. 브라질에서는 최초로 시 기본법(Lei Orgânica)에 자연권을 명시함으로써 지역사회의 각 영역을 생태화할 발판을 마련한 것이다.

〈그림 2〉의 지도에서 보는 것처럼 보니뚜 시는 오른쪽으로 대서양과 길게 맞닿아 있는 광활한 대서양 삼림 지역에 면해 있다. 〈그림 3〉의 지도에서 보이는 하위 지역 구분 ④번으로 분류되는 지역으로, 그 면적은 약 40제곱킬로미터에 달한다.

그런 입지적 조건 덕분에 보니뚜는 잘 보존된 자연림과 풍부한 수자원을 보유하고 있다. 보니뚜를 관통하는 여러 강 중 까뻬마 강, 시니냐엥 강, 우나 강의 각 36.5퍼센트, 25.4퍼센트, 19.9퍼센트가 시에 걸쳐 흐르고 있다(SNIRH/ANA 재인용 infosanbas). 시의 이전 명칭은 '아름다운 강이란 뜻의 히우 보니뚜(Rio Bonito)로 도시 전체에 맑고 풍부한 물이 다양한 폭포를 이루고 있어 '물의 도시(Cidade das Águas)'라는 애칭으로 불리기도 했다. 이렇듯 뻬르낭부꾸의 대표적인 생태 자원 집약지인 보니뚜는 생태 관광을 적극적으로 개발하고 추진해 왔다. 그 외 주요 경제 활동은 농·목축업, 서비스, 상업이다(Prefeitura Municipal de Bonito).

한편 포르투갈의 식민 지배하에서 사탕수수 주기로 누렸던 경제적 부와 정치적 지도력이 18세기 들어 쇠퇴하면서 북동부 지역의 이미지는 빈

〈그림 1〉• 뻬르낭부꾸 주.
출처: 위키피디아.

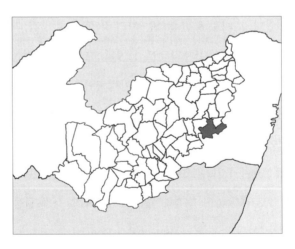

〈그림 2〉• 보니뚜 시의 위치.
출처: 위키피디아.

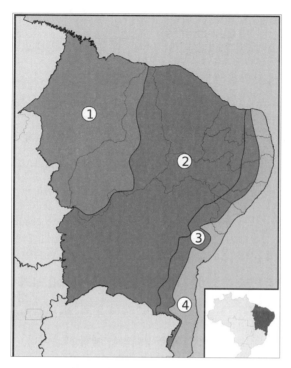

〈그림 3〉• 브라질 북동부 하위 지역 지도.

출처: 위키피디아.

〈표 1〉• 각 하위 지역 특성.*

	하위 지역 (subregião)	특성
①	중북부 (Meio–Norte)	적도 아마존과 반건조 후배지 사이에 위치한 기후 변화 지역
②	세르떠웅 (Sertão)	해안가에서 멀리 떨어진 건조 지역
③	아그레스치 (Agreste)	해안가에서 조금 떨어진 열대낙엽성 지역
④	삼림 지역 (Zona da Mata)	해안가의 열대우림 지역

* 그림 ③의 지역 정보를 토대로 필자가 표로 구성.

곤과 낙후, 폭력으로 굳어져 왔다. 그에 가려 보니뚜의 생물다양성과 개발에 따른 그것의 훼손은 정책 및 외부인의 관심에서 우선순위가 아니었다. 대개 외부에서 브라질의 자연 자원, 특히 생태 다양성과 그것의 파괴가 가장 빈번하게 일어나는 곳으로서 다뤄지는 지역은 통상 북부의 아마존 지역과 중서부의 마뚜그로수, 이구아수 폭포를 품고 있는 남부의 빠라나 주다. 생태적 차원의 진보적 노력은 이 지역에서 일어날 것이라는 기대감이 존재하기도 한다. 더욱이 이곳은 브라질 대부분의 원주민 부족이 부족 단위로 밀집해 있는 지역이기도 하기 때문이다. 원주민들은 자연권 입법화라는 주제에서 가장 밀접한 당사자로 인식되는 경향도 작용한다. 자연권 인정이 선구적으로 이루어진 에콰도르, 볼리비아처럼 브라질에서도 그 같은 획기적 변화는, 적어도 그 시작은 원주민과 원주민 혼혈 인구와 그 전통이 강한 지역에서 먼저 일어날 것이라는 예상 때문이다.

그렇기 때문에 보니뚜가 자연권을 인정한 브라질 최초의 지역이라는 사실은 의외로 다가올 수 있다. 북동부는 식민 시대 아프리카 흑인 노예 수입이 집중적으로 이루어진 곳이었던 만큼 아직도 흑인과 흑백 혼혈 인구 비중이 두드러진 곳이다. 북동부 흑인과 혼혈 인구 비율은 각각 13.4퍼센트(7,723,000명), 60.5퍼센트(34,978,000명), 백인은 24.9퍼센트로, 브라질에서 흑인 비율이 가장 높다. '혼혈'은 흑인과 백인 간 혼혈이 지배적이며, 북부의 70.1퍼센트에 이어 브라질에서 혼혈 인구 비중이 두 번째로 높은 곳이다. 이 지역의 황인과 원주민 인구는 통틀어 전체의 1.2퍼센트에 지나지 않을 정도로 원주민 비중은 미미하다. 뻬르낭부꾸 주 전체로 봐도 흑인, 혼혈, 백인 인구 비율은 각각 9.4퍼센트, 55.7퍼센트, 33.4퍼센트로 크게 다르지 않다. 셋을 합친 98.5퍼센트를 제한 1.5퍼센트가 황인과 원주민이 차지하는 비율이다(IBGE, 2022).

〈표 2〉• 2010년 보니뚜 시 피부색 및 인종별 인구 구성(단위: 명).

피부색 또는 인종 (cor ou raça)	도심(urbano)	농촌(rural)	전체	전체 인구 대비 비율 (퍼센트)*
백인(Branco)	12,266	3,800	16,066	42.7
흑인(Preto)	915	134	1,049	2.7
황인(Amarelo)	116	46	162	0.4
혼혈(Pardo)	12,896	7,377	20,273	53.9
원주민(Indígena)	15	1	16	0.04
전체	26,208	11,358	37,566	100

출처: IBGE, 2010.
* 비율은 소수점 첫째 자리까지만 표시함.

보니뚜의 전체 인구는 가장 최근 IBGE 통계인 2022년 기준 37,476명
이나, 2022년 통계상 피부색 및 인종별 인구 구성 자료 접근에는 아직 제
약이 있다. 여기서는 2010년 자료에 따른 보니뚜 시 인구 구성 상황을 제
시했다.[3] 〈표 2〉에서 보듯 2010년 기준 보니뚜 인구는 백인이 약 42.7퍼센

---

3) 2023년 5월까지 실시된 IBGE 통계는 6월부터 그 결과를 공개하기 시작했는데, 현재까
지 접근 가능한 자료에서는 브라질 인구조사 공식 5개 범주 중 흑인, 백인, 혼혈 중심의
결과를 주로 공개하고 있다. 각 자치시 단위의 피부색/인종별 인구 구성 자료 역시 제한

트, 흑인과 혼혈이 각각 2.7퍼센트와 53.9퍼센트를 차지하며,[4] 원주민은 16명으로 0.04퍼센트에 불과하다. 인구 대부분이 도심에 거주하며, 원주민도 1명을 제외하고 전부 도심에 거주하는 것으로 나타났다. 이렇게 북동부와 뻬르낭부꾸를 비롯해 보니뚜 시는 피부색 또는 인종별 인구 구성에서 비슷한 양상을 보인다. 원주민보다는 흑인과 혼혈의 비중이 크고, 따라서 이 지역 자연권 인정 움직임이 높은 원주민 비율의 영향이 아님을 확인할 수 있다.[5]

3) 자연권 인정 경위와 조항 분석

2017년 브라질 각 시 정부 환경 관할 당국이 한데 모이는 브라질환경관리포럼이 개최됐다. 자연권은 포럼에서 다뤄진 여러 환경 관련 의제 중 하나였고, 시민사회와 국제 NGO 단체의 참여로 이 주제에 대한 논의와 공감이 더욱 폭넓게 이뤄질 수 있었다. 그중 하나였던 국제 NGO 환경 및 사회적 실천 지원책(Métodos de Apoio às Práticas Ambientais e Sociais,

---

된 도시만 공개되고 있다.

4) 2012년과 2022년 통계에서 브라질 전체에서 자신을 흑인이라고 답한 인구가 7.4퍼센트에서 10.6퍼센트로, 북동부에서는 8.7퍼센트에서 13.4퍼센트로 증가해 5개 지역 중 가장 큰 증가 폭을 보였다(IBGE, 2012; 2022).

5) 다만 2022년 IBGE 인구조사 결과 자신을 원주민이라 밝힌 인구가 브라질 전체의 0.83퍼센트(1,693,535명)로 직전의 2010년 인구조사의 해당 수치인 0.47퍼센트(896,917명)에서 두 배 가까이 증가한 것을 볼 때, 보니뚜 시에서도 비슷한 변화가 있었는지 살펴볼 필요가 있다. 또한 원주민과 원주민-백인 혼혈, 원주민-흑인 혼혈 등 생물학적으로 원주민의 특성을 가지거나 생활 방식을 공유하지만 혼혈로 분류된 인구의 비중도 고려해야 한다.

MAPAS)[6]는 각 시의 환경 문제를 담당하는 공무원들을 대상으로 자연권에 대한 전문 세미나를 진행했고, 이어 MAPAS는 포럼을 주관한 브라질 시립환경기관전국협회(ANAMMA)의 제안으로 총회에 참석해 자연권 입법 제안을 위한 구체적 절차 마련을 위한 컨설팅을 제공했다. 이 총회에는 당시 뻬르낭부꾸 주도 환경국장 까를루스 히베이루가 참석했는데, 이후 히베이루 국장의 소개로 보니뚜 시 공무원들과 MAPAS의 만남이 성사되면서 보니뚜 시 자연권 입법을 둘러싼 본격적 논의가 시작됐다(Oliveira, 2020: 135-136).

앞서 말했듯 보니뚜 시는 농업과 생태 관광 등 경제 활동이 지역의 자연 자원에 크게 의존하고 있다. 그로 인해 보니뚜에서도 지속 가능한 경제 활동이라는 인간중심적 관점에서라도 자연과 인간의 관계 시정이 불가피하다는 인식이 생겨나고 있었다. MAPAS와 보니뚜 시의 협력이 시작된 시점은 시 정부가 시 영토의 상당 부분이 속한 아그레스치(앞의 〈그림 3〉과 〈표 1〉의 북동부 하위 지역 구분 참고) 지역의 특성에 부합하는 생태·환경 정책 마련을 위한 준비 단계에 있을 때였다. 인간-자연 관계의 시정 필요성에 대한 깊은 공감을 토대로 두 기관은 시 기본법(Lei Orgânica)[7]에 자연권을

---

6) 좋은 삶과 자연권 인정을 향한 길을 개척하기 위해 2004년 설립됐고, 1999/03/23 법률 9,790호가 규정하는 공익시민사회단체 OSCIP(Organiza(Organização da Sociedade Civil de Interesse Público) 자격을 취득, 자연과의 조화 속에서 생명의 회복을 목표로 사회 환경 활동을 하는 합법적 기관이 됐다. 지속 가능한 지구 공동체를 위해 더 좋은 삶의 질을 추구한다는 사명하에 지역 공동체와 공공 행정과 협력해 법적·제도적 변화를 토대로 한 사회의 인식 변화와 실천을 독려한다(MAPAS).

7) 기본법은 각 지자체 전반 운영에 있어 기본이 되는 헌법적 성격을 가진 법체계로, 각 시 내에서의 공적인 삶을 규정하는 규범으로서 항상 연방 헌법과 주 헌법을 존중하여 만들어진다. 기본법은 각 자치시(municípios)와 연방특구(Distrito Federal)를 통치하는 가장 중요한 법으로 간주된다.

포함하는 개정안 입법 절차를 빠른 속도로 진행해 나갔다. 2017년 11월 시의회에서 개최한 공청회에 시의원을 비롯한 시 관계자, 일반 시민, 영농인, 기업 등 다양한 배경을 가진 지역 공동체 구성원이 참석한 가운데 자연권 인정 입법 제안서가 만장일치로 채택됐다. 이후 추가 절차를 거쳐 12월 자연권 인정을 공식화하는 시 기본법 개정안이 공표되고, 2018년 3월 뻬르낭부꾸 주 관보에 게재됐다(Oliveira, 2020: 136). 보니뚜가 공식적으로 브라질 최초로 자연권을 인정한 시가 된 것이다.

보니뚜 시의 자연권은 6장 환경 장(IV. Capítulo do Meio Ambiente)에 제236조와 1개의 단독 조항을 통해 명시돼 있다.

236조: 보니뚜 시는 **자연의 존재하고 번영하고 진화할** 권리를 인정하며, 보니뚜 시 자연 **공동체의 모든 인간 및 비인간 구성원**에게 생태적으로 건강하고 균형 잡힌 환경과 삶의 질에 필요한 생태계 프로세스의 유지에 대한 권리를 보장하기 위해 조처를 해야 한다. 이때 **지구 공동체 구성원의 현재 및 미래 세대**를 위해 그 권리를 보호하고 보존하는 것은 공권력과 집단의 노력에 달려 있다.

단독 조항: 이 권리의 유효성을 보장하기 위해 시는 환경, 보건, 교육, 경제 분야에서 이에 부합하는 관련 정책 확대를 추진함으로써 자연과의 조화를 이루는 삶을 수립하기 위한 여건을 조성하고 주·지역·연방 정부의 담당 기관 및 필요할 경우 타 자치시와의 협력을 통해 자연의 보호와 관련된 공동의 해결책을 모색한다(Câmara Municipal de Bonito, 2018, 강조 표시는 필자의 것).

개정된 조항에서는 공리주의적 관점을 극복하기 위해 이전의 "bem"

과 "uso comum"이라는 표현은 삭제되고 "모든 이(todos)" 개념은 "인간 및 비인간으로 구성된 자연 공동체의 모든 구성원(todos os membros da comunidade natural, humanos e não humanos)"으로 확대됐다. "번영하다(prosperar)"라는 단어는 인간중심 패러다임에서 강조되던 수직적 개념의 경제적 '진보'에서 자연과 조화를 이루는 공동체적 삶이라는 수평성으로의 전환의 의도를 담고 있다. 또한 "현세대"와 "미래 세대"에 인간뿐만 아니라 비인간 구성원을 포함함으로써 인간이 자연과의 상호 의존성의 조건 속에서 생물문화적 정체성(identidade biocultural)을 건설해 나갈 필요성을 전제했다(Oliveira, 2020: 138).

브라질의 법조계는 자연권 입법화를 어떻게 바라볼까? 일단 찬반을 떠나 브라질에서 그러한 과격한 변화의 본격적 도입이 그리 쉽지 않을 것이라는 견해가 많다. 무엇보다 원론적으로 브라질의 헌법(Brasil, 1988)은 인간중심적이다. 제225조에는 "모두가 생태학적으로 균형 잡힌 환경에 대한 권리를 가진다"고 돼 있다. 여기서 "모두"는 당연히 인간을 말한다. 명시적으로 자연을 권리의 주체로 인정하는 조항은 헌법 어디에도 없다. 브라질 제4지역 지방하위법원 은퇴 연방판사이자 빠라나 PUC 대학 환경법 교수 블라지미르 빠수스 지 프레이따스는 브라질 『민사소송법 주석서(Código de Processo Civil Comentado)』의 "법적 명령에 의해 법정에서 상정하도록 권한을 부여받은 자만이 적법한 당사자이다"라는 규정을 인용하며 자연권을 인정을 둘러싼 논란의 여지가 헌법에는 없다고 말한다. 그러면서도 그 자신은 "그렇다면 정말 그것이 절대적으로 불가능할까?"라고 반문하며 과거 동물로 간주되던 흑인이 노예의 굴레에서 해방되고 '인간'의 지위, 법적 주체의 권리를 갖게 된 역사를 상기시킨다(Freitas, 2008). 법학

전공 후 정의 사회 구현을 위한 비영리 민간협회 대표로 활동하는 레우라 달라 히바는 헌법이 추구하는 지향점과 이를 토대로 한 법원의 해석에서 생태중심 패러다임 전환 운동을 낙관적으로 전망할 수 있는 여지를 찾는다. 헌법이 인간과 생태계의 조화와 통합을 추구한다는 의미에서 "약화된 인간중심적", "확장된" 또는 "완화된", 심지어는 "생물중심적" 해석을 채택하는 연방최고법원과 대법원, 일부 법원 및 연방지방법원의 법체계가 존재한다는 것이다(Riva, 2023).

4 보니뚜 시 자연권 인정 그 후

이제 보니뚜에는 법의 실효성 보장을 위해 환경 오염의 주범에 대한 형을 강화하고, 장기적으로 시 환경 교육 프로젝트를 체계화 및 강화하며, 이를 위해 연방정부의 예산 지원을 보장해야 한다는 장기적 과제가 남아 있다(Costa, 2018). 국내외적으로 사회 전반에 현재의 생태 위기를 극복하기 위해서는 인간이 자연을 바라보고 대해 온 방식에 근본적인 전환이 필요하다는 광범위한 동의가 전제됐기 때문에, 보니뚜 시는 단기간에 효과적으로 자연권 인정을 위한 입법 절차를 진행할 수 있었다. 그러나 앞에서 법조계가 지적한 자연권을 인정할 수 있는 법적 토대의 한계와 함께 영토의 방대함과 연방제라는 국가 통치 형태, 다민족적 배경에서 오는 복합적 정체성 때문에 인간중심 법제 제고의 전 국가적 확산은 브라질로서는 쉽지 않은 과제다.

그런 만큼 이를 브라질 전체에 적용될 장기적인 패러다임 변화로 이어지게 하기 위해서는 시 전체를 아우르는 통합적이고 체계적인 노력이 필요하다. 실천적 측면에서는 먼저 시 운영자들이 시의 법률과 조례 등이 자연권 인정을 반영하여 일관되게 변화, 적용될 수 있게 즉각적으로 움직여야 한다. 현실에서 자연권 인정은 환경을 훼손하는 행위를 범죄 행위로 규정하는 기준을 세밀히 확립하고 그에 따라 환경 범죄로 규정된 행위에 대해 더욱 엄중히 처벌해야 하는 결과를 수반할 수밖에 없다. 이의 성숙한 수용을 위해서는 정부의 노력과 함께 주민 당사자의 자발적인 의식 전환과 실천이 병행돼야 하기에, 근본적으로 인간중심에서 지구중심으로 시선을 바꿔 자신과 자연의 관계를 점검하고 자연권을 통해 환경·생태 문제에 접근할 수 있게 하는 새로운 교육 과정과 체계에 대한 수요가 크다.

보니뚜 시는 기본법 개정 다음 순서로 지역 주력 산업인 가족농업과 생태 관광에 주목한다. 시 GDP의 80퍼센트 이상이 가족농업과 생태 관광에 의존하는 구조를 가진 만큼 두 산업 분야에서 활동하는 개인과 기업에 직간접적인 보조금 및 기타 지원을 제공하는 것은 적어도 단기적으로는 꼭 필요한 절차다(Oliveira, 2020: 141). 아울러 보니뚜 시는 새 법의 관점에 따른 농생태학 매개 환경 교육 체계화를 필수 전략 중 하나로 택했다. 새 법의 적용으로 단기적으로 손해를 입었거나 잠재적 피해를 우려해 반발하는 영농인들에게는 역량 강화를 위한 교육 사업을 통해 삼림을 훼손하지 않고도 경작이 가능함을 보여 주고 있다(Costa, 2018). 2021년에는 개정된 기본법에 입각해 "보니뚜 농생태학 및 유기농 생산을 위한 시정책" 마련을 위한 입법안(n° 07/2021)을 제안했다. 2021년 6월 시청과 시의회는 농업부와 환경부를 통해 실시한 공청회에서 시민사회에 이 법안을 소개했다. 법안의 주요 목표는 농생태학 기반 및 유기농 상품의 생산과 공급을 통한 공공 보건과 식량 및 영양 안보 증진, 자연 자원의 지속 가능한 사용, 여성의 경제 자립 장려를 통한 젠더 불평등의 감소, 농촌 공동체의 경험과 생산 방식의 가치 고평가, 가족 영농인의 토지 및 자연 자원 접근권 확립이다 (Vasconcelos, 2021). 기본법 개정에 이은 구체적 후속 절차라는 점에서 이 법안은 분명 중요하지만, 제시된 목표들은 아직 그 자체로는 인간중심에서 생태중심으로의 명백한 전환을 보여 주지 못하는 한계를 보인다.

법 개정 후 6년이 지난 지금 보니뚜 시는 아직 후속 법률과 정책 마련에 눈에 띄는 진보를 거두고 있지 못하고 있다. 그럼에도 보니뚜의 사례는 같은 방향의 노력을 하고 있던 브라질의 다른 지역과 연방정부에 도전이 되고 있다. 보니뚜 시와 비슷한 시기, 2018년 상파울루 시의회 역시 자연권 인정을 법제화하기 위한 입법안을 진행하고 있었고, 같은 해 상파울루는 주 정부 지원으로 제2회 어머니 지구의 권리를 위한 국제 포럼을 개최했다. 2018년 3월 18일부터 23일까지 브라질리아에서 개최된 제8회 세계물 포럼에서도 자연권 논의가 이뤄졌다(Lobel, 2018).

구체적인 성과도 꾸준히 이어지고 있다. 2018년 뻬르낭부꾸 주의 빠우달류 시, 2019년 상따까따리나 주의 주도 플로리아노폴리스 시[8]가 기본법에 자연권을 인정했다. 2022년에는 미나스제라이스 주의 세후 시, 2023년에는 홍도니아 주 과자라미링 시도 자연권을 인정했다(Riva, 2023). 2023년 마뚜그로수 주의 까세리스 시도 이 대열에 합류했다. 까세리스

---

8) 플로리아노폴리스는 상따까따리나 주의 주도로 브라질에서 주도로서는 처음으로 자연권을 인정했다. 개정 후 이 조항은 이 지역에서 실제 일어나는 환경 갈등 사례에서 자연권을 행사하며 법의 적용과 실행을 촉구하기 위한 근거로 작용하고 있다. 2021년 1월 25일 꽁쎄이써웅 호수(Lagoa da Conceição)의 하수 누출 사건과 관련해 조치를 촉구하는 민사 소송이 그 예다.

는 7월 자연권 인정 조항을 넣은 기본법 개정안이 통과돼 마뚜그로수 주와 빵따나우 지역에서 최초로, 브라질에서는 여섯 번째로 자연권을 법적으로 인정하는 도시가 됐다(Esquer, 2023). 그밖에 상파울루 주, 빠라 주, 빠라이바 주, 바이아 주 등에서도 법에 자연권 인정 조항을 담기 위한 절차를 진행 중이다(MAPAS). 과라자미링의 경우 기본법 개정에 이어, 라제(Laje) 강을 법적 주체로 인정하는 법률을 통과시키기도 했다. 전에도 비슷한 노력이 있었지만 실제로 자연물이 권리 주체로 인정된 것은 브라질에서는 최초의 사례다(Riva, 2023).

〈표 3〉 • 시 기본법(Lei Orgánica)에 자연권을 인정한 자치시.*

지역(região)	주(estado)	자치시(município)	개정년도
북동부	뻬르낭부꾸	보니뚜	2017
		빠우달류	2018
남부	상따까따리나	플로리아노폴리스	2019
남동부	미나스제라이스	세후	2022
북부	홍도니아	과자라미링	2023
중서부	마뚜그로수	까세리스	2023

* 다양한 경로로 알려진 정보를 필자가 표로 구성.

브라질의 5개 지역 모두에서 자연권 입법화의 신호탄을 쏜 것이다. 이 시들이 브라질 전체에 균형 있게 자리 잡은 만큼 속한 지역의 자연권 논의를 이끌 수 있는 거점 도시의 역할을 할 수 있을 것으로 보인다. 또한 각 지역의 다른 기후와 식생, 인구 구성과 사회·경제적 배경이 생태중심 법제도 구축 과정에 어떤 영향을 끼치는지 분석하는 것도 흥미로운 연구가 될 것이다.

5 앞으로의 과제

브라질은 도시 단위로 자연권 인정 움직임이 일고 있는 미국의 사례에 주목한다. 연방제인 브라질은 방대한 영토와 행정 단위를 아우르는 미국의 자연권 입법화 과정에서 현실적으로 적용 가능한 요소를 찾을 수 있을 것이라 보기 때문이다(Oliveria, 2020). 브라질의 자연권 인정 입법 프로젝트가 시 중심으로 이뤄지고 있는 것은 이 때문이다. 보니뚜 시의 자연권 인정 법제화 과정에 컨설팅을 제공한 MAPAS는 매우 분명한 의도를 담아 '시'를 브라질 자연권 입법화를 위한 가장 현실적이고 이상적인 단위로 설정해 고문 활동을 전개하고 있다.

브라질에서 자연권 인정의 확산을 위해 해결해야 할 과제는 무엇일까. 이 움직임을 향한 우려와 비판은 몇 가지로 특징지을 수 있다. 먼저, 자연권을 바라보고 다루는 사회, 특히 언론의 보도 방식, 소송 제기 방식과 수준의 지나친 낭만주의적 태도와 모호함에 대한 지적이다. 대표적으로 마리아나 댐 붕괴 사건 후 제기된 도씨 강의 자연권 인정 소송이 보도된 방식을 들 수 있다. 관련 소송을 담당해 온 연방검사 마르셀루 꼬께는 통신 매체들이 법적 절차를 정확히 다루는 대신 생물중심주의와 인도, 콜롬비아, 볼리비아 등 다른 나라 사례를 인용하며 각 경우에 인정된 자연권의 내용을 비교하는 데 치중했다고 비판한다. 소송 자체의 허점도 무시할 수 없다. 꼬께는 자연과 인간이 입은 심각한 피해를 다루는 소송임에도 그 오염과 재난을 유발했다고 지목되는 그 어떤 기업도 피고로 공식 나열되지 않았으며, 유일한 피고는 브라질 정부와 미나스제라이스 주였다는 사실을 지적한다. 원고인 도씨 강을 위해 어떤 조치가 취해져야 할지조차 명시되지 않은 것도 맹점으로 꼽는다(Purvin, 2021).

우여곡절 끝에 자연권 입법화에 성공했다는 소식들이 아름답고 감동적인 결실인 양 회자되지만, 사실 그것은 결실이라기보다 이제 돋아난 싹이라고 보는 것이 맞을지도 모른다. 법의 적용은 복잡한 현실 속에서 일어난다. 실제 소송에서 법적 주체가 되는 자연물에 대해 어떻게 생태중심 판결을 내리고 적용할 것인지, 기존의 환경법과 구체적으로 어떻게 차별화된 과정과 결과를 도출할 것인지에 대한 현실적 고민과 대책이 필요하다. 즉, 아직 공감하지 못하는 외부의 입장과 대면해 주장하기 전에, 먼저 내부적 모순과 모호함을 극복할 필요가 있다.

다음으로, 이 전환의 지속 가능성을 위해 필요한 사회의 광범위한 동의가 아직 부족한 가운데, 이 전환 시도의 초기 과정에서 강력한 구심점역할을 할 수 있는 집단이 필요하다. 전환을 위한 강력하고 장기적인 동력은 자연권 인정의 필요성을 삶으로 체감하는, 즉 생태중심의 인간-자연 관계를 영위하는 사람들에게서 나올 수 있다. 이는 자연권 입법화의 장기적 성공이 원주민 비중과 참여에 달렸다는 말이 아니다. 자연권 입법 성공 후 폭넓은 사회적 동의를 토대로 법을 현실에 적용하고 정착시키려면 다양한 이익 계층과의 갈등을 비롯한 여러 장애물을 극복해야 한다. 따라서 자연권과 관련한 원주민의 역할에 대한 기대는, 생태중심 패러다임으로의 전환의 필요성에 확실히 공감하고 구체적 절차를 장기적으로 진지하게 고민할 주도 계층의 형성이 필요하며, 원주민이 그런 집단일 수 있다는 측면에서 이해돼야 한다. 인간중심 세계관에서와는 다른 방식으로 자연과의 관계를 맺어 보지 못한 사람이 말하는 생태중심 삶은 추상적일 수밖에 없고, 현실에서 장기적 변화를 끌어낼 힘이 없다. 다음은 특정 계층을 포함하는 시민사회 참여의 중요성에 관한 환경법 교수 길레르미 뿌르빙의 의견이다.

> 정치, 경제, 사회, 문화 권력의 핵심에 사회의 거대 범주를 구성하는 도시 빈민, 원주민, 아프로브라질인, 여성, 가족농업 형태의 유기농 생산자 공동체 등을 포함하는 시민사회의 참여가 없이 현실 세계에서 작동하는 힘의 상관관계를 인식하지 못한 채 생태적 권리의 마술적 힘과 어떤 강, 동물, 언덕의 의인화 선언과 같은 친절한 발의를 믿고 절차적으로 무모하게 진행하는 것은 단지 지구를 착실하게 죽음으로 몰고 가고 있는 급진적 자유주의에 의해 조직된 무책임한 행동의 수혜자들을 더욱 기쁘게 하는 데 보탬이 되고 말 것이다(Purvin, 2021).

브라질 사회 내 여러 차원의 소외 계층과 소수 그룹이 정확한 현실 인식을 토대로 연대를 이뤄야 하며, 이를 위해서는 생태적 권리에 관해 공동의 관점을 도출해야 한다. 나아가 현실에서 작용하는 권력관계를 영리하게 이용하기 위해 사회 각 분야에서 대표성을 가짐으로써 그들의 관점에 헤게모니 지식 생산에 기여할 수 있는 옷을 입혀야 한다는 뜻으로 이해할 수 있다.

소외 계층이나 소수 그룹의 연대에 관한 이 같은 견해는 라틴아메리카의 자연권 인정 움직임이 학술적, 정치적 흐름인 탈식민 프로젝트와 맞물려 일어난 배경과도 직결된다. 그런 접근은 더 큰 초기 연대 형성이라는 측면에서 분명한 동력으로 작용할 수 있다. 하지만 한편으로 미성숙한 탈식민 기조에 따라 생태적 전환 운동에 대한 찬반 입장을 피억압자-억압자 관계로 환원시켜 버릴 수 있다는 점에서 생태적 전환 운동은 신중하고 성숙한, 더 크고 포용적인 연대를 목표로 해야 함을 염두에 둘 필요가 있다. 따라서 마지막으로 이 글에서 제시하는 중요한 도전은 자연권 인정으로 인한 불이익을 우려하는 이익 계층과의 관계다. 이를 단순히 이기주의로만 치부할 수는 없다. 앞에서 다룬 것처럼 지금까지 생태중심 입법을 이룩하거나 혹은 개별 소송에서 생태중심 판결을 내린 국가들은 지구 구성원 간의 상호 의존성을 공통적으로 강조한다. 생태중심 법체계로의 전환 움직임이 지속 가능한 지구를 위한 것이라는 것을 기억한다면, 인간 간의 소통과 상호 의존성 역시 가볍게 여겨서는 안 될 것이다.

제 6 장

에두아르도 갈레아노가 바라본 라틴아메리카의 환경 위기와 생태학적 전망*

유왕무

---

* 이 글은 『스페인어문학』 제39호에 게재된 「에두아르도 갈레아노 작품에 나타난 생태학적 세계관 연구」(2006)를 수정·보완한 것이다.

1 인간과 환경

　금세기의 주요 화두는 환경이다. 문명의 발달로 인한 자연 생태계 파괴는 이제 더 이상 인간과 무관하지 않다. 과학기술의 발달, 인구의 도시 집중, 각종 산업 시설 확대 등으로 인한 자연 자원의 수탈과 환경 오염의 위기는 더 이상 방치할 수 없는 문제다. 인간에 의한, 인간을 위한 세계 건설이라는 인간중심주의가 지구 생태계 전체의 멸망을 가져올 것이란 우려가 확산되고 있다. 이는 특정 지역이나 계층에 국한된 문제가 아니라 지구 전체의 문제다. 에드워드 윌슨은 지금과 같은 환경적 경향이 2100년까지 지속된다면, 인류는 후세에게 황폐된 지구의 모습만을 유산으로 남길 것이라고 예언한다.

　21세기가 인류 미래에 남겨 줄 유산이, 결국 머지않아 고독의 시대가 도래하고 말 것이라는 비관적 전망뿐이다. 이러한 우려는 결국 인간과 자연의 조화를 회복해야 한다는 일원론적 세계관의 필요성에 대한 절감으로 이어진다. 자연 파괴의 현장에는 항상 '경제주의자', 즉 인간중심주의 자와 '환경주의자', 즉 생물중심주의자 간의 갈등이 벌어진다. 경제적으로 조금 넉넉해진다 싶으면 환경주의자들의 목소리에도 귀를 기울이는 듯싶다가 경제 지표가 조금만 나빠지기 시작하면 황급히 인간중심주의 논리로 되돌아간다. 인간은 지금껏 자연과의 조화와 균형보다는 철저하게 인간 자신만을 위한 삶을 살아왔다 해도 과언이 아닐 것이다. 그러나 환경이 인간의 삶과 직결된다는 점을 상기한다면, 우리는 지금까지 무의식적으로 받아들였던 인간중심주의적 사고와 그 파괴적 양식을 버려야 한다.

우루과이의 에두아르도 갈레아노(Eduardo Galeano, 1940-2015)의 시각도 이와 다르지 않다. 그는 라틴아메리카 환경 위기에 대한 원인을 성찰하고 풍부한 자료를 바탕으로 새로운 생태 사회에 대한 전망을 제시하는 작가다. 그는 이미 현실이 되어 버린 지구 생태계의 파괴 그 자체를 중심 주제로 다루면서, 라틴아메리카인뿐 아니라 지구인 전체가 새로운 길을 모색해야 한다는 절박한 위기의식을 바탕으로 글을 썼다.

갈레아노는 콜럼버스가 아메리카 대륙을 발견한 이후 약 500년 동안 이루어진 구미 선진국에 의한 라틴아메리카 수탈의 역사를 지속적으로 그려 왔다. 정치, 경제, 사회, 문화에 관한 다양한 자료를 토대로 한 그의 작품에서 우리가 주목해야 할 것은, 갈레아노가 단순히 자연 자원 수탈의 역사만을 다룬 것이 아니라, 라틴아메리카인들의 미래 생존과 직결되는 환경의 수탈 문제까지도 생태제국주의적 측면에서 지적하고 있다는 사실이다. 앨프리드 크로스비가 주로 '생물학적 팽창'을 중심으로 생태제국주의 문제를 다루었다면, 갈레아노는 그가 간과했던 정치-경제적 현상으로서의 생태제국주의 문제를 다루었다. 즉, 앨프리드 크로스비는, 콜럼버스가 아메리카에 상륙한 후 수천만 명의 토착민을 죽인 전염병처럼, 생태제국주의를 이전에 지리적으로 분리된 지구의 각 지역들 간의 '만남' 후 작용한 순수한 생물학적 힘으로 보았다. 반면 갈레아노는 생태환경 문제가 세계 자본주의 중심부의 주변부에 대한 지배 전략과 어떤 연관이 있는지까지 고려했다.

그는 자연을 파괴하는 자본주의 문명의 오만함을 준엄하게 비판한다. 자본주의 발전과 소비 사회의 성장, 그로 인해 발생하는 자연과 문명의 갈등을 그리면서 환경 위기를 유발하는 실증적 사례들을 제시한다. 그리고 환경 위기 문제가 비단 라틴아메리카만의 문제가 아니라 지구촌 전체의 문제임을 지적한다. 현대 사회에서 가장 긴요한 생태주의적 작가 의식뿐 아니라, 우리 지구촌 전체가 함께 고민해야 할 문제에 대한 뚜렷한 전망을 자신의 작품에서 보여 주고 있다. 그는 단순히 자연 보호 차원에서 생태계를 다루어서는 안 되며, 위기의 근본 원인에 대한 천착이 선행되어야 함을 강조하는데, 바로 이 점이 에두아르도 갈레아노의 작품 세계에 세계인이 주목하는 이유이며, 이 연구의 동기이기도 하다.

이 연구에서는 라틴아메리카 생태 위기의 근본 원인과 대책, 자본주의 발전과 환경 위기와의 관계, 선진 중심부 국가들과 라틴아메리카 같은 주변부 국가들과의 관계를 갈레아노가 어떠한 시각으로 바라보았는가 하는 점을 살펴보고자 한다. 이는 자연스럽게 갈레아노가 보여 주는 생태학적 세계관은 어떠하며, 현재의 전 지구적 위기를 극복할 새로운 생태 사회를 위해 어떤 전망과 대안을 제시하는가를 살펴보는 길이 될 것이다.

2 라틴아메리카 수탈의 역사와 생태학적 위기

갈레아노는 콜럼버스의 신대륙 도착 이후 라틴아메리카에서 행해진 자연 자원의 수탈과 생태 위기 문제를 두 가지 측면에서 분석한다. 하나는 생물학적 팽창의 관점에서 본 생태제국주의적 문제로서, 신대륙 발견 이후 외부에서 이입된 산물을 신대륙에서 재배하여 다시 구대륙으로 수출하는 과정에서 발생한 신대륙 내의 자원 고갈과 토지의 황폐화 문제이다. 또 다른 하나는 기존의 신대륙에 존재했던 자연 자원을 무차별적으로 외국으로 유출함으로써 발생한 수탈과 고갈의 문제이다.

갈레아노는 전자의 대표적 산물로 사탕수수를 꼽는다. 신대륙 발견의 주요 동기는 물론 금과 은의 발견이었으나, 콜럼버스가 제2차 항해 때 카나리아 제도에서 사탕수수의 뿌리를 최초로 가져다가 그것을 현재 도미니카 공화국에 심은 이후로, 사탕수수는 아메리카 발견 이후 약 3백 년 동안 유럽 무역에서 가장 중요한 상품으로 자리 잡게 된다. 그러나 이것이 라틴아메리카의 비옥한 토양을 황폐시키는 주범이 될 줄은 아무도 예상치 못했다.

사탕수수는 동양에서 매우 고가로 매매되던 상품이었기 때문에 유럽인들도 몹시 탐내는 물품이었다. 이 귀한 식물이 라틴아메리카에 들어오면서, 비옥한 토양과 열대 기후로 인한 대규모 플랜테이션이 가능해졌다. 브라질 동북부와 카리브해, 페루 해안을 중심으로 플랜테이션이 형성되었고, 필요한 노동력은 아프리카 노예 수입으로 해결했다. 그러나 이 신종 식물은 삼림을 파괴하고 토양에 축적되어 있던 부식토를 잠식함으로써 토지의 황폐화를 가속화했다. 그래서 갈레아노는 장기간에 걸친 사탕

생산이 결국 금과 은의 붐이 뽀또시, 오우로 쁘레또, 사까떼까스, 과나후아또에서 그랬던 것과 마찬가지로 이른바 '죽음에 이르는 번영'을 초래했다고 주장한다.

사탕수수의 대규모 재배가 그 지역의 부의 축적을 가져왔다면 그나마 다행이겠지만, 실제로는 부의 축적도 이루어지지 않았고 오직 철저한 수탈만이 존재했다. 즉, 플랜테이션은 자연 자원의 유출을 위한 '파이프' 역할만 했을 뿐이다. 세계 시장에 노출되면서 플랜테이션 구조는 대체품과의 경쟁에 의해, 혹은 토지의 피폐 및 보다 양호한 조건을 갖춘 타 지역의 개발에 의해 쇠락의 길을 걷는다. 그 결과, 사탕수수의 대규모 재배가 이루어졌던 브라질의 동북부 지역은 브라질에서 가장 풍요한 지역이었지만, 오늘날에는 가장 빈곤한 지역이 되었다. 바베이도스와 아이티에서는 처참할 정도로 빈궁한 민중들이 살고 있을 뿐이며, 쿠바에서는 사탕이 미국에 의한 쿠바 지배의 결정적인 수단으로 전락하고 말았다.

비옥한 토지 때문에 이루어진 생태제국주의가 결국 토지는 물론 그 지역 원주민들까지도 황폐화시킨 것이다. 갈레아노는 비옥한 토양으로 인해 아메리카 식민지 농업 경제에서 가장 이윤이 많은 사업이 이루어졌던 브라질의 동북부 지역을 예로 든다. 그곳은 삼림으로 뒤덮여 부식토와 무기염료가 매우 풍부한 비옥한 토양을 형성하고 있었으나 생태계 파괴로 인해 토지가 피폐되고 결국 기아 지대로 변한 것이다. 갈레아노는 그곳을 3천만 명이 사탕수수 단작의 유산으로 신음하고 있는 '거대한 수용소'라고 표현한다. 현재 브라질에서 식량 부족으로 가장 곤란을 겪고 있는 지역은 내륙의 불모지가 아니라, 오히려 습윤한 뻬르남부꼬 연안 지방이다. 기현상이 아닐 수 없다. 그 지역 대다수 사람은 사탕에 의존해서 생계를 꾸려 나가고 있는데, 라티푼디오에 의한 토지 병합이 급격히 진전됨으로써 농민들은 자연스럽게 임금노동자로 전락하고 만 것이다. 그렇다고 해서 자신의 소규모 혼작지를 경작하던 과거보다 처지가 개선된 것도 아니다. 과거에는 자급자족했던 식량을 구입하는 데조차 부족한 임금 때문이다. 이를 두고 갈레아노는 언제나처럼 확장이 기아를 확대시킨 것이라고 규정한다.

그러나 그것은 비단 사탕수수에만 한정된 문제가 아니다. 라틴아메리카 각 지역의 대표 작물과 광물 자원도 사정은 마찬가지다. 까라까스의 카카오, 브라질 북부 마라뇬의 면화, 아마존 지역에서의 고무 플랜테이션, 아르헨티나 북부와 파라과이의 께브라초 삼림, 유까딴 반도의 용설란 농원과 커피의 역사도 마찬가지다.

이런 영향을 비교적 덜 받았으리라고 여겨지는 라쁠라따 강 유역은 국제 무역 시장에 처음에는 피혁을, 그 후에는 소고기와 양털 등을 공급했다. 그렇다고 해서 이곳이 저개발의 굴레에서 벗어난 것은 아니었다. 세계 시장에서 수요가 많으면 많을수록 라틴아메리카 민중들의 희생과 재난은 더욱 커지기 때문이다. 갈레아노는 이것을 '철의 법칙'이라고 불렀다.

갈레아노는 자연 생태계와 인간적 삶의 파괴를 자본주의 경제 체제 탓이라고 비판한다. 자본주의가 너무 공격적이고 게걸스러워서 자본주의의 손길이 스치는 모든 것은 변형되고 만다는 것이다. 라틴아메리카의 후진성과 빈곤은 지배국들과의 경쟁에서 패배한 이후, 숙명적 결과로 따라오는 착취와 수탈의 결과이다. 당연히 라틴아메리카의 저개발의 역사는 세계 자본주의 역사 발전의 일부분을 차지한다. 라틴아메리카에서 약탈된 귀금속과, 유럽으로 수출된 단일 경작 환금 작물들은 결국 유럽을 중심으로 한 세계 경제 발전을 자극하고 그것을 가능케 한 것이다. 그러나 이를 위해 신대륙의 농민들은 노예와 다름없는 처지로 전락하고 만다. 그래서 갈레아노는 라틴아메리카를 '혈관이 절개(切開)된 지역'이라고 표현한 것이다.

환금 작물의 단일 경작만이 생태제국주의의 유일한 방식이 아니었다. 선진 제국주의의 수탈과 착취의 대상은 땅에서의 생산물은 물론이고 땅을 구성하는 토질 영양물까지도 포함된다. 영국과 같이 일찍 산업화된 나라에서의 '고도 농업'은 자국의 토질에서 영양물을 강탈했고, 그 영양물을 대체할 수단을 타국에서 다시 강탈해 옴으로써 이 문제에 대해 보상받으려고 했다. 이는 인간과 지구 사이에 상존해야 할 물질대사의 상호작용에서 회복 불가능한 균열을 만들어 내는 결과를 빚는다. 이른바 '물질대사의 균열' 현상이다. 자본주의 경제 체제에서의 대규모 산물 재배와 채취, 장거리 교역 발전이 이 균열 현상을 더욱 강화하고 확대한 것이다.

영국도 다른 나라들로부터 토질 영양물과 자연 비료를 들여옴으로써 사실상 이들 나라들의 토질을 수입하는 것과 마찬가지의 효과를 보았다. 영국 농업은 페루에서 수입한 구아노에 의존했다. 바닷가에 철썩이는 조류에서 노니는 수많은 물고기 떼를 먹이로 하는 펠리컨과 갈매기의 배설물에는 질소, 암모니아, 인산염, 알칼리염이 풍부했는데, 이것이 태곳적부터 비가 오지 않는 페루의 크고 작은 섬에 쌓여 그대로 보존되어 있었다. 이것이 바로 비료로서의 성질을 충분히 갖춘 구아노이다. 구아노가 국제 시장에 등장하자마자, 페루와 볼리비아에서 생산되던 초석(硝石) 또한 비료로서 뛰어난 성질이 있음이 밝혀진다. 1850년대부터 이 두 가지는 비료로서 중요성을 국제적으로 인정받는다. 이로 인해 페루의 지배 계급은 구아노 무역과 초석 채굴로 막대한 부를 얻으며 성장한다.

그러나 나머지 대중에게는 이 자원이 곧 저주가 되고 만다. 페루의 자원을 탐내는 영국은 칠레를 동원하여 태평양 전쟁까지 일으키고, 구아노와 초석을 칠레가 차지하도록 지원한다. 전쟁에서 패배한 페루는 반신불수가 되고 탈수증에 걸린다. 생산력은 마비되고 통화는 하락하고 외국의 신용은 끊어졌다. 브루스 파카우가 주장한 것처럼 페루의 구아노와 초석은 '미다스의 손'처럼 '축복을 가장한 저주'임이 밝혀지고 만 것이다. 처음에는 엄청난 국가 채무를 지게 만들더니, 그 후에는 이웃 나라와 전쟁을 벌이게 만들었고, 결국에는 이 자원을 넘겨줄 수밖에 없게 되었기 때문이다.

현대에 들어서 선진 제국들이 라틴아메리카의 토양을 착취하는 방법은 더욱 교묘해졌다. 그들은 자신들의 환경 훼손을 비난하는 세계 여론을 무마하기 위해 라틴아메리카의 생태 복원을 돕는 척하며 토양을 더 척박하게 만드는 위장 전술을 펼친다. 생태주의를 숭상한다는 미명하에, 훼손된 산림에 동일 수종을 대량으로 질서정연하게 심는다. 그리고 세계만방에 대대적인 홍보를 하며 권위를 인정받는다. 그러나 그 나무들은 산림 보호용이 아니라 산업용이다. 곧 벌목되고 말 목재들이다. 그러나 그 사실을 아는 사람은 그리 많지 않다.

그래서 갈레아노는 "나무를 심는 것이 항상 자연을 사랑하는 행동이다"라는 명제는 '피노키오의 코를 늘어나게 만드는 문장' 중의 하나라고 규정했다. 수출용 목재를 심는 것은 생태학적 문제를 해결하는 것이 아니라 오히려 그 문제를 더욱 악화시키기 때문이다. 그 예로, 칠레 꼰셉시온 남부에 소나무를 식목한 일본과 자국에서는 자연 보호를 위해 금지된 인공림을 우루과이에 대량 식목하고 수입해 가는 핀란드를 꼽는다. 칠레 꼰

셉시온 남부 지역에는 세계 시장을 향해 나갈 자세가 되어 있는 나무숲이 질서정연하게 줄을 서 있지만, 이미 그곳에서는 새들도 지저귀지 않고 땅은 메말라서 척박하기 이를 데 없다. 결국, 핀란드와 같은 산림 국가에 나무를 판다는 것이 에스키모인들에게 냉장고를 파는 것과 마찬가지의 위업이 아니라, 자국의 땅을 갉아먹는 자해 행위에 불과할 뿐이다. 자본주의 경제 체제와 인간의 탐욕이 어우러져 만들어 내는 자연 파괴의 또 다른 형태일 뿐이다.

이런 생태제국주의적 상태가 지속되면 궁극적 피해자는 라틴아메리카만이 아니다. 인류 모두에게 악영향이 미칠 수밖에 없다. 그래서 인간중심적 발전이 아닌, 환경과 더불어 '지속 가능한 발전'을 주장하는 것이다. 그렇지 않은 발전은 이제 언제 무너질지 모르는 모래 위의 누각과 같은 꼴이다. 그래서 갈레아노는 '발전(發展)'을 "강 없는 다리, 땅바닥에 초를 칠해 광내는 전기 기계, 뒷면에는 아무것도 없는 건물들의 높디높은 외관, 어떤 곳으로도 인도하지 않는 전동 에스컬레이터"와 같다고 규정했다. 미래 세대에게 물려줄 지구를 유지하기 위한 인간과 자연 간 '지속 가능한 관계'의 복원이 시급함을 강조하고 있는 것이다.

3 산업 문명의 발달과 환경 위기

갈레아노는 현대 환경 위기의 주범을 현대 산업 문명의 발전과 그를 주도하는 대기업이라고 확신했다. 그는 대기업을 자신에게 희생된 자의 상가(喪家)에 조화(弔花)를 보내는 선행을 베푸는 알 카포네에 비유하며, 히우지자네이루에서 개최된 '에코92' 국제대회를 예로 든다. 지구의 미래에 대해 고민하기 위해 개최된 이 대회 개최 비용의 상당 부분을 화학 산업, 정유 산업 그리고 자동차 산업을 주도하는 대기업들이 지불했다. 그 결과 이 회담에서는 공해를 유발하고 그 공해로 먹고사는 다국적 기업에 대한 비난의 목소리가 나오지 않았다는 것이다. 뿐만 아니라 독성 물질을 판매할 수 있게끔 만드는 무제한적 자유무역에 반대하는 그 어떤 발언도 없었다고 한다.

그래서 갈레아노는 "대기업에게 좋은 것이 인류에게도 좋은 것인가"라고 반문하며 자본에 대한 면책을 고발한다. 바로 그 자본에 대한 면책이 지구상에서 최대의 성공을 거둔 기업들이 지구를 가장 많이 죽여 없애는 기업이 되도록 만드는 주범이라고 규정한다. 발전이라는 미명 아래 소비를 강요하고, 자유라는 미명하에 지구를 병들게 하는 대기업에 대해 진정성(眞正性)을 요구하는 것이다.

갈레아노는 선진국들이 후진국에서 벌이는 환경 훼손의 실태를 구체적 사례를 들어 폭로하며 그들의 무책임과 면책성을 비난한다. 특히 선진국에서 기피하는 공해 산업과 유해 산업이 경제적 논리에 의해 후진국으로 이전하는 문제를 매우 중시한다. 현대 산업 사회에서는 강대국들이 타국을 황폐화시키지 않고서는 자신들의 성장률을 유지할 수 없는 것이 사실이다. 그러므로 라틴아메리카와 같은 후진국들이 선진국의 유해 산업을 받아들일 수밖에 없으며, 그 피해도 고스란히 떠안고 마는 것이다. 갈레아노는 이 점에 대해 콜롬비아 화훼 산업의 예를 들어 설명한다. 콜롬비아는 네덜란드로 수출할 튤립과 독일로 수출할 장미를 기르고 있는데, 그 결과 보고타 초원은 메말라 가고 지반이 침하되고 있으며, 대량으로 살포

되는 비료와 살충제는 보야카의 땅과 노동자들을 병들게 하고 있다는 것이다.

이렇듯 라틴아메리카의 농촌 대부분은 이미 황폐화되었고, 도시들도 거대한 지옥으로 변하고 말았다. 선진국과 다국적 기업들 덕택이다. 폭스바겐과 포드 사(社)는 독일과 미국에서는 필수적으로 장착해야 할 배기가스 여과 장치가 없는 자동차들을 라틴아메리카에서 아무 죄책감 없이 생산하고 있고, 바이엘과 다우 케미컬 사도 독일과 미국에서는 금지된 비료와 농약을 라틴아메리카에서는 아무 제재도 없이 버젓이 팔고 있으니 당연한 귀결일 것이다. 갈레아노는, 다국적 회사들이 "우리는 각국의 법률을 존중한다"고 말하는 이면에 숨어 있는 '이익의 법칙'과 '경제학적 논리'를 간파하며 인간의 존엄성과 자연 보호의 중요성을 강조한다. 그는 다국적 대기업들의 면책권은 라틴아메리카인들의 불행과 재난을 자양분 삼아 성장하고 있다고 판단한다.

갈레아노는 라틴아메리카인들이 그러한 불행과 재난에도 불구하고 지금 이렇게 잘 버티고 있는 것은 불행도 운명이라는 것을 굳게 믿도록 충분히 훈련받아 온 덕택이라고 비꼬았다.

그는 이런 다국적 기업들의 횡포로 인해 라틴아메리카에서는 숨을 쉰다는 사실 자체가 위험한 모험이라고 주장한다. 그는 우리가 호흡을 할 수 없을 정도로 혼탁한 대기 오염의 주범으로 자동차를 꼽고 있다. 비록 자동차가 세계 대기 오염의 유일한 주범은 아닐지라도, 도시민들을 가장 직접적으로 공격하는 것임에 틀림없다. 전 세계 도시에서 기관지와 암을 유발하는 유해가스의 대부분을 자동차가 배출하고 있기 때문이다.

자동차 유해가스 방출에 있어서 남반구와 북반구에는 엄연한 차이가 존재한다. 인간의 신경과, 간, 뼈를 손상시키는 납의 무자비한 방출이 남반구에서는 규제 없이 일상화되고 있다. 북반구에서는 필수적으로 있어야 할 배기가스 여과 장치가 없는 자동차들이 남반구에서는 아무 죄책감 없이 생산, 판매되고 있다. 남반구에서는 무연가솔린과 배기가스 여과 장치 사용이 의무화되어 있지 않기 때문이다. 실제로 아르헨티나에서 생산되는 가솔린 중에서 납이 들어 있지 않은 무연 가솔린은 수출용이고, 일반 가솔린은 내수용이다. 그 결과, '좋은 공기'라는 의미의 부에노스아이레스는 한 해 50만 대의 차량이 늘어나는 속도에 맞춰 해마다 공기 오염이 악화되고 있다. 자동차 입장에서 본다면, 납은 옥탄가를 높여 주고 더욱 많은 이익을 보장해 주지만, 인간의 입장에서 본다면, 납은 인간의 뇌와 신경세포를 파괴하는 유독 물질이다. 그래서 갈레아노는, 특히 남반구를 중심으로 행해지는 이런 행위를 총, 칼을 사용하는 '폭력'과 마찬가지라고 규정한다.

본래 자동차는 인간에게 봉사하기 위해 만들어졌지만, 이제는 인간이 자동차에게 봉사하게 되었다. 인간에게 자유, 시간, 편의성과 생산성을 제고해 주던 것이 이제는 '파괴의 상징'이 된 것이다. 그래서 갈레아노는 칠레 산티아고의 신생아가 매일 담배 일곱 대를 피우는 것과 같은 정도의 매연을 마시고 있고, 아동 4명 중 1명은 각종 기관지염으로 고통을 받고 있다는 통계를 제시하며, 남반구에 살고 있는 라틴아메리카인들은 과연 아직까지 그 '생산성'이라는 신이 자신들의 삶에 가치가 있는 존재인지 여부에 대해 곰곰이 생각해 볼 필요가 있다고 주장한다. 세계인 모두의 각성을 촉구하는 것이다. 그리고 대기를 맑고 신선하게 하기 위해 칠레 산띠아고에서는 도시를 에워싸고 있는 산들을 다이너마이트로 폭파시켜 날릴

구상을 하고 있고, 멕시코시티에서는 마천루 크기의 풍차를 건설할 계획을 하고 있는데, 갈레아노는 이를 비이성적 헛소리에 불과한 비현실적인 프로젝트라고 일갈하며 보다 근본적 대책 마련을 촉구했다.

갈레아노는 자동차로 인한 대기 오염 감소책의 일환으로 자전거 사용을 제안했다. 독일 사람들처럼 주말이면 야외에서의 하이킹을 즐기기 위해 자동차 위에 자전거를 싣고서 여행을 떠나는 것은 전혀 환경에 도움을 주지 못하지만, 자전거를 직장 출퇴근 용도로 사용한다면 자전거는 정말로 많은 사람들을 위한, 유일하고도 완벽한 교통수단이 될 수 있을 것이라고 주장한 것이다.

지금과 같이 자전거 전용 도로가 없는 라틴아메리카 대도시에서 자전거를 탄다는 것은 자살행위지만, 자가용을 소유하기 어려운 대부분의 사람들이 선택할 수 있는 유일한 대안이라는 것이다. 그들이 합승버스표를 사는 데 봉급의 대부분을 써야 하는 상황에서, 왜 라틴아메리카 정부는 자전거 전용 도로를 즉시 깔아 주지 않느냐고 반문한다. 갈레아노는 이를 석유 시장과 교통 산업을 지배하고 있는 다국적 대기업과 이들에 의존하는 정부 탓으로 돌리며, 이를 최악의 '식민주의'라고 규정한다.

라틴아메리카를 위시한 남반구에서의 환경 위기는 북반구의 환경 폐기물 유입에도 그 원인이 있다. 자신들은 오염 물질 수입을 철저히 금지하고 있으면서 그 오염 물질을 가난한 나라들에 마구 퍼붓고 있다. 갈레아노는, 독일이 위험 폐기물 1톤을 중화시키는 데 천 마르크를 소요하는 데 반해, 그것을 러시아나 아프리카로 보내는 데는 불과 백 마르크밖에 들지 않는다고 밝힌 그린피스의 통계와, 경제협력기구(OECD)를 구성하는 24개 국가들이 전 세계 유독성 쓰레기와 폐기물의 98퍼센트를 생산하고 있다는 사실을 상기시키면서, 오로지 경제적인 이유 때문에 국제 쓰레기장으로 변모해 가는 남반구의 운명을 서글퍼했다.

그러나 더욱 문제가 되는 것은 남반구 국가들의 자세이다. 대출을 해주고 대신 쓰레기 매립권을 얻어 내는 은행가들과 뇌물에 길든 관료들에 의해 북반구의 산업 쓰레기가 남반구와 동구의 공터로 옮겨지고 있다. 실제로 라틴아메리카 나라들은 경제적인 이해관계 때문에 산업 쓰레기를 받아들이는 데 주저하지 않고 있는 것이 사실이다. 멕시코에 버려지는 미국 쓰레기의 상당수는 '개발 프로젝트' 혹은 '인도적 원조'라는 탈을 쓰고 들어오고 있다. 그 결과, 멕시코 국경 지역은 지구상에서 가장 오염된 지역이 되고 말았지만, 1992년 미국 환경보호위원회는 멕시코가 미국의 유독성 쓰레기를 합법적으로 받아들였다고 밝힌 바 있다. 또 아르헨티나에서는 위험 폐기물 반입이 법으로 금지되어 있지만, 쓰레기를 버리고 싶은 나라에서 발급하는 무해증명서만 있으면 문제없이 반입할 수 있는 길을 열어 놓고 있다. 게다가 까를로스 메넴 전 아르헨티나 대통령은 "우리나라에는 공한지가 많다"라고 선전하며 쓰레기 반입을 적극적으로 유도하기까지 한 바 있다.

남반구가 북반구의 쓰레기통이 되고, 핵폐기물과 산업 폐기물을 버리는 하수 구멍이 된 지는 이미 오래전이다. 못 사는 나라들이 가지는 비교 우위 때문이다. 저임금, 여전히 남아 있는 엄청난 청정 지역, 조기 사망으로 인한 낮은 암 발생률이 바로 그것이다. 즉 가난한 나라들이, 바로 그 가난하다는 이유 하나만으로 선진국의 쓰레기통 역할을 해온 것이다. 환경 오염이 심한 공장들은 모두 남반구로 몰리고, 북반구에서 발생하는 산업 쓰레기와 핵폐기물도 대부분 남반구에서 처리되어 온 것은 이미 꽤 오래

전부터다. 갈레아노는, "북반구에 나쁜 것은 남반구에는 좋은 것이다"라는 뻔뻔스러운 변명을 질타하며, 북반구와 세계 기구가 누리는 면책 특권의 부당성을 고발했다.

남반구를 쓰레기장으로 만드는 것은 궁극적으로 북반구에도 악영향을 미칠 것이다. 유독성 폐기물은 강과 바다를 오염시키며, 산업가스로 인한 산성비는 지구 북반구의 호수와 산림을 위협하고 있다. 대기 온난화로 기력을 상실한 기후, 침식될 대로 침식된, 얼마 남지 않은 토지, 초산염과 수은, 납으로 오염된 물은 결국 남반구와 북반구를 가리지 않고 인류 전체를 파멸로 이끌 것은 불문가지다.

그래서 갈레아노는 "지구의 주인들은 지구가 마치 일회용인 것처럼 사용한다. 그러나 우리가 어느 별로 이사 갈 것인가? 신(神)께서 기분이 별로 좋지 않아 지구를 사유화하기로 결심하시고 몇몇 기업에게 지구를 팔아넘기셨다는 이야기를 우리가 믿어야만 하는가?"라고 반문하며 기업의 각성을 촉구한다. '기업의 사회적 책임'을 묻는 것이다.

오늘날 기업이 가지고 있는 자원이나 역량은 국가의 그것을 넘어서고 있고, 지구적 환경 문제 해결에서도 국가보다 기업이 할 수 있는 부문이 무한대로 확장되고 있다. 기업이 가지고 있는 막대한 역량은 오늘날 지구촌 사회를 지속 가능한 사회로 만들 수 있는 가장 효과적인 자원임에 틀림없다. 그러므로 기업들은 직접적인 이윤 추구 활동에서 빚어지는 책임은 물론, 상품 생산과 소비, 폐기물 처리 과정에서 발생하는 각종 사회적 폐해, 나아가 자연 생태계의 파괴와 환경 오염을 해결하는 데까지 이르는 포괄적 책임까지 져야 한다는 것이다. '기업의 사회적 책임'은 이제 더 이상 기업의 선택적 사항이 아니라 역사적 책무 사항임을 명백히 한 것이다. 특히 전 인류를 대상으로 하는 다국적 대기업의 경우 그들의 사회적 책무는 곧 지구 전체에 대한 책무이다. 또한 다국적 대기업들이 주로 속해 있는 북반구 선진 국가들도 기업들이 사회적 책무를 다하도록 선도, 감시해야 할 책임이 있는 것이다.

4 소비 사회의 포식성과 인간 생태계의 파괴

지구 환경 위기의 또 다른 요인으로 급속한 인구 증가와 그로 인한 대량 소비 사회의 포식성을 꼽을 수 있다. 현재 지구는 산업 문명에 심하게 중독되어 있고, 소비 사회로 인해 모든 것이 고갈되어 이미 혼수 상태에 빠져 있다. 갈레아노도 이 점에 동의했다.

인류의 자원을 고갈시키는 주범은 극히 소수 인구다. 빵과 생선이 모든 사람들을 위해서 존재하는 것은 사실이지만 그것을 먹는 자들은 극소수뿐이다. 선택된 소수가 탕진하는 것을 전 인류의 80퍼센트가 지불해야 한다. 갈레아노는 전 세계 인구의 초부유층 6퍼센트가 전 세계 자연 자원의 3분의 1과 전 세계 에너지의 3분의 1을 소비하고 있으며, 미국인 한 명이 소비하는 양은 아이티 사람 50명이 소비하는 양과 맞먹는다고 주장하며, 만일 50명의 아이티 사람들이 갑자기 50명의 미국인만큼 소비를 해버린다면 어찌될 것인가라고 반문한다. 만일 가난한 나라들이 부유한 나라들의 생산이나 소비 수준까지 도달하게 된다면 지구는 곧 멸망할 것이 분명하다. 에드워드 윌슨도 모든 사람이 미국의 수준으로 소비하려면 지구가 4개는 더 있어야 한다며 이에 동의한다.

이런 면에서 선진국과 후진국의 불균형 관계는 비판받아 마땅하다. 소수의 낭비벽을 위해서 기아선상에서 허덕이는 다수가 있음을 상기할 필요가 있는 것이다. 좁게는 라틴아메리카에서도 소수의 과두 지배자가 대다수 민중의 허기와 굶주림을 바탕으로 호사스러운 특권을 누리고 있는 것 또한 사실이다. 기득권층은 빈민층의 희생을 '발전을 위한 사회적 비용'이라고 명분화한다. 그러나 소유권이 생존권보다 더 소중하게 여겨지는 현실, 즉 인간의 가치가 물건의 가치보다 못한 현실을 지탱하고 있는 자본주의적 논리를 경계해야 한다고 갈레아노는 강조한다.

소비 사회의 또 다른 문제점은 빈부의 격차로 인한 사회 계층 간 갈등을 유발한다는 점이다. 라틴아메리카에서, 비민주적 분배로 인해 생긴 빈민층은 길거리를 배회하다가 가벼운 죄목으로 투옥되는 경우가 대부분이다. 즉, 체제가 양산한 범죄자들이다. 그러나 그들은 감옥에서조차도 생활필수품을 받지 못한다. 실제로, 성공한 은행가나 사업가들이 저지른 사기죄, 혹은 나라의 땅덩어리를 조금씩 팔 때마다 커미션을 받는 몇몇 정치인들의 죄와 그들의 죄를 비교한다면, 그들의 죄는 그저 아이들 장난 같은 죄에 불과할 뿐이다. 그러나 죄수들은 모두 가난한 자들뿐이다. 가난한 자는 가치가 없는 사람이다.

라틴아메리카에서는 낭비할 권리가 모두에게 주어지는 것은 아니다. 극소수의 특권일 뿐이다. 누구나 다 대량 소비 사회로 진입하는 것은 아니다. 단지 소수만이 그 혜택을 누릴 뿐이다. 결국 대다수 사람은 조금, 아주 조금 소비할 뿐이고, 필요에 따라서는 아예 소비하지 않기도 한다. 이런 상황에서 수많은 라틴아메리카 청소년에게는 소비 사회로의 유혹이 곧 범죄로의 유혹으로 이어진다. 소비를 뒷받침해 줄 자금을 마련하기가 어렵기 때문에 그들은 늘 범죄의 유혹에 노출된다.

낮은 임금으로 인해 시장 경제 체제에서 축출되고 마는 그들은 경제적 자립이 불가능한 자들이다. 그들은 '잉여 인간'이라 불린다. 태어나자마자 쓰레기통에 버려지는 아이들도 많다. 콜롬비아의 거리에 버려진 아이들은 '부랑아' 혹은 '포기한 아이들'로 불린다. 그들은 범죄자와 성매매 여성의 자식들이며, 반(反)사회적 행동을 할 수 있는 공공의 위협적 존재로 인식된다. 그래서 그들은 사회에서 제거되어야 할 대상으로 분류되며, 공식적으로는 존재하지 않는 인물들로 치부된다. 시장 경제 시대에서는, 잉여물로 남아도는 아이들은 제거되기 마련이다. 사회적으로 유용한 존재가 될 가능성이 희박하기 때문이다. 그런데 문제는 그들이 주로 기아나 총알로 제거된다는 점이다. 교육도 교육비를 지불할 능력이 있는 사람들에게만 혜택이 돌아갈 뿐, 그렇지 못한 사람들에게는 핍박만이 가해질 뿐이다. 이처럼 소비 사회는 인간도 시장 경제 원리에 의해 퇴출시키고 인간성을 파탄 낸다. 실제로 인간 생태계 파괴 현상은 라틴아메리카 곳곳에서 벌어지고 있다.

브라질 도시의 길거리에서는 매일 5명의 아이들이 목숨을 잃고 있으며, 콜롬비아에서도 월평균 40명의 버려진 아이들이 살해당하고 있다. 콜롬비아에서는 이들을 살해해서 바랑끼야 의과대학 학생들에게 해부용으로 판다는 사실이 알려지기도 했다. 이들을 '정리'하는 사람들은 거의 대부분 제복을 입지 않은 경찰들로 구성된 극우 단체 소속원들이다. 이런 사건들은 범인이 잡히는 경우가 없으며, 매우 가벼운 징계 처벌조차 받지 않는다. 극빈층을 마치 유독성 쓰레기 취급하는 것이다.

그런가 하면, 1989년 한 해 동안 브라질의 상파울루, 히우지자네이루,

레시페 등의 도시에서는 457명의 아이들과 어른들이 처형되었다고 국제인권사면위원회의 보고도 있었다. 경찰친위대에 의해 저질러진 이 범죄들은 낙후된 농촌 지역인 아닌 자본주의가 창궐하고 있는 대도시에서 일어났다는 점을 주목할 필요가 있다. 사회적 불의와 생명 경시 풍조는 오히려 경제 성장과 함께 증대했다는 사실을 보여 주는 것이다. 자본주의 문명이라는 냉혹한 정글에서는 소유권이 생존권보다 더 소중하게 여겨지고 있다. 인간의 가치가 물건의 가치보다 못하다는 얘기다. 대량 소비 사회의 포식성이 인간마저 집어삼키고 있고, 인간 생태계도 파괴하고 있는 것이다.

갈레아노도 "현대 문명에서 존재한다는 것은 곧 소유함을 뜻한다"고 지적한다. 많이 가진 사람이 더 많이 원하는 법이며, 대다수 인간은 물질의 노예가 되어 일을 하다가 생을 마치는 우를 범하게 마련이다. 특히 정보통신 기술이 발달한 현대 사회에서는 '가장 강한 자'만이 살아남을 수 있다고 역설한다. 그가 바라보는 '가장 강한 자'들이란 무기와 텔레비전을 독점하는 자들이다. 특히 텔레비전은 권력층의 의사 전달 수단으로 유용하게 사용될 뿐만 아니라, 인간에게 소비와 폭력을 강요한다. 텔레비전 광고는 우리에게 열광적인 소유욕을 불태우게 하고, 경쟁 심리를 자극하여, 대량 소비 사회를 이끄는 주역 노릇을 톡톡히 하고 있다. 텔레비전의 임무는 인위적인 수요를 실제적인 필요로 둔갑시키는 것이기 때문이다. 그러나 이렇게 만들어진 소비문화가 우리에게 남겨 둔 것은 고독과 죽음의 신호뿐이다.

저임금에 시달리는 라틴아메리카 젊은이들에게 광고는 수요를 촉진하는 것이 아니라 폭력을 자극하고 있다. 소비에 대한 유혹이 점점 더 강도 높은 폭력을 유발하고 있기 때문이다. 가난이 폭력을 낳고 범죄자를 양산하는 악순환이 계속되는 것이다. 여기에 텔레비전이 큰 몫을 담당하고 있다. 그래서 갈레아노는 텔레비전에 대한 의존도를 줄여서 역기능을 차단하자고 주장한다.

지금까지 살펴본 바와 같이 갈레아노는 소비 사회의 포식성과 함께 빈부 격차로 인한 계층 갈등을 우려하며 자본주의의 모순을 지적했다. 소비 사회에서는 인간의 존엄성조차 자본의 논리로 매겨지고 있음을 비판한다. 그에게 있어 미국인을 비롯한 북반구인들의 생활 양식이 지구 곳곳에 대량 이식된다는 것은 곧 인류의 집단 자살을 의미하는 것이다. 이를 방지하기 위한 유일한 해결책은 오로지 소비 절약뿐이라고 주장한다. 그래서 갈레아노는 이제 거의 남지 않은 자연의 생존을 위해 반드시 적게, 아주 조금 소비하거나 혹은 전혀 소비하지 말아야 한다는 사실을 눈 달린 사람이라면 누구나 알고 있다고 지적하며 전 인류의 동참을 요구했다.

5 에두아르도 갈레아노의 생태학적 전망

지금까지 살펴본 대로, 갈레아노는 생태제국주의 문제를 단순한 생물학적 팽창의 시각에서 벗어나 정치-경제적 의미에서 파악하고 있었음을 잘 알 수 있다. 그는 생산과 소비의 사회적 관계를 자본주의라는 큰 틀 속에서 관찰했다. 비록 라틴아메리카를 주요 연구 대상 지역으로 한정 짓고 있지만, 결국 자본주의 조건에서의 생태 문제는 자본주의 체계의 분열과 세계 경제의 경쟁 관계, 중심부와 주변부로 분할된 세계 경제 체제, 국제적인 노동 분할과 이로 인한 지배와 종속의 관계와 연관이 있음을 보여 준다. 그에게 있어 생태제국주의는 다양한 방식으로 나타난다. 예를 들면, 타국의 자원 약탈과 그로 인한 전체 생태계의 변형, 자원의 채취와 이전(移轉)과 연결된 인구와 노동의 대량 이동, 주변부에 대한 제국주의적 통제 강화를 위한 생태적 취약 부분의 착취, 중심부와 주변부 간 균열을 확대하는 유해 폐기물의 덤핑, 왜곡된 대량 소비 문화로 인한 생태 구조 파괴 등이 그것이다.

갈레아노는 이렇게 다양한 방식으로 이루어진 생태제국주의를 반대하고, 생태제국주의에 대한 책임이 서구 중심부 국가들에게 있음을 명확히 한다. 지금까지 중심부에 의해 이루어진 주변부에 대한 생태제국주의로 인해 선진 중심부가 후진 주변부에 대해 생태적으로 많은 빚을 지고 있다는 것이다. 중심부가 주변부에 대해 '생태 부채'를 많이 지고 있다는 것은, 중심부 자본주의 국가들의 생산과 소비 방식이 지구 전체의 생태적 조건을 악화시킨 데 책임이 있음을 의미한다. 그는 자연 자원의 채취, 무역의 불평등, 수출 품목을 위한 토지와 토질의 하락, 채취와 생산 과정에서 야기된 무분별한 환경의 훼손, 생물학적 다양성의 손실, 독성 화학물질과 폐기물의 주변부로의 유입 등 광범위한 활동을 생태 부채의 원인으로 꼽았다. 실제로 생태제국주의가 초래한 피해는 실로 설명할 수 없을 정도로 광범위하다. 특히 중심부 자본주의 국가들의 경제적 팽창의 결과로 주변부 국가들이 수 세기 동안 당한 역사적 약탈을 생각한다면 더욱 그렇다.

더욱 심각한 문제는 자본주의 경제 발전이 사회적, 생태적 위기를 지속적으로 악화시킬 것이라는 점이다. 19세기 구아노와 질산염으로 인한 전쟁에서부터 20세기와 오늘날에도 계속되고 있는 석유를 둘러싼 갈등이 이런 사실을 역사적으로 잘 증명하고 있다. 어쩌면 이것이 생태제국주의의 본성일 것이다. 따라서 지금까지 주요 피해자였던 주변부에 대한 생태 위기 고조는 결국 지구 전체의 생물권을 위기에 봉착하게 만들고 말 것이라는 사실을 직시할 필요가 있을 것이다. 그러므로 우리는 제국주의와 관계를 맺고 있는 생태적 관계의 균열 문제를 지구 전체 차원에서 혁명적 발상 전환을 통해 실현해야 할 것이다. 그래야만 비로소 진정한 희망이 보일 것이다.

갈레아노는 자연과의 화합을 주장한다. 지금까지의 인간중심주의적 삶의 행태에서 벗어나 자연중심주의적 삶의 형태를 유지하며 인간과 자연의 조화를 이루어야 한다는 것이다. 이를 위해 생태계 내 각종 요소의 역할을 인정하며 그들만의 세계를 유지할 수 있도록 인간의 욕망을 억제해야 한다는 것이 갈레아노의 근본적 생각이다. 자본주의 체계에서 이루어진 중심부의 주변부에 대한 수탈과 착취도 인간 욕망의 산물이다. 인간의 욕망이 자연 생태계 파괴의 주범인 것이다. 그 결과 이제는 자연 생태계뿐만 아니라 인간의 생태계마저 뒤흔들리는 현상마저 발생한 것이다. 인간만이 우월하고 중요하다는 생각, 그중에서도 중심부 선진국 인간만이 중요하다는 오만과 편견을 경계한다. 인간은 누구나 자연 생태계의 일부이며 누구나 그 질서에 충실해야 한다. 만일 그 질서와 균형이 깨지는 순간 인간의 삶 또한 균형을 잃고 파멸의 길로 향하게 될 것이기 때문이다. 그래서 갈레아노는 인간과 대지(大地)의 관계를 설명하면서 인간과 자연의 화합의 당위성과 중요성을 강조한다. 대지의 생존권 보장이 곧 인간의 생존권 보장과 직결된다는 점을 역설한다. 인간의 정체성에 대한 새삼스러운 고찰이다. 그러나 대지와 자연에 대한 존중이 우리가 직면한 생태 문제 해결의 실마리가 될 것이라고 기대한 것이다.

이는 결국 지금까지 지녀 왔던 이원론적 세계관, 즉 인간과 자연의 이원화로 인한 폐해를 깨닫고 그 바탕에서 일원론적 세계관, 즉 인간과 자연의 조화를 회복해야 한다는 필요성의 절감이다. 탈(脫)인간중심주의적 세계관이다. 인간은 자연의 일부이며, 동시에 인간과 자연 사이에 조화와 균형을 이루며 살아갈 수밖에 없는 존재임을 인정하는 것이다. 인간의 욕망보다는 지구 생명의 영원성이 우선되어야 한다는 것이다. 인간, 자연, 우주가 조화롭고 유기적인 관계 속에서 서로 의존하는 세계, 이것이 바로 갈레아노의 생태학적 세계관이다. 만일 그렇지 않고 계속해서 자연 생태계가 위협받는다면 인간의 미래는 어떻게 될까. 갈레아노는 유까딴 반도의 재규어 사제가 받은 신(神)의 메시지를 인용해 경고한다.

개들이 주인들을 물어뜯을 것이다. 남의 옥좌에 앉은 사람들은 꿀꺽 삼켜서 포식한 것들을 모두 뱉어내야만 할 것이다. 꿀꺽 삼킨 것들은 너무 달콤하고 맛은 좋겠지만, 곧 토해내고 말 것이다. 약탈자들은 물가로 추방당할 것이다. 이제 인간을 게걸스럽게 먹어 치우는 자들은 없을 것이다. 욕심이 끝나는 그 순간, 세상의 모습이 자유로워질 것이고, 세상의 손과 발도 자유롭게 풀어질 것이다.

자연의 질서 파괴와 생태계 파괴의 결과가 결코 가볍지 않을 것임을 예언하고 있다. 인간의 탐욕과 포식성을 질타하고 있다. 그렇다고 해서 갈레아노가 자신의 글을 통해 혁명적이고 폭력적인 제안을 한 것은 아니다. 갈레아노는 소비 활동의 축소, 산업 유해 물질의 감소, 자연 자원 채취의 감축 등 실천 가능한 사고의 전환을 통해 지구인 전체가 지속적으로 발전 가능한 삶을 살 수 있는 방안을 제시했다. 그는 이 문제가 단순히 제안에 머물러서는 안 된다고 주장한다. 인류 모두가 반드시 실천해야 할 계율이 라는 것이다. 그래서 그는, 이제라도 신이 잊고 선포하지 않은 또 하나의 계명을 교회가 선포해야 한다고 주장한다. 그 계명은 다음과 같다. '너희 는 너희가 속해있는 자연을 사랑하라.'

갈레아노는 인간과 자연의 '지속 가능한 관계'가 지구의 미래를 위해 불가피하다는 점을 역설했다. 지구는 어느 누구의 소유도 아니며, 우리 는 후대들에게 좀 더 개선된 형태로 지구를 물려줄 의무가 있기 때문이다.

제 7 장

기후변화 대응을 위한
브라질의 농업 생태계 조성과 식량 안보

이미정

1 아마존 열대우림(아마조니아) 순환 시스템의 원리

세계의 허파라 불리는 아마조니아는 실제로 남아메리카 강수의 원천이다. 아마조니아는 650만 제곱킬로미터에 달하는 면적과 지구 전체 열대우림의 56퍼센트에 해당하는 삼림을 기반으로 남미 지역 기후를 유지해 주는 역할을 한다. 아마조니아에서 생성되는 습기는 남아메리카 대륙의 중남부 전체를 이동하면서 대기 중의 과다한 이산화탄소를 흡수하고 수증기를 운반하며 대서양에서 들어온 수증기와 대기 중 집적된 습기를 증발산하여 남미 대륙을 순환한다(Rocha, et al., 2015: 60-62).

세부적으로 아마조니아에서 생성된 습기의 일부는 높은 안데스산맥에 부딪혀 저제트기류(low-level jets) 형태로 안데스산맥 동쪽에서 플라타(Plata) 분지로 운반되며 플라타 강 유역의 강수량을 증가시킨다. 여기서 다량의 수증기가 활성화되면 상당량의 구름이 형성되어 수증기나 비의 형태로 남쪽으로 이동하는데, 이러한 피드백 시스템하에 이동하는 다량의 습기를 과학자들은 "대기의 강(Rios Atmosféricos)" 또는 "날아다니는 강(Rios Voadores)"이라고 부른다(Zorzetto, 2009: 04)

즉 아마조니아에서 만들어지는 습기의 흐름은 안데스산맥 동쪽에 위치한 브라질 중부, 남동부, 남부 그리고 플라타(Plata) 강 유역과 아르헨티나 북부까지 순환하면서 지구 표면과 대기 간 "습기 순환 시스템"을 만들어내는데, 이러한 경로는 남아메리카의 기후 조절은 물론 기온을 낮추는 생태계 서비스(serviços ecossistêmicos)역할을 한다(〈그림 1〉 참조).

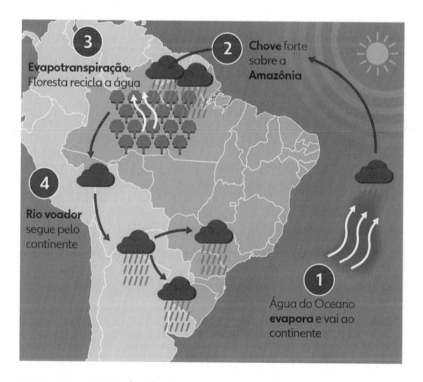

〈그림 1〉• 아마조니아의 "날아다니는 강"이 강수를 만들며 기후 조절을 하는 경로
출처: Nauara, 2023.09.30.

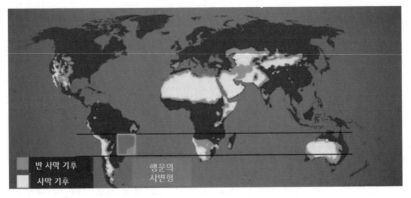

<그림 2> • 세계의 사막과 반사막 지역.
출처: Terra, 2021.03.18.

　이러한 맥락에서 아마조니아는 대기의 물 저장 기능은 물론 습기 순환 시스템을 통해 남미 대륙에 대규모 곡창 지대 조성에 크게 기여하는데, 그 대표적인 사례가 바로 "행운의 사변형" 지역이다. 이 지역은 남미 대륙이 같은 위도에 위치한 아프리카 대륙과 오세아니아의 사막 지대와는 매우 다른 기후대를 실증적으로 보여 주는 사례이다(〈그림 2〉 참조).

　특히 남미 대륙 중서부의 "행운의 사변형"으로 불리는 지역은 실제로 지구상 같은 위도에 있는 다른 대륙에서 흔히 나타나는 사막 지대와 달리 남미 대륙의 사막화를 최대한 면하게 하는 혜택을 받은 곳이다. 브라질의 경우 "행운의 사변형 지역"은 쎄하두(Cerrado)[1]에 해당하는데, 지형적으로 대규모 평지로 이루어지고, 강우량이 많아 대규모의 농·목축업 발달에 적합한 환경을 가지고 있다. 이 지역은 또한 브라질의 녹색혁명[2]이 시

---

1) 쎄하두는 아마존 열대우림 다음으로 브라질에서 두 번째로 넓은 면적을 가진 산림이며 다양한 식물군이 분포되어 있어서 복합 산림 지대라고도 한다(이미정, 2010: 81).

2) 녹색혁명은 현대적 공업화 기반에서 세계 공간을 대상으로 농업 차원의 대규모 제조 방

작되던 1970년대 이래 브라질 중서부 개발과 농업 성장에 크게 기여했다. 즉 쎄하두는 아마조니아가 만들어 낸 습기 순환 시스템의 혜택을 받는 지대로서 브라질 정부가 이를 활용하여 국가적으로 농업에 최적화시킨 삼림대이다.

2 기업농[3]과 외부 경제 체제 편입

기업농은 브라질 경제 성장에 매우 중요한 역할을 한다. 브라질 총생산에서 기업농 부문의 총가치는 GDP의 21.4퍼센트를 차지하며 기업농 부문에서 농업이 68퍼센트, 축산업이 32퍼센트를 차지한다. 특히 브라질 무역 흑자를 내는 품목의 절반이 기업농에서 비롯되는 효자 산업으로서 지난 40여 년 동안 농·목축업은 브라질이 세계적인 식량 공급 국가로 부상하는 계기를 마련해 준 산업이다.

기업농은 또한 농업 자체의 한 산업 부문뿐만 아니라 농산물 가공 부문과 그와 관련된 농자재와 농기계, 더 나아가 공급, 유통까지 포함한 포괄적 의미의 산업군으로서 브라질 내 전통적으로 이어 온 가족농과 다르며, 소규모 토지를 이용하는 집약적 농업과도 구별된다. 즉 집약적 농업이 중·소규모의 토지를 통해 최대의 효율성을 중요시한다면 기업농은 방대

식을 이식하는 과정이다. 녹색혁명이란 용어는 원래 1960년대 선진국 주도의 세계적인 농업의 현대화 확산 과정에서 나온 말로서 미국 국제개발처(USAID)에서 그 근원을 찾을 수 있다(Davies, 2003: 124).

3) 기업농이라 불리는 기업식 농업은 농업과 관련된 모든 사업 부문을 말하며 다국적 기업들이 주로 참여하는 것이 특징이다(이미정, 2010: 79).

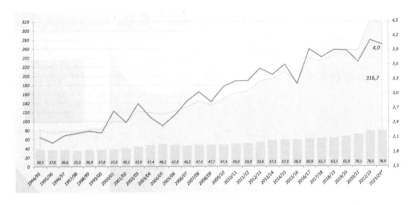

〈그림 3〉· 1994-2023년 브라질의 곡물 수확 증가 추이(단위는 생산: 백만 톤, 재배 면적: 백만 헥타르, 생산성: 톤/헥타르).

출처: Conab, 2023: 2.

한 토지를 이용해 규모의 경제를 추구하기 때문이다(이미정, 2010: 79-80)

　브라질은 지리, 역사적으로 열대 지역에 적응된 농업이 발달해 왔으며 이와 같은 지역 특유의 환경에 적합한 기술을 개발하고 기존 생산 방식을 보존하려는 의지와 책임 의식이 강하다. 특히 세계 원자재 시장을 겨냥하여 브라질의 농업은 외부 시장 변화에 민감하게 반응하고 기술 및 생산성 제고를 통해 수출 증가에 집중해 왔다. 무엇보다도 지난 50여 년 동안 농·축산물 생산은 브라질이 미래 식량 공급을 책임질 거대 공급 국가로 부상할 수 있도록 도와주었으며 이러한 추세는 계속해서 이어질 전망이다(CNA, 2020.07)(〈그림 3〉 참조).

　그러나 이러한 국가 경제에 긍정적 영향을 주는 농업 생산임에도 불구하고 기업농의 문제점은 조방적 농업 형태로 생산량 증가를 위해 농지 규모를 늘려야 한다는 것이다. 비록 기업농을 통한 생산성 향상은 가능하지만, 이러한 생산 방식은 일자리 창출은 물론 "토지 분배의 민주화" 실현이 어렵고 토지 소유의 집중화를 유발한다. 또한 외부 지향적인 산업의 특성으로 인해 국내 식량 공급 문제점을 간과하는 경향이 있다(Oliveira, 2020.06.05).

이러한 문제점을 해결하기 위해 브라질 기업농에 1990년대부터 자동 조정 장치와 같은 첨단 기술이 도입되어 대단위의 지도 제작과 함께 토양학, 생산성, 기상학 등의 조사, 농촌 좌표 참조법(Lei do Georreferenciamento Rural), 다양한 차원의 센서 이용, 정밀 농업(agriculutura de precisão), 다중 기준 분석(análises multicritérios) 등 시중에서 접근 가능한 기술들을 활용하기 시작했다. 무엇보다도 기술 플랫폼을 통해 국토 디지털 전환이 가능해졌고, 공정 내 유연한 기술 접목이 가능해져 대기업 외에 중·소규모의 생산자들도 사업에 참여할 수 있는 기회를 얻게 되었다(Cereda Junior, 2018: 106).

기후변화와 환경 훼손이 심각해지는 상황에서 기술 혁신은 산업의 경쟁력을 높이는 중요한 기반이 되고 있다. 특히 농업에서 효율성 위주의 생산이 본격화되면서 농토 규모 확대를 통한 규모의 경제만을 추구하는 기업농 방식은 환경 훼손과 자연 파괴의 주요인이 되고 있다. 이러한 위험성을 극복하려면 새로운 대규모 농지 개발 위주의 생산 방식에서 벗어나 중소규모의 농토나 기존의 농토만으로도 생산성 유지가 가능한 방식을 도입할 필요가 있다. 생태계 유지와 자연 파괴를 최소화할 수 있는 적합한 규모의 농지 활용을 통해 집중화의 폐단을 방지하는 방향이 순환할 수 있는 생산 환경을 구축하는 방안이라고 여겨지고 있다.

3 기업농 확장과 외생성 체화

기업농은 외부 지향적이다. 기업농의 생산 구조는 국제 시장, 무역, 세계 생산 시스템과 깊은 관계가 있고, 이러한 체계를 지원하는 다국적 기업이나 세계적 금융, 기술 연구 및 지원 단체들의 참여가 두드러지는 것이 특징이다. 무엇보다 대규모의 토지를 이용하여 내수보다는 수출 위주의 상품을 생산하는 체계로서 외부 수요에 따라 국내 생산이 결정되고, 이러한 결정에 의해 토지 개발이나 생산량이 조정되는 가운데 국내 소비자들에게 부정적 영향을 끼치기도 한다(이미정, 2010: 93).

실제로 농산물 원자재 생산이 활발히 진행된 지역은 쎄하두이다. 쎄하두는 브라질 중서부 일대와 북부지역 일부를 포함한 광활한 지역으로 아마존 열대우림 다음으로 넓은 면적을 차지하는 삼림대이다. 쎄하두는 개발이 가장 많이 진행된 남동부와 남부 지역과 연결되고, 1960년대 이후 산업화 확장과 오지 개발 정책에 힘입어 기업농이 이식되기 시작했다(〈그림 4〉 참조).

당시 브라질은 군사 정부에 의해 경제가 빠르게 성장하던 시기이고, 이러한 이유로 기업농의 이식은 브라질이 신흥 공업국으로 도약하던 시기와 맞물려 있다. 브라질 정부는 과밀 지역 해소와 오지 개발이라는 목표 아래 국토의 균형적 발전 대안 범위에 포함했고, 쎄하두는 이러한 경제 전략이 적용된 지역이다. 무엇보다 쎄하두는 브라질 중서부 및 아마조니아와 브라질에서 GDP 비중이 가장 높은 남동부와 남부 지역과 연결되는 중간에 위치하여 농지 개발을 통해 중서부 지역의 지리적 고립성을 해소할 것이라고 믿었다.

범례

□ 주

▨ 마또삐바 지역

■ 쎄하두 생물군계

500   0   500   1.000 km

Fonte: IBGE (2018); LAPIG Maps (2002);
Elaboração: BUSCA (2020).

〈그림 4〉· 쎄하두 생물군계 지역.

출처: Espaço e Economia, 2021.

그러나 실제로 쎄하두 지역 연결성을 해결하기 위한 인프라 구축은 제대로 이루지 못하고 항구와의 연결성이 미약하여 효율성 제고가 제대로 실현되지 못했다(〈그림 5〉 참조). 즉 기업농 내수가 아닌 수출 지향의 특징으로 국제 시장으로 연결되는 수송과 항만 인프라 체계가 잘 갖추어져야 하는데 아직도 제대로 된 체계가 자리 잡혀 있지 않아 높은 물류 비용을 치러야 하는 단점이 있다.

브라질 정부는 중서부 지역의 쎄하두를 개발하면서 광활한 영토를 통해 1차 산업에 한정된 농업 범위를 공업 부문과 접목한 농공업이라는 새로운 산업 범위로 확장하기 시작했으며 농업부 산하의 농·축산업 연구소

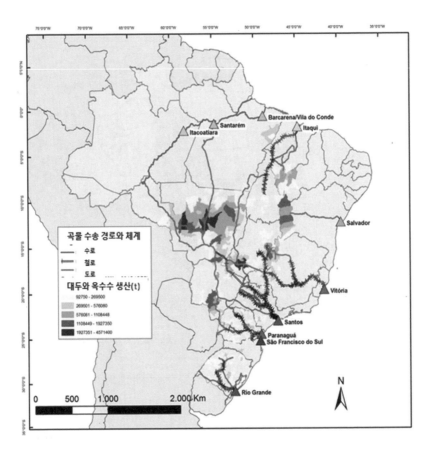

〈그림 5〉• 대두와 옥수수 생산과 주요 수출 경로(2015).
출처: Castro, 2019: 10.

엥브라빠(Empresa Brasileira de Pesquisa Agropecuária, Embrapa)를 중심으로 농업에 대한 연구와 투자를 적극적으로 수행했다. 이러한 과정을 통해 브라질의 농·목축업 생산 체인의 발전은 가속화되었고, 대규모 농산물 생산 체계가 체화되기 시작했다.

특히 대규모의 농업이 이루어지고 있는 쎄하두는 풍부한 습기와 함께 깊고 평평한 환경적 이점을 갖고 있는 데 반해 열대 기후 토양에서 흔히 발생하는 용탈과 라테라이트화로 인한 영양소 결핍으로 인해 비료 투입이 필요하게 되었다. 이렇게 비옥도가 낮은 토양의 단점을 극복하기 위해 비료 투입이 이루어졌고, 영양소를 공급을 통해 대단위의 농업 환경을 성공적으로 조성하게 되었다. 즉 아마조니아의 습기 순환 시스템을 통해 천혜의 관개 지역의 조건을 가진 쎄하두에서 기업농이 크게 발전하게 된 것이다.[4]

글로벌 농산물 원자재 시장은 기업농 체계를 지원하는 다국적 기업이나 세계적인 금융, 기술 연구 지원 시스템이 가동되고 대규모의 토지를 이용하여 각 국가의 내수보다는 수출 위주의 상품과 관련 있어 외부 수요에 의해 국내 생산이 결정되고, 이러한 결정에 따라 토지 개발 증감과 생산량을 조절하는 역학 관계가 있다(Embrapa, 2017.12.01). 이러한 맥락에서 브라질이 특화한 대표적인 농산물 품목은 대두, 옥수수, 사탕수수, 커피, 면화, 육류 등이 있으며 구조적으로 세계 생산 체인에 연결되어 있다.

또한 기존의 농지 외에 새로운 농지 개발이 진행되면서 1980년대부터는 마또그로스(Mato Grosso), 마또그로스두수우(Mato Grosso do Sul), 그리고 마또삐바(Matopiba) 지역(WWF, 2017.05.01.), 마랑영(Maranhão), 또깐찡스(Tocantins), 삐아우이(Piauí), 바이아(Bahia)로 확장되기 시작했다(IDACE, 2020.05.13)(〈그림 6〉 참조). 이러한 농지 확장은 반면 조방적 농업 형태의 단점을 보여 주는데 생산량 증가를 위해 농지의 규모를 계속해서 늘려야 하기 때문이다.

---

4) 용탈과 라테라이트화는 고온 다습한 열대 기후에서 흔히 일어나는 작용으로, 용탈은 지표수의 유거수에 의해 토양이 세척되어 비옥도를 떨어뜨리고, 라테라이트화는 토양에서 철이나 알루미늄의 수화산화물이 다량 축적되어 표면이 응고, 산성화되는 것을 말한다.

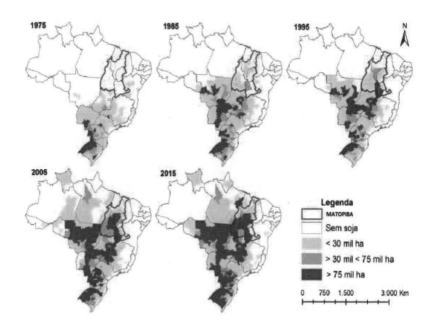

〈그림 6〉· 브라질 대두 재배지 확장 경로 1975-2015(진한 선: 마또삐바 지역).

출처: Boechat et. al., 2019: 100.

4 농지 개발과 아마조니아의 환경 변이

최근 10여 년 동안 아마조니아에 가뭄의 빈도와 주기가 늘어나고 있다. 아마조니아는 원래 열대우림 지역으로 건기에도 습도가 높은 편이나 최근 엘니뇨 현상[5]의 영향으로 아마조니아에도 가뭄의 빈도가 늘어나고 있다. 그러나 이러한 현상은 단순히 지구의 습기 분포 변화와 수온 상승과

---

5) '엘니뇨 현상'이란 적도 부근 태평양 해역에서 무역풍이 잦아들면서 태평양 중부 및 동부 해수면 온도가 과도하게 상승하는 현상을 말한다. 최근 '엘니뇨 현상'으로 지구의 평균 기온이 사상 최고치를 경신하며 지구 온난화 위기가 가속화되고 있는 추세다.

같은 외부적 요인뿐만 아니라 남미 대륙 내부적으로 지구온난화를 유발하는 여러 요인이 복합적으로 작용하고 있기 때문이라고 과학자들은 지적한다.

그중 가장 심각한 요인은 벌채로 인한 자연의 황폐화이다. 벌채로 인해 심하게 건조해진 열대우림이 건기 주기가 늘어나면서 강수량이 줄고 기온이 높아져 열대우림 사망률이 높게 나타나고 있다. 다시 말해서 기온이 상승하여 숲이 사라진 지역에 열대우림 본연의 특징이 사라지고 탄소 흡수 대신 배출 비율이 더 늘어나 기후변화를 일으키는 것이다. 즉 아마조니아와 쎄하두의 원시림이 벌채로 사라지면 습기 순환 시스템이 제대로 작동하지 않아 탄소 배출을 배가시키고 남미 대륙에도 온난화가 가속화되기 시작했다는 것이다.

최근 수십 년 동안 열대림을 제거하고 이를 농 목초지로 전환하기 위해 건기를 이용한 무차별적 화전이 진행되었다(〈그림 7〉 참조). 삼림 벌채가 원래 숲의 20-25퍼센트에 도달하면 아마조니아의 생태계가 더 이상 지탱할 수 없는 변곡점에 도달할 것이라는 예측한 브라질 기후학자 까를루스 노브리(Carlos Nobre)는 1990년대 이미 숲이 계속해서 손실되면서 자체적인 재생 능력을 잃어가고 있다고 분석했다. 그는 당시 벌채와 지구온난화가 아마조니아의 사바나화를 가져올 것이라 예견했으며 이는 실제 현실로 다가왔다. 현시점에서 많은 전문가는 아마존 열대우림의 벌채가 40퍼센트에 도달하여 변곡점이 되고 건기가 길어져 아마조니아가 더 이상 열대림 생태계를 지탱할 수 없을 뿐만 아니라 사바나 식생으로 변할 것이라고 예상하고 있다(Agência FAPESP, 2018.02.22).

가뭄과 폭염은 서로 연관 관계가 있다. 최근 10여 년 동안 아마조니아

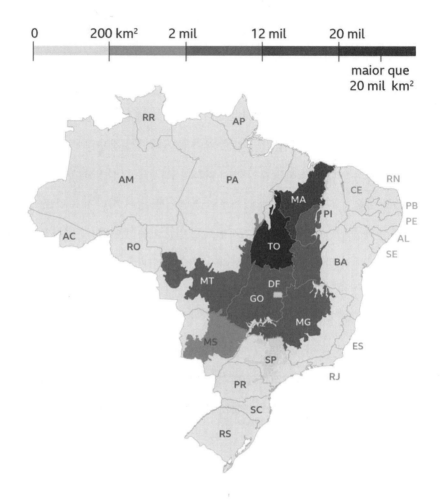

〈그림 7〉·쎄하두의 주(estado)별 벌채 증가(면적 기준).

출처: BBC Brasil, 2023.06.12.

의 화재로 가장 피해를 입은 지역은 마또그로쑤(Mato Grosso), 혼도니아(Rondônia), 빠라(Pará) 주이며 이들 지역은 높은 비율의 벌채가 진행되고 있는 "화전 지대(Arco de Fogo)"로 통하고 있다(〈그림 8〉 참조). 이들 지역은 불법으로 농산물 재배 면적을 늘리기 위해 사유지 숲에 불로 재배지를 청소하다가 통제할 수 없는 상황에 이르는 경우들이 빈번하다. 즉 농·목초지 조성을 위해 벌채와 화전 이용은 결국 아마조니아에서 벌어지고 있는 가뭄의 빈도와 장기화를 유발하는 중요한 요인으로 작용한 것이다.

또한 아마조니아의 가뭄은 해류로 인해 기후변화가 일어나는 엘니뇨 현상과도 관계가 있다. 최근 빈번해지는 기상 이변과 화재 확산으로 인해 아마조니아의 건기가 늘어나고 있는 가운데 아마조니아의 네그루(Negro) 강이 1902년 관측 시작 이래 가장 낮은 수위를 기록했으며 비슷한 현상이 아마존강 여러 지류에서 나타나고 있다.

기후학적 차원에서 엘니뇨 현상은 브라질에 지역별로 상이한 현상으로 나타나는데 아마조니아에서는 강우량 감소와 아마존강 수위 하락 현상이 나타나고, 남부 지역에서는 현저한 강우량의 불규칙성이 보이고 있다. 남미 대륙 서해안 해수의 증발로 구름 형성과 대기 불안이 잦아지면서 아마조니아의 가뭄이 발생하고 이러한 엘니뇨 현상 외에 북대서양의 비정상적인 수온 상승도 아마조니아 기후변화에 영향을 준다고 전문가들은 분석한다.

비록 브라질에서는 엘니뇨 현상의 영향이 정형적으로 나타나지는 않지만, 일반적으로 북부와 북동부 지역에서는 평균 이하의 강수량을 보이고 브라질 남부 지역에서는 평균 이상의 높은 강수량을 보인다(〈그림9 참조〉). 무엇보다도 특정 기간에 집중되는 과도한 강우량은 토양 침식을 일으키고 식물과 동물의 열 스트레스를 자극하여 농산물의 품질과 양을 감소시키는 등 농업 생산성을 떨어뜨린다. 이렇게 강수량 축소로 인한 아마조니아의 가뭄이 폭염으로 이어지는 관계를 지구온난화와 같은 선상에 놓고 보는 이유이다.

〈그림 8〉· 법정 아마조니아의 벌채와 농약 살포 지역.
출처: Freitas, 2021.11.16.

5 브라질 식량 안보의 지정학

브라질은 세계적인 식량 공급국이다. 대규모 농지를 이용하여 곡물
을 생산하는 기업농이 국제 농산물 원자재 시장에서 활동하고 있으며
국가 경제 측면에서 무역 수지 흑자를 창출하여 성장을 견인하는 중요

〈그림 9〉 • 브라질 북부와 북동부의 가뭄 현상.
출처: Poder 360, 2023.10.07.

한 역할을 한다. 제2차 세계대전 이후 세계 인구 급증에 대한 식량 부족에 대비해 식량 공급지 확보가 시급한 상황에서 브라질은 녹색혁명이 가져온 현대적 공업화 기반을 바탕으로 대규모 제조 방식을 이식하는 세계적인 기류에 편입했고, 오늘날의 기업농 기반을 마련했다(Brasil Escola, Revolução Verde).

기업농이 발달한 지역은 첨단 기술이 접목된 세계적 수준의 농업 기술이 활용되고 있으며 농업의 현대화를 선도하는 등 다양한 차원의 연구 개발과 생산 증대가 이루어져 왔다. 유전공학과 위성 영상이나 범지구 위성 항법시스템(Global Navigation Satellite System, GNSS) 디지털 전환(DT)과 같은 최신 기술들이 식량 생산 증가에 활용되는 이유도 기업농의 특징상

글로벌 시스템에 편입된 외부 지향적 특징 때문이다(Cereda Junior, 2018: 105-106).

무엇보다 기후변화에 대응하는 다양한 연구와 시도가 이루어지는 가운데 특정 유형의 토양과 기후에 적합하고 해충과 질병에 저항력 있는 종자 개발, 농약이나 비료, 농기구 등 기계의 사용이 확대는 기업농 확대를 통해 브라질은 다양한 상품과 서비스군에 참여할 수 있고, 새로운 기술 패러다임 편입에 유리한 위치를 확보했다(Davies, 2003: 124) 이러한 맥락에서 기업농은 브라질이 세계적 식량 안보 선진국으로 자리매김하는 데 크게 기여했다고 할 수 있다(〈그림 10〉 참조).

그러나 국내의 실질적 식량안보는 대외적 위상과 완전히 일치하지 않는 행보를 보이고 있다. 브라질 통계청(IBGE)에 따르면 브라질의 식량 안전 보장[6] 수치가 최근 5년 동안 하락세를 보이며 거주자 기준으로 약 7천만 명에 달하는 브라질 인구가 식량 불안의 영향을 받고 있다는 조사 결과가 나왔다. 이 조사에 의하면 브라질의 식량 불안도가 높았던 북부와 북동부 지역은 물론 상파울루(São Paulo) 주와 미나스제라이스(Minas Gerais) 주와 같은 브라질의 대표적인 경제 중심지인 남동부에서 극심한 식량 불안을 겪고 있다고 나타났다. 세계적인 식량 수출국으로서 미래의 식량 공급을 책임지는 브라질이 내부적으로는 식량 부족에 시달린다는 사실은 매우 아이러니하고 모순적으로 보여지는 부분이다(〈그림 11〉 참조).

식량 불안으로 발생하는 가장 극심한 수준인 만성 영양 실조는 2020-2022년 브라질 인구의 4.7퍼센트에 달했다. 이는 브라질에서 절대적 숫자

---

6) 브라질의 식량 안보 개념은 충분한 칼로리 섭취 보장과 영양 및 식량 지속 가능성을 포괄하며 생산 외 포괄적 관점까지 확대 해석할 수 있다.

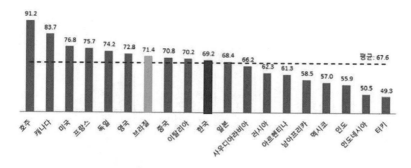

〈그림 10〉• 2022년 국가별 식량 안보 종합 지수.
출처: 박기락, 2023.01.18.

로 1,010만 명이 기아로 고통받고 있는 것을 의미한다. 이 데이터는 유엔
(UN) 산하 5개 전문 기구가 발표한 세계 식량 안보 및 영양 현황 보고서에
나온 결과로써, 연구에 따르면 브라질인 10명 중 1명(9.9퍼센트)은 2020년
부터 2022년 사이에 심각한 식량 불안을 겪었다고 나타났다. 더욱이, 인
구의 거의 3분의 1(32.8퍼센트)이 심각 또는 중간 정도의 식량 불안 범주에
포함되어 있으며, 이는 7,030만 명의 인구에 해당한다.

한 국가의 식량 안보는 국민의 건강을 보장할 수 있는 지속적인 대책
이 필요하며 식량에 대한 자급자족을 위한 안전 장치가 필수적이다(Saath
and Fachinello, 2018: 196). 기후변화가 급속도로 악화되는 현시점에서 식
량 안보 역시 환경 훼손 없이 생산과 공급의 선순환이 지속될 수 있는 틀
안에서 마련될 필요가 있다.

대부분의 선진국은 농업 정책에서 내수를 우선시하는 식량 안보에
철저한 대안을 마련하고 있다. 농산물 수출 규모가 큰 미국은 식량 안
보를 위해 브라질과는 상반된 방향으로 제도 정립을 해왔다. 농업법
(Agricultural Act)에 따라 농가 지원, 국민 영양 지원, 환경 보전 등 다양한

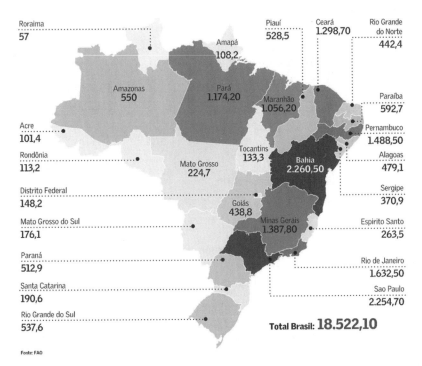

Total Brasil: **18.522,10**

Fonte: FAO

〈그림 11〉• 2023년 브라질 기근 지도. 브라질의 식량 불안 가구(단위: 1,000).

출처: Valor Econômico, 2023.07.13.

지원 프로그램을 마련하여 농업이나 국민의 식량안보를 철저히 관리하고
있다(이수환, 2017: 1-2). 특히 세계적 기후변화로 불확실성이 높아지는 추
세에서 세계무역기구(WTO)와 자유무역협정(FTA) 등을 통해 상황 변화
에 대비하는 대응 장치 마련을 강화하는 추세다.[7]

---

7) 미국의 경우 농지 면적이 국토 전체 면적에서 44.6퍼센트(2014년 기준)를 차지하고 총
   GDP에서 농업이 차지하는 비중이 1.1퍼센트 정도로 낮다. 미국의 농촌 인구는 201-202만 명
   으로 추산되고 미국 전체 인구의 1퍼센트 미만이 농촌에 거주하고 있다. 농산물 교역은 수
   출이 전체 수출의 2.2-2.8퍼센트를 차지하고 수입은 전체 수입의 0.9-1.4퍼센트 수준이
   며, 특히 옥수수, 대두 등의 곡물 생산량은 세계 상위 국가에 속한다(이수환, 2017: 1-3).

6 비료 공급 체인 불안과 식량 주권 극복 궤도

비료는 모든 작물 성장에 필수 영양소이고 식량 생산 환경 개선에 필요한 요소이다. 브라질 농업의 특성상 비료는 기업농의 중간 투입재(inputs)로서 토양에 영양소를 공급하여 생산성을 높인다. 무엇보다 브라질 토양은 미국이나 유럽과 같은 북반구 국가들과 달리 영양분이 결핍되어 비료 사용을 통해 비옥도를 높이는 특징이 있으며 비료 투입은 계속해서 증가하고 있다(〈그림 12〉 참조).

그러나 브라질은 농업에 쓰는 비료를 대부분 수입에 의존한다. 특히 수입에 의존하는 광물 비료는 농업 발전에 매우 중요하지만 생산 사슬 전체를 통해 생태적 피해를 유발하는 단점이 있다. 광물 채굴을 위해 광범위한 삼림을 벌채해야 하고 이러한 생산 과정은 지역의 생물 다양성을 파괴할 가능성이 매우 높다. 무엇보다 비료 제조 공정에서 발생하는 고체 폐기물과 함께 액체와 기체 유출물 생성이 증가하여 주변 지역을 오염시키는 등 광물질 비료는 암석 처리 과정에서 다양한 환경 오염 물질을 생성한다.

암석 처리 과정에서 폐기물 댐에 남아 있는 고형 폐기물이 토양과 공기를 오염시키고, 지하수와 관련된 수역도 오염시킬 수 있다. 또한 화학 물질과 산의 이용은 불소와 미립자 물질 및 황, 질소 산화물, 산성 증기를 포함한 잔류물을 생성하고, 산과 암모니아와 같은 액체 폐수는 유기물(질소, 인 및 칼륨) 함량이 높은 이유로 잘못 처리하면 강과 호수를 부영양화시킬 수 있는 등 광물 비료의 생산은 환경에 매우 치명적이다.

브라질에서 사용하는 비료 중 식물 영양에 가장 중요한 3대 영양소인 질소(N), 인(P) 칼륨(K)은 전통적으로 토양의 산도 조절과 보정 역할을 한

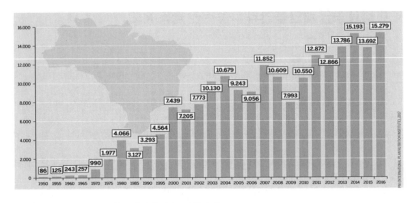

〈그림 12〉 • 1950-2016년 브라질의 비료 소비 증가.

출처: Rezende, 2020.01.15.

다. 질소는 천연 가스에서 추출하고, 러시아가 세계 2위의 생산국이자 최대 수출국이며, 인과 칼륨은 광물 제품으로 역시 러시아에 풍부하다. 브라질 농업 비용에서 비료의 비중이 30퍼센트를 차지하는 가운데 브라질은 농업을 위한 엄청난 비료 수요를 충당하기 위해 국내 생산 비용에 비해 훨씬 저렴한 수입으로 대체해 왔다. 이러한 차원에서 지난 20년 동안 국내 소비된 N·P·K의 양은 연 5.4퍼센트 증가했고, 최근 몇 년 동안 계속되는 수입량 증가와 함께 수입선 다변화를 위해 노력하고 있지만 러시아에 대한 수입의존도는 아직도 높게 나타난다(〈그림 13〉 참조).

　이러한 이유로 러시아의 우크라이나 침공 이후 세계 비료 공급망 체계가 흔들리면서 브라질은 20년 이상 유지해 온 비료 공급망 체계 재편에 직면하게 되었다. 브라질이 지리적으로 전쟁에 연루될 직접적인 위험은 없지만 비료 공급국에 의존하는 비료 수입국으로 세계 비료 생산 사슬 구조에서 지정학적으로 불리한 위치에 있기 때문이다. 특히 세계 제1의 광물질 수출국인 러시아가 미국의 경제 제재에 놓이면서 브라질의 수입이 어

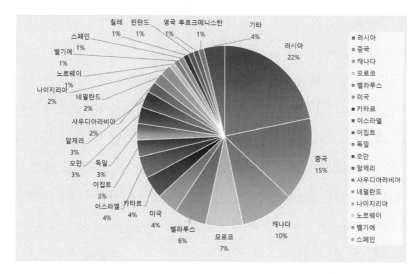

〈그림 13〉・2021년 브라질의 질소, 인, 칼륨 비료 수입 비중.

출처: 이미정, 2022.06.14.

려워지고 가격이 폭등함에 따라 브라질은 비료 생산을 국내에서 다시 시작해야 한다는 여론이 우세하다.

미셰우 테메르(Michel Temer)와 자이르 보우소나루(Jair Bolsonaro) 정부 동안 브라질에서 가동하던 세 개의 페트로브라스(Petrobras) 비료 공장을 폐쇄하면서 러시아 비료에 대한 브라질의 의존도는 더욱더 높아졌다. 브라질 비료보급협회(ANDA) 데이터에 따르면 2020년에 브라질 농부들이 사용하는 비료의 약 84퍼센트가 수입되고, 2022년 말에는 85퍼센트로 증가했다.

비료 수입 증가와 농업 비용 상승은 '식량 주권'과 관계 있다. 러시아의 우크라이나 침공 직전 보우소나루 전 대통령이 블라디미르 푸틴(Vladimir Putin) 러시아 대통령 방문 당시 러시아와 우크라이나에 대해 일정한 "균형" 유지를 담보로 자세를 낮춘 것도 바로 이 같은 러시아에 대한 비료 의존 관계 때문이다.

비료의 수입 의존도가 심화되어 감에 따라 브라질 연방 정부는 대응 방안으로 2022년 3월 비료 수입 의존도를 줄이기 위한 전략으로 국가비료계획(Plano Nacional de Fertilizantes, PNF)을 발표하면서 기업농 발전을 위한 대응책을 마련하기 시작했다. 이 계획의 취지는 브라질 내 비료 산업 육성을 위해 산업 부문의 복잡성을 고려하여 생산 사슬의 주요 주체들과 핵심 과제ㅡ전통 산업, 농촌 생산자, 신기술, 광물 투입재, 혁신, 환경 지속 가능성ㅡ를 중심으로 향후 28년간(2050년까지) 비료 문제 해결 방안을 마련하려는 것이다. PNF는 또한 외부 의존도를 줄이기 위해 신기술이 접목된 새로운 상품 개발 범위에 유기 광물과 유기 비료 및 농업용으로 사용 가능한 부산물, 생체 분자, 나노 물질 등을 포함시키고, 생산 사슬 확대와 심화 계획도 마련하기 시작했다.

브라질은 전통적으로 세계적인 경제와 과학기술 패러다임의 흐름 속에서 산업을 발전시켰고, 농업 역시 그러한 선상에 있다. 대규모 토지를 이용한 기업농 형태의 농공업 패턴 이식과 같이 브라질은 외부 시스템에 편입하는 외생성(exogeneidade)이 강한 국가인 것이다. 이러한 맥락에서 브라질의 기업농이 내부적으로 일어나는 자연 고유의 환경 변화에 민감하지 않은 부분도 그 이유에서이다.

아마조니아와 같은 천혜의 자연으로 축복받은 환경을 지닌 국가임에도 브라질은 국가 차원에서 자체적인 자연 보전 정책을 주도하기 어려운 처지에 있다. 국내 생산 체계는 외부와 연결되어 있고, 자생적으로 생존하는 천연자원의 한계는 외부의 경제 상황과 맞물려 있어 글로벌 기류에 영향을 주고받는 역학 관계에 있다. 세계 경제 패러다임에 편입한다는 것은 국내의 생산 체계가 세계적 산업 체계에서 움직인다는 뜻이고, 이러한 체계는 국내 생산 환경 보존과 자생력을 지키는 데 어려움으로 작용한다.

농업 전문가들에 따르면 브라질에서 경작지 개척은 한계에 다다라서 더 이상 새롭게 개발할 땅을 찾지 말아야 한다고 조언한다. 이미 개발된 농지는 보존하며 훼손하지 말고, 생산성 제고는 기존의 농지로도 충분하다는 것이다. 브라질은 자생적으로 기근 문제를 해결하고도 남을 만한 농지를 가지고 있음에도 성장이라는 명목으로 내실만을 다지기 어려운 처지에 있다. 기업농이 수출 지향의 생산성 제고를 추구하는 특징을 갖고 있지만 지속 가능한 생산 기반 구축을 위한 국가적 범위의 생태계 유지가 필요하다.

환경 변이는 생태계 순환의 훼손에서 비롯되고 농업 생태계도 이러한 범주에서 움직인다. 개발로 인한 자연 파괴가 계속된다면 생태적 대전환 없이 미래의 생존은 농업에서도 보장되지 않을 것이다. 인위적으로 파괴된 생태·환경이 더 이상 회복할 수 없는 임계점에 도달하기 전에 문제점 개선이 절대적으로 필요하다. 특히 기업농을 중심으로 대규모의 삼림 파괴가 거침없이 진행되던 선례를 반복하지 않기 위해 자연 파괴를 최소화할 수 있는 적합한 규모의 농지 조성과 함께, 지역 특유의 순환이 가능한 생산 환경 확립이 절실한 때다.

아마존 열대우림에 위치한 포르토벨호 지역에서 산불과 초미세먼지의 특성 연구*

장유운

* 이 글은 *Sustainability* 15권 18호에 실린 필자의 논문을 수정·보완한 것이다.

1 들어가며

아마존에서는 열대 우림을 목초지와 농지로 개간하기 위해서 매년 건기에 연례적으로 산불이 발생하고 있다(Olson et al, 2023). 아마존 열대우림은 온실가스를 흡수하여 기후변화 완화에 중요한 역할을 하지만, 산불에서 발생하는 탄소 에어로졸은 생태계와 기후변화에 악영향을 끼친다. 기후변화로 가뭄이 증가하고 건기가 길어지면서 아마존에서 산불도 더 많이 발생할 수 있다(Yuan et al., 2022). 산불로 인해 발생하는 초미세먼지는 화석연료에서 발생하는 초미세먼지보다 건강에 더 많은 피해를 끼치는데, 산불이 증가할수록 대기의 초미세먼지도 증가한다(Aguilera et al., 2021; Childs et al., 2022).

산불은 시민들의 건강과 관련하여 심혈관 질환, 호흡기 질환, 면역력 약화 그리고 다양한 암 발생의 원인이 되고, 성인의 인지도에도 영향을 끼친다(Cleland et al., 2022; Zhou et al., 2021; Ma et al., 2023). 브라질 중서부 지역에서 산불 관련 질환의 사망자와 암 환자가 더 많이 발생했고(Butt et al., 2021; Ye et al., 2022; Yu et al., 2022), 산불로 인한 초미세먼지에 노출된 학생들의 혈액에서 심혈관 질환과 관련된 화학성분이 검출되었다(Sørensen et al., 2003). 브라질 아크레(Acre) 주의 주도인 리오 블랑코(Rio Blanco)에서는 고농도 초미세먼지 발생 시 호흡기 관련 병원 방문이 증가했다.

일반적으로 도시에서는 대기 오염 물질의 특성과 배출원을 규명하기 위해서 실시간으로 질소산화물, 황산화물, 일산화탄소, 오존 초미세먼지, 미세먼지와 같은 대기 오염 물질을 관측하는 정규 측정소를 운영한다. 상파울루 주의 경우 상파울루 시를 포함하여 40곳 이상의 정규 측정소가 운영되고 있다. 그러나 아마존 열대우림에서는 산불이 2012년부터 2019년까지 30퍼센트 증가했지만(Butt et al., 2021), 대기 오염을 관측하는 정규 관측소가 없으며, 산불 기간에 발생하는 고농도 초미세먼지를 연구하는 사례도 부족한 실정이다.

산불 발생 지역에서 초미세먼지를 측정하는 정규 측정소가 없는 경우 인공위성에서 측정한 에어로졸(Aerosol Optical Depth) 자료를 이용하여 초미세먼지 농도를 추정할 수 있다(Cleland et al., 2022; Preisler et al., 2015; Zhang and Kondragunta, 2021). 브라질 혼도니아(Rondonia) 주의 주도인 포르토벨호(Porto Velho) 지역에서도 2012년 삼바 캠페인(SAMBBA Campaign) 기간에 항공 관측과 지상 관측 그리고 인공위성을 이용한 연구가 있었다. 이 연구에서는 산불로 인한 초미세먼지가 시민들의 건강에 영향을 끼칠 수 있기 때문에 지속적 관측의 필요성이 제시되었다. 그러나 인공위성 측정은 하루에 두 번만 측정이 가능하고, 구름이 껴 있을 경우는 자료 분석이 어려운 단점이 있다. 그래서 최근에는 저비용 센서를 이용한 간이 측정 장비를 이용하는 사례가 증가하고 있다. 산불 발생 지역에 정규 측정소가 있더라도 공간적으로 산불의 영향을 평가하기에는 측정소가 매우 부족하기 때문에 저비용 센서를 이용한 간이 측정 장비를 대량으로 설치하여 산불에서 발생하는 초미세먼지의 특성을 연구하기도 한다(Barkjohn et al., 2021; Coker et al., 2022; Raheja et al., 2022). 아르돈-드라이어 연구팀(Ardon-Dryer et al., 2020)은 산불 지역에서 정규 측정 장비와 간이 측정 장비로 측정한 초미세먼지의 결과 비교에서 상관성이 높은 것을 확인했다.

지속가능발전목표(SDGs)의 세부 목표인 11.6.2에서는 시민들이 초미세먼지의 환경 기준에 적합한 깨끗한 공기를 마실 수 있도록 규정하고 있다. 현재 아마존 열대우림에서는 건기에 산불에서 발생하는 초미세먼지는 원주민들의 건강을 위협하고 있다. 실제로 아마존 지역에서 산불로 인해 발생하는 다량의 산불이 아마존 열대우림의 삼림에 침착하는 연구가 있었다. 이것은 아마존 지역에 거주하는 원주민들의 건강에 영향을 끼칠 수 있어서 초미세먼지의 평가가 필요하다는 것을 의미한다. 또한 초미세먼지의 저감 정책을 수립하기 위한 배출원 규명 연구도 따라야 한다.

2 측정 자료와 기상 자료 그리고 배출원 분석 방법

1) 간이 측정 장비를 이용한 측정 자료

아마존 열대우림에서 초미세먼지 측정 사례는 아마조나스(Amazonas) 주에서 2008-2012년과 2016년 그리고 혼도니아(Rondonia) 주에서

2009-2012년에 대기 오염 물질을 포집하여 분석한 사례가 있었다(〈표 1〉). 분석 사례에서 보듯이 측정 연도가 오래되었고, 오염 물질 포집 시간도 1일에서 5일에 이르러서 초미세먼지의 특성을 이해하기에는 자료의 정보가 부족한 실정이다.

〈표 1〉• 브라질의 아마존 열대우림에서 초미세먼지 측정 사례.

측정소	측정 기간	출처
아마조나스 주의 마나우스 시	2008-2012	Artaxo et al., 2022
혼도니아 주의 포르토벨호	2009-2012	Artaxo et al., 2022
아마조나스 주의 이란두바	2016	Fernandes et al., 2020
아크리 주의 리오 블랑코	2018-2019	Coker et al., 2022
혼도니아 주의 포르토벨호	2020-2022	본 연구

2018년에 아크레 주에서 처음으로 간이 측정 장비를 설치했으며, 2022년 기준으로 40곳에서 확대·운영되고 있다. 저비용 센서를 이용한 간이 측정소는 전문 인력이 관리하지 않아서 자료의 연속성이 부족하고, 관측 횟수도 분석 기간 대비 70퍼센트를 충족하지 못하는 사례가 많은 실정이다. 2020년, 2021년, 2022년의 경우 70퍼센트 이상의 관측 자료가 확보된 측정소 비율은 85퍼센트, 58퍼센트, 45퍼센트 수준으로 매년 감소했다.

2018년부터 2022년까지 측정소를 정상적으로 운영해 온 아크레 주에 위치한 UFAC 측정소의 시계열 분석과 월평균 분석에서 초미세먼지는 건기인 7월부터 10월까지 고농도로 분포하는 특성을 나타내었다(〈그림 1〉).

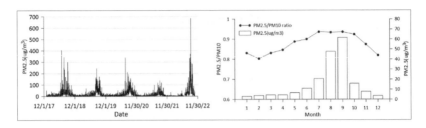

〈그림 1〉· 아크레 주의 UFAC 측정소에서 관측한 초미세먼지 실시간 측정 결과.

출처: 장유운.

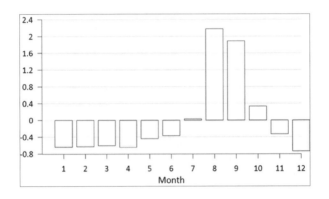

〈그림 2〉· 2022년 아마존 지역의 월별 초미세먼지 평균 농도 표준화.

출처: 장유운.

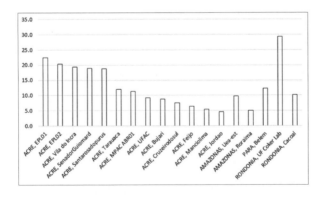

〈그림 3〉· 2022년 아마존 지역에서 간이 장비로 측정한 초미세먼지의 연평균 농도(μgm^{-3})분포.

출처: 장유운.

2022년도에는 40개 측정소 중 자료 활용이 가능한 17개 측정소를 대상으로 표준화했을 때, 7월부터 10월까지 초미세먼지 농도가 평균보다 높게 평가되었다(〈그림 2〉). 2022년도에 간이 측정 장비로 관측한 초미세먼지 농도는 17개 측정소 중 혼도니아 주에 위치한 측정소(UF Coker Lab, UCL)에서 가장 높게 관측되었다(〈그림 3〉).

2) 대상 지역과 자료 검증

브라질 혼도니아 주에 위치한 포르토벨호 지역의 초미세먼지 측정은 2020년부터 시작되었고, 2022년까지 계속되었다. 이로써 산불로 인한 초미세먼지 발생원을 평가하기 위한 필수적인 자료가 확보된 지역으로서, 이 연구에서는 해당 지역을 대상지로 선정했다.

이 연구에서는 퍼플에어(PurpleAir)에서 개발한 저비용 센서를 장착한 측정 장치(Low-cost sensor, PALCS)로 관측한 시간 단위의 초미세먼지 데이터를 활용했다. 이 저비용 센서는 다양한 종류의 미세먼지($PM_{1.0}$, $PM_{2.5}$, PM_{10}) 농도를 측정할 뿐만 아니라, 여러 크기의 미세먼지 입자(0.3, 0.5, 1.0, 2.5, 5.0, 10.0 um) 수를 측정하며, 온도, 상대습도, 기압 등의 기상 요소도 관측한다. 측정 장비의 데이터 검증을 위해 두 개의 채널(A, B)에서 동시에 같은 데이터를 측정한다.

보통 간이 측정 장비의 데이터 검증은 정규 측정소의 초미세먼지 데이터와 비교하여 이루어지지만, 아마존 열대우림에는 정규 측정소가 부재하여 A와 B 채널에서 측정한 초미세먼지 데이터를 비교 검증했다. 미국 환경청(U.S. EPA)에서 권장하는 방법에 따라, 두 채널에서 동시에 측정된 초미세먼지 농도의 차이가 기준(5 μgm^{-3}) 이내인 자료만을 분석에 활용했다. 이로써 98.5퍼센트의 데이터를 활용했으며, A와 B 채널 간의 초미세먼지 상관성은 매우 높은 수준(R^2=0.98)을 보였다.

이전 연구에서는 퍼플에어의 간이 측정 장비 결과가 정규 측정소 결과보다 상대적으로 높게 분포하는 경향이 있었다. 이 연구에서는 상대습도를 이용하여 초미세먼지 농도를 보정했고, 이에 따라 초미세먼지 농도가 평균 32퍼센트 낮아지는 것으로 평가되었다.

3) 기상 자료와 산불 자료

산불로 인한 초미세먼지가 대상 지역에 미치는 영향을 평가하기 위해서는 기상 자료를 활용해야 한다. 포르토벨호 지역은 혼도니아 주의 주도이기 때문에 브라질 정부의 기상 측정소가 운영되고 있다. 그러나 공개된 2020년부터 2022년 동안의 기상 자료는 측정 오류로 인하여 사용할 수 없어서, 대안으로 타임앤데이트(timeanddate) 사에서 제공하는 풍속, 풍향, 가시도, 상대습도 자료를 이용했다. 산불 연기의 수직 확산과 관련된 혼합고(mixing height)는 미국 해양 대기청(NOAA)에서 제공하는 하이스플릿 4(Hysplit 4) 모델로 산출한 자료를 이용했다.

산불 자료는 브라질 국가우주연구소(INPE)에서 운영하는 웹사이트(BDQEUMADAS)에서 다운로드할 수 있다. 이 웹사이트는 과학·기술 혁신부에서 운영하며, 데이터는 375미터 해상도의 가시적외선이미지센서(VIIRS) 데이터세트를 기반으로 한다. VIIRS 데이터는 개선된 고해상도를 가진 광학 센서로, 현재 750미터와 350미터 공간 해상도로 화재를 감지하는 자료를 산출하고 있다. 특히 375미터 해상도 자료는 더 작은 산불까지 감지할 수 있는 높은 감도와 빠른 감지 속도가 장점이다. VIIRS는 적외선 및 가시광선 영역에서 지구 표면을 감지하고 관측하는 데 이용된다. 웹사이트를 통해 제공되는 VIIRS 데이터는 과학적 연구, 환경 모니터링, 재해 예방 등 다양한 분야에서 활용된다. 이 연구에서는 브라질, 볼리비아, 파라과이, 아르헨티나에서 발생한 2020년부터 2022년까지의 산불 자료를 이용했다.

4) 공기의 역궤적 분석

아마존 열대우림에서 산불은 대량으로 발생하고 있으며, 기상 조건에 따라 풍하 지역에 산불로 인해 발생한 오염 물질이 영향을 끼칠 수 있다. 이렇게 장거리 이동하는 오염물질을 평가하기 위해서 공기의 역궤적(Back trajectory) 분석을 실시했다. 측정 지역에서 500미터 상공으로 유입하는 매시간의 공기 역궤적을 72시간으로 평가했다. 미국해양대기청의 역궤적 분석 프로그램인 하이스플릿 4 모델을 적용했으며, 모델에 적용한 기상 자료는 0.25도 격자로 구성된 전 지구 예측 모델로 산출한 자료(GFS)를 이용했다.[1]

측정 지역에 유입하는 공기의 역궤적 자료와 초미세먼지 농도를 이용하여 장거리 오염원을 평가할 수 있다. 이 연구에서는 확률적으로 배출원 가능성이 높은 지역을 평가할 수 있는 모델(PSCF)을 적용했다. PSCF 모델은 특정 농도 이상의 초미세먼지 농도에 영향을 줄 수 있는 역궤적 자료를 분석하여 배출원의 영향을 확률적으로 평가할 수 있다.

---

1) https://www.ready.noaa.gov/hypub-bin/trajtype.pl?runtype=archive

3 연구 결과

1) 측정소 주변 산불 발생 특성

포르토벨호 지역이 위치한 아마존 중서부 지역에서 초미세먼지 발생의 80퍼센트는 산불에 기인하는 것으로 알려져 있다. 〈그림 4〉는 건기인 7월부터 10월까지 포르토벨호 지역에 위치한 측정소에서 반경 30킬로미터 이내에 발생한 산불 특성을 나타내는 것이다. 2012년부터 2022년까지

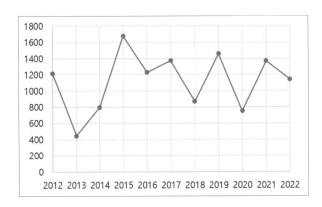

〈그림 4〉· 2012-2022년 산불 발생 기간(7-10월) 동안 포르토벨호 측정소에서 반경 30킬로미터의 산불 발생 횟수.

출처: 장유운.

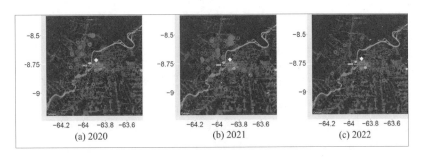

〈그림 5〉· 2020-2022년 8월에 포르토벨호 측정소 주변 30킬로미터의 산불 발생 분포.

출처: 장유운.

건기 동안 연평균 1,121회의 산불이 발생했고, 특히 8월에는 평균 471회로 산불이 가장 많이 발생했다. 〈그림 5〉는 2020년부터 2022년까지 산불 발생이 가장 심각한 8월에 산불이 발생한 지역을 나타낸 것이다.

2) 측정소 주변의 바람 영향

산불의 영향은 풍향과 풍속에 영향을 받게 된다. 포르토벨호 지역에서는 산불 발생 기간 동안 북풍과 남풍이 각각 28.4퍼센트와 16.4퍼센트로 가장 많이 발생했다(〈그림 6〉). 풍속은 동풍 계열에 비해 서풍 계열의 풍속이 낮게 관측되었다(〈그림 7〉). 따라서 초미세먼지 농도는 풍속이 약한 서풍과 북서풍에서 각각 $37\mu gm^{-3}$과 $36\mu gm^{-3}$으로 높게 관측되었고, 남동풍과 남풍에서 $26\mu gm^{-3}$과 $28\mu gm^{-3}$으로 낮게 관측되었다.

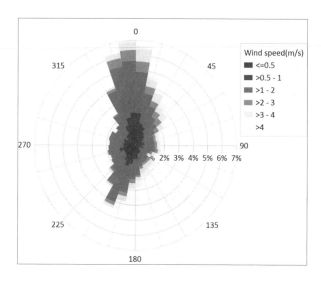

〈그림 6〉・포르토벨호 지역의 풍향과 풍속 특성.

출처: 장유운.

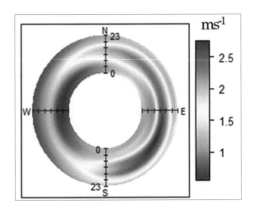

〈그림 7〉• 풍향과 풍속의 일변화.

출처: 장유운.

대기질지수(AQI)에 따른 국지적 오염물질의 발생 특성도 초미세먼지가 '좋음' 지수일 때는 남풍의 강한 풍속이 유입될 때 관측되었고, '나쁨'과 '매우 나쁨' 지수는 북풍 계열의 약한 풍속일 때 발생하여서 측정소와 가까운 북부 지역의 영향이 있었고, '위험' 지수는 바람이 정체될 때 관측되었다(〈그림 8〉).

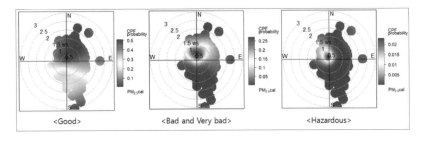

〈그림 8〉• 대기질 지수에 따른 초미세먼지의 발생 특성.

출처: 장유운.

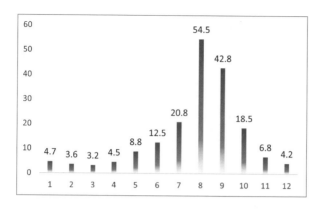

〈그림 9〉· 2020-2022년 동안 포르토벨호 지역에서 초미세먼지의 월평균 농도(μgm^{-3}).

출처: 장유운.

3) 초미세먼지의 연, 월, 일별 특성

포르토벨호 지역에서 2020년부터 2022년까지 초미세먼지의 평균 농도는 17.7μgm^{-3}으로 브라질의 연평균 기준인 17μgm^{-3} 수준으로 평가되었다. 이 지역에서 산불 발생 기간(7-10월)의 초미세먼지 평균 농도는 34.2μgm^{-3}으로 우기(1-5월, 12월)보다 7배 높게 분포했다(〈그림 9〉). 특히 8월에는 평균 농도가 54.5μgm^{-3}으로 가장 높게 분포했고, 100μgm^{-3} 이상의 고농도는 25퍼센트 이상 발생했다.

초미세먼지의 일 변화는 우기와 산불 기간 사이에 명확한 특징을 보였다(〈그림 10a〉). 우기 동안 최대 농도는 밤 8시에 발생했으며, 최소 농도는 오전 6시에 관측되었다. 이와 대조적으로 산불 기간에는 낮 동안 초미세먼지 농도가 낮았지만, 새벽부터 오전 7시까지 농도가 일일 최대치에 이르렀다.

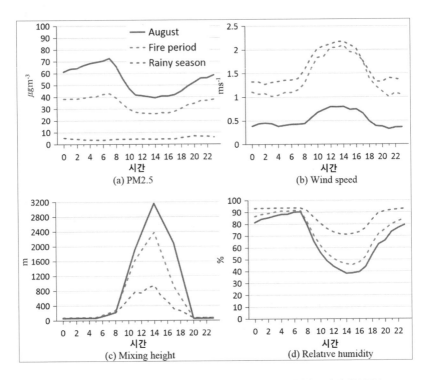

〈그림 10〉 • 포르토벨호 지역에서 초미세먼지, 풍속, 혼합고, 상대습도의 일변화 특성.

출처: 장유운.

산불 기간 동안 초미세먼지 농도의 일 변화는 풍속과 혼합층의 일 변화 특성과 상관관계가 있었다. 낮 동안 풍속이 증가하고 혼합층이 높아짐에 따라 초미세먼지 농도는 확산과 희석으로 인해 감소했다(〈그림 10b〉, 〈그림 10c〉). 그러나 저녁 6시부터 혼합층이 낮아지고 풍속이 약해지면 초미세먼지 농도가 상승하는 경향을 보였다. 저녁 8시에는 혼합층이 70미터로 감소하면서 농도가 증가하여 다음 날 아침 7시까지 상승 추세가 계속되었다.

낮 동안 산불로 인해 상층 대기로 유입된 연기 구름이 저녁에 혼합층이 감소하고 농도가 증가하여 포르토벨호 지역의 대기질에 부정적인 영향을 끼칠 수 있다. 우기와 산불 기간 동안 초미세먼지 평균 농도는 각각 $4.8\mu gm^{-3}$ 및 $34.2\mu gm^{-3}$이었다. 산불 기간에 높아지는 혼합층이 농도를 감소시킬 수 있지만, 증가한 산불은 농도를 증가시킬 수 있다.

8월에는 평균 풍속이 우기와 비교하여 67퍼센트 감소했으며, 최대 및 최소 풍속은 각각 63퍼센트 및 48.5퍼센트 감소했다. 풍속의 감소로 인해 수평 확산이 최소화되어 초미세먼지 농도가 상승했다. 또한 포르토벨호 지역의 상대 습도는 오후 우기에 비해 산불 기간에 평균 27.2퍼센트 낮아져 산불이 발생하기에 더 적절한 조건을 제공했다(〈그림 10d〉).

4) 장거리 오염원의 영향

고농도 초미세먼지 특성을 이해하기 위해서 외부에서 영향을 끼칠 수 있는 장거리 오염원의 영향을 분석했다. 아마존 열대우림에서 산불로 인해 발생하는 초미세먼지는 수평 거리로 수백 킬로미터까지 영향을 줄 수 있다(Prist et al., 2023). 그리고 산불 연기는 2,500미터까지 상승할 수 있으며, 기상 조건에 따라 풍하 지역의 초미세먼지 생성에 영향을 끼칠 수 있다(Gonzalez-Alonso et al., 2019). 공기 역궤적 분석법은 산불에서 발생한 초미세먼지가 수평·수직 이동을 통하여 대상 지역에 얼마나 기여하는지를 평가하는 데 이용할 수 있다(Ahangar et al., 2021; Schneider et al., 2021). 이 연구에서는 하이스필릿 4모델을 적용하여 산불 기간(7-10월)에 이 지역으로 유입하는 시간별 공기의 72시간 역궤적을 분석했다. 결과적으로 동풍 계열, 남동풍 계열, 남풍 계열의 다양한 지역에서 공기가 유입하는

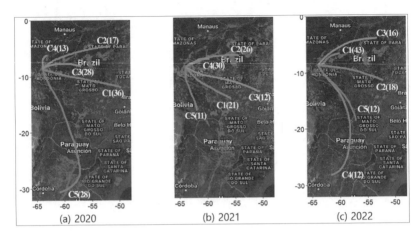

〈그림 11〉・산불 기간(7-10월)에 72시간 동안 역궤적 분석과 8월 산불 발생 지역.

출처: 장유운.

것을 확인할 수 있었다(〈그림 11〉).

　역궤적 분석을 바탕으로 대기 오염 물질의 장거리 오염 물질의 영향을 분석하기 위하여 모델(PSCF)을 사용했다. PSCF 모델은 고농도 오염 물질의 발생이 가능한 지역을 평가하는 데 이용된다. 이 연구에서는 브라질의 초미세먼지 기준인 $60\mu gm^{-3}$ 이상의 고농도 초미세먼지가 발생할 가능성을 평가했다. 결과적으로 아마조나스 주와 빠라(Pará) 주 그리고 마토 그로쏘(Mato grosso) 주에서 발생하는 산불이 포르토벨호 지역에 영향을 끼칠 가능성이 큰 것으로 평가되었다(〈그림 12〉).

5) 엘니뇨의 영향

　2020년부터 이례적으로 발생한 장기간의 라니냐 영향으로 2023년에

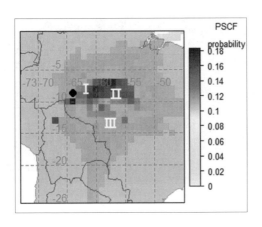

〈그림 12〉・장거리 오염원의 영향 평가(I: 아마조나스 주, II: 빠라 주, III: 마토 그로쏘 주).

출처: 장유운.

1950년 이후 네 번째로 강력한 엘니뇨가 발생했다. 엘니뇨의 영향으로 아마존 북부 지역에는 건기 동안 가뭄이 지속되었다. 가뭄이 심각한 지역인 아마조나스 주 마나우스(Manaus) 지역의 산불 발생을 분석하기 위해서 미 항공우주국(NASA)의 산불 자료를 활용하여 측정소 반경 200킬로미터의 산불 발생 사례를 분석했다(〈그림 13〉). 2012년부터 2023년 10월까지 연간 산불 발생은 강력한 엘니뇨가 발생했던 2015년과 2023년에 다른 기간에 비하여 3배 높게 발생했다. 인위적으로 발생하는 산불 이외에도 자연적으로 발생하는 산불의 영향을 고려하면, 풍하 지역에 위치한 포르토벨호에서 대기 오염 물질의 상시 관측을 위한 정규 측정망의 운영이 더욱 필요할 것으로 사료된다.

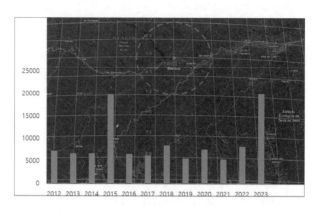

〈그림 13〉• 마나우스 지역의 반경 200킬로미터 내의 연간 산불 발생 현황.

출처: 장유운.

4 나가며

아마존 열대우림의 중서부에 위치한 포르토벨호 지역에서 산불 기간 (7-10월)에 초미세먼지의 농도 특성과 산불의 영향을 평가했다. 2020년부터 2022년까지 이 지역의 초미세먼지의 농도는 $17.7\,\mu gm^{-3}$으로, 브라질의 연간 환경 기준 수준이었지만, 산불 기간에는 $33.8\,\mu gm^{-3}$으로 증가했다.

7월부터 10월까지 산불 발생이 증가하면서, 혼합고와 풍속의 변화가 있었으며, 혼합고가 증가하는 주간에도 산불 연기가 유입되어 초미세먼지 농도가 상승했고, 혼합고가 낮아지면서 풍속이 약해지는 야간에는 농축으로 농도가 상승하는 경향을 나타내었다. 혼합고가 최대로 증가하는 8월에는 풍속까지 최소로 약해져서 초미세먼지의 평균 농도는 $58\,\mu gm^{-3}$으로 증가했다.

풍향에 따라 남쪽에서 유입되는 바람은 풍속이 빠르고, 산불 발생이 적은 도시 지역을 통과하기 때문에 대기질 지수는 좋음에 해당했다. 풍속이 약하고 북풍 계열의 바람이 유입될 때는 위험 지수에 해당하는 $120\mu gm^{-3}$ 이상의 고농도가 관측되었다. 이것은 시민들이 많이 거주하는 포르토벨호의 도시 내에 측정소의 운영이 필요함을 의미한다. 풍향에 따른 시간별 초미세먼지의 농도도 차이가 있었다. 북풍이 유입될 경우 낮부터 야간 시간에 고농도가 측정되지만, 동풍이 불 때는 주간에만 고농도가 분포했다.

산불 기간에는 혼합고의 발달로 측정 지역 주변의 산불 연기의 영향으로 초미세먼지 농도가 낮에도 고농도로 분포했지만, 아마존 열대우림의 산불로 인한 장거리 이동에 의한 초미세먼지의 영향도 있었다. 역궤적 분석을 통해서는 5개의 클러스터가 결정되었다. 북동풍 지역에서 유입되는 공기는 삼림 황폐화로 인한 산불이 빈번한 도로 주변을 따라 유입되었고, 남동풍과 남풍 지역에서 유입되는 공기도 산불이 잦은 지역을 따라 유입되었다. 이 결과는 산불 기간에 국지적 산불과 장거리 산불 배출원 모두 이 지역의 고농도 초미세먼지 생성에 기여한다는 것을 의미한다.

3부
라틴아메리카 원주민의
자연관과 공동체 문화

제 9 장

안데스 원주민의 공동체주의:
수막 까우사이와 아이유*

김윤경

---

* 이 글은 『안과밖』 제53호에 게재된 「안데스의 수막 까우사이와 아이유: 조화와 공존」 (2022)을 수정·보완한 것이다.

1 들어가는 말

기후위기를 맞아 인류는 위기 해결을 위해 대안을 모색하고 있다. 그 대안은 자본주의 문명의 한계를 극복하고 새로운 문명으로 나아가는 것을 목적으로 삼고 있다. 새로운 문명으로 나아가기 위해서는 패러다임의 전환이 필수이다. 그러한 패러다임의 전환은 인간중심적인 기존의 삶의 방식에서 벗어나 자연 및 비인간과 공존하는 삶의 방식으로 전환하는 것을 뜻한다. 그래서 오늘날 인류는 생태 문명에 주목하고 있으며, 그것으로의 전환을 중요한 과제로 삼고 있다.

생태 문명은 인간을 포함한 모든 생명이 주인이라는 탈인간중심주의가 지배하는 문명을 말한다. 그러한 문명 체계는 인간 집단 내에서뿐만 아니라, 인간과 자연의 관계에서도 서열과 경계가 무너지고, 양자 모두 동등한 권리를 가지고 공존한다는 것을 전제로 한다. 따라서 생태 문명에서는 인간들이 서로 돕고 존중하며, 자연과도 파괴와 착취를 통한 지배 관계가 아니라, 보호와 존중 관계를 맺음으로써 조화롭게 공존하는 삶을 지향한다.

따라서 생태 문명에서 중요한 것이 공동체이다. 인간의 파편화와 소외, 경쟁과 차별, 착취를 초래한 자본주의 문명에 대한 대안적 가치와 문화를 공동체에서 찾으려는 것이다. 이것은 과거의 공동체적 삶의 방식, 즉 공동체적 삶의 바탕을 이루었던 자연과 우주에 대한 관점, 생명에 대한 태도, 인간과 자연의 관계에 대한 인식 등에서 대안을 찾아보자는 것이다. 궁극적으로는 자연과 공생하면서, 공동체 구성원 간에 상호 협력과 존중이 이루어지는 생태 문명적 사회를 이룩하자는 것이다.

이러한 점에서 주목하게 되는 것이 라틴아메리카의 안데스 지역 원주민의 삶이다. 안데스 지역은 오늘날까지 원주민의 공동체적 전통이 강하게 남아 있는 곳이다. 이 지역의 대표적인 원주민은 께추아족(Quechua)과 아이마라족(Aymara)인데,[1] 이 원주민들은 16세기에 에스파냐에게 정복당한 이후 500년이 넘는 기간 동안 받아온 착취와 억압에도 불구하고, 잉카 시대 이전부터 존재해 온 자신들의 공동체적 삶의 방식을 어느 정도 유지해 왔다.

안데스 지역에서는 원주민을 중심으로 아이유(ayllu) 공동체의 재구축 운동이 벌어지고 있다. 아이유 재구축 운동은 정복 이후 지속된 원주민에 대한 억압, 차별, 배제에 대한 저항일 뿐만 아니라, 원주민의 자치와 해방을 실천하기 위한 노력이다. 안데스 원주민은 자신들의 공동체인 아이유를 다시 건설함으로써 자본주의 사회의 착취와 억압을 극복하고 인간

---

1) 잉카족이라고도 불리는 께추아족 1,100만 명 정도가 에콰도르와 볼리비아에 살고 있으며, 아이마라족 200만 명 정도가 볼리비아, 칠레, 페루에 거주하고 있다.

과 인간, 인간과 자연이 조화를 이루며 공존하는 새로운 세계를 이룩하고
자 노력하고 있다. 그것이 바로 그들이 추구하는 삶, 수막 까우사이(Sumak
Kawsay)이다.

이 글에서는 수막 까우사이와 아이유에 초점을 맞추어서 안데스 원주
민의 공동체주의를 살펴보고자 한다. 수막 까우사이와 아이유에 관한 기
존 연구는 수막 까우사이와 아이유를 각각 독립적으로 다루었다. 우선, 수
막 까우사이를 보면, 연구자들이 논의의 초점을 주로 수막 까우사이의 정
의와 성격에 맞춰서 수막 까우사이가 무엇을 의미하는지를 분석했다. 아
이유에 관한 연구는 정의와 성격뿐만 아니라, 역할과 구조 등으로까지 범
위를 확대했다. 아이유의 친족적·부족적 요소와 공동체적 요소, 구성원
전체의 직업적 특성 등 아이유가 가지고 있는 여러 가지 특징 중 어느 것
에 강조점을 두느냐에 따라 아이유에 관한 정의가 조금씩 달라진다. 이러
한 연구를 기반으로 사회 계급 구조, 경제적 역할, 노동 제도 등 아이유의
사회경제적인 측면에 대한 분석이 이루어졌으며, 나아가 원주민의 세계
관이 그러한 사회경제적인 구조에 어떻게 반영되었는지에 대한 연구도
진행되었다. 이처럼 지금까지 아이유 연구는 다각도로 진행되었지만, 아
이유의 존재 방식이 그들이 추구하는 수막 까우사이와 어떤 연관성이 있
는지에 대한 접근으로까지 나아가지는 못했다.

따라서, 이 글에서는 수막 까우사이의 "영토적 맥락"에 주목해서 아이
유를 수막 까우사이가 실현되는 장소로 인식하고 이 두 가지를 연결해서
분석해 보고자 한다. 수막 까우사이는 단순한 추상적 개념이 아니라 구체
적인 영토적 공간에서 실현되는 삶의 형태이다. 그 영토적 공간의 핵심은
아이유이다. 그러므로 수막 까우사이를 논하려면 반드시 아이유를 고려

해야 한다. 공동체성을 토대로 하지 않은 수막 까우사이에 관한 연구는 의미가 없기 때문이다. 수막 까우사이를 제대로 이해하기 위해서는 아이유에 대한 분석이 전제되어야 하며, 수막 까우사이의 핵심 가치들이 아이유에서 어떻게 실현되었는지를 살펴봐야 한다.

이러한 문제의식을 바탕으로 우선, 수막 까우사이가 무엇을 의미하는지, 그것의 핵심 가치가 무엇인지, 그리고 그러한 가치가 원주민의 세계관과 어떤 연관성을 가지는지에 대해서 살펴보고자 한다. 그다음에는 수막 까우사이가 아이유라는 역사적 공간에서 어떤 양상으로 구체화되었는지, 그 한계와 의의는 무엇인지를 분석하고자 한다. 이를 토대로, 공동체 안에서 자연과 인간이 조화를 이루는 생태적 인식의 강화를 도모하면서, 오늘날 더욱 극심해지는 배제와 차별, 혐오와 갈등을 넘어서 생태 문명으로 나아갈 방안을 모색하고자 한다.

2 수막 까우사이와 관계성

수막 까우사이라는 말이 주목받기 시작한 것은 1990년대에 안데스 지역에서 원주민 운동이 활발하게 전개되면서부터였다. 특히 에콰도르와 볼리비아의 원주민 운동 조직들은 인간을 상품화하고 노동을 착취하는 서구의 발전 모델에 반대하면서 수막 까우사이라는 용어를 사용하기 시작했다. 자본주의적인 발전에 대한 비판으로서 이 개념을 사용한 것이다. 나중에는 에콰도르와 볼리비아의 정부들까지 이 용어를 채택하면서 수막 까우사이는 국민 모두를 잘살게 하기 위한 정치적인 프로젝트로 발전했다. 수막 까우사이가 개념이나 가치의 차원을 넘어서 사회적·정치적 프로젝트로 변형된 것이다.

먼저, 수막 까우사이라는 단어의 뜻을 살펴보자. 수막 까우사이는 케추아어이며, 수막(Sumak)은 '충만한', '풍요로운', '아름다운'을 의미하며, 까우사이(Kawsay)는 '삶', '존재'를 뜻한다. 한마디로 말하면, 수막 까우사이는 '충만한 삶', '풍요로운 삶'을 의미한다. 스페인어로는 부엔 비비르(buen vivir)로, 영어로는 웰빙(well being)으로 번역된다. 볼리비아에서는 아이마라어 수마 까마냐(Suma Qamaña)가 같은 의미로 사용되고 있다. 수막 까우사이는 안데스 원주민이 추구하는 삶을 표현하는 단어인 셈이다.

그렇다면, 안데스 원주민이 추구하는 수막 까우사이의 핵심적인 내용은 무엇인가? 그것은 공동체주의, 즉 공동체에서의 조화와 공존이다. 공동체를 이루고 있는 구성원인 인간과 인간을 둘러싸고 있는 자연과 조화를 이루며 공존하는 것이 안데스 원주민이 추구하는 삶, 수막 까우사이다. 다비드 초께우앙까(David Choquehuanca)에 따르면, 수막 까우사이는 공동체에서의 삶, 즉 연대와 통일을 토대로 인간과 인간, 인간과 자연이 조화를 이루는 삶이다. 이것이 가능할 때 인간의 삶이 물질적으로나 정신적으로 균형을 이루며 풍요로워지고 충만해진다고 본다.

여기서 공동체라는 것은 포괄적인 의미를 담고 있다. 이 말은 좁게는 원주민들이 사는 촌락 공동체를 뜻하지만, 넓게는 인간을 둘러싸고 있는 자연, 더 나아가 우주를 의미한다. 따라서 공동체적 삶이라는 것은 인간 간의 관계뿐만 아니라 자연과 인간의 관계도 포함하고 있다. 안데스 원주민은 인간을 자연의 일부로 생각하면서, 자연을 존중하며 자연과 조화롭게 공존해야 한다고 생각한다.

그리하여, 안데스 원주민은 자연에 신성을 부여하고, 이것을 빠차마마(pachamama)라고 부른다. 빠차마마는 원래 종교적인 의미를 가진 말로서, 안데스 원주민이 섬기는 대지의 여신을 뜻한다. 위대한 신성을 가진 존재로서 빠차마마는 인간에 대한 보호자 역할을 한다. 그런데 이것이 단순한 종교적 신성을 넘어 어머니 대지, 어머니 지구로 의미가 확장되면서 자연, 세계, 우주를 통칭하는 용어로 사용되고 있다. 빠차마마는 모든 것에 생명을 부여하는 어머니 같은 존재이자 생명의 원천으로서 생명 공동체이다. 인간은 빠차마마가 떠받치는 거대한 집의 일부분이고, 그러기에 어머니 지구인 빠차마마를 존중하고 그 안에서 조화롭게 살아야 한다.

이와 관련해서 안데스 원주민의 세계관에 주목할 필요가 있다. 안데스 원주민의 세계관에서 가장 기본적인 요소는 관계성(relacionalidad)이다. 안데스 원주민은 모든 존재가 까마이(kamay), 즉 에너지 혹은 힘을 가지고 있지만, 불완전하며 독립적이지 않다고 생각한다. 그래서 그들은 모든 존재가 긴밀하게 연결되어 있으며 상생하고 있다고 믿는다. 안데스 원주민에게는 신조차도 불완전해서 인간의 도움이 필요한 존재이다. 안데스인은 홀로인 것, 고립된 것을 왁차(wakcha)라고 부르면서 그러한 것은 완전할 수 없다고 생각한다. 따라서, 안데스인에게 우주는 신과 인간, 자연 등 불완전한 모든 존재가 관계를 맺고 상생하는 세계이다. 안데스 세계에서 진정한 실체는 관계인 것이다.

이러한 관계성을 상징적으로 보여주는 것이 차까나(chacana)이다. 차까나는 안데스 십자가 혹은 하늘 십자가를 의미하는 께추아어다. 이 사다리는 하난 빠차(Hanan Pacha)와 까이 빠차(Kay Pacha)를 연결해 주는 다리를 상징한다. 안데스 원주민들은 빠차라고 부르는 이 우주가 세 공간의 세계로 구성되어 있다고 본다. 신이 거주하는 천상 세계인 하난 빠차와 인간과 동물이 사는 지상 세계인 까이 빠차와 죽음을 상징하는 지하 세계인 우꾸/우린 빠차(Uku/Urin Pacha)가 그것이다. 차까나는 지상 세계에 있는 인간과 천상 세계에 있는 신을 연결해 주는 역할을 한다. 이처럼, 안데스 원주민은 우주를 이루는 세 공간의 세계가 긴밀한 관계를 맺고 있고 서로 소통하고 있다고 생각한다.

모든 존재가 '관계적 존재'라는 관념은 안데스 원주민의 세계관에서 상호성(reciprocidad)과 상보성(complementaridad)으로 이어진다. 우선, 상호성에 관해서 살펴보면, 께추아어로 상호성을 아이니(ayni)라고 한다. 안데스 원주민은 아이니를 통해서 인간과 세상 모든 만물은 자신들이 가지고 있는 에너지, 즉 까마이를 발휘하고 그것을 통해서 우주의 질서를 유지할 수 있다고 생각했다. 모든 관계는 일방적으로 주거나 받는 관계가 아니며, 항상 수동적이거나 능동적인 관계도 아니라는 것이다. 한편, 상보성은 관계를 맺고 있는 존재들이 독립적으로 존재할 수 없으며, 따라서 보완적인 관계를 맺고 있다는 것을 의미한다. 께추아어로 상보성을 나타내는 단어는 야난띤(yanantin)이다. 야나(yana)가 상호 보완성, 협력, 도움 등을 뜻하는 단어로, 야난띤은 한쪽이 없으면 다른 한쪽도 존재할 수 없음을 나타낸다. 안데스 원주민은 동양의 음양론처럼 이원론을 믿고 있어서, 음과 양, 여자와 남자, 빛과 어둠같이 우주가 대립하는 두 개의 힘의 균형으로 유지되고 있으며, 그 대립적인 힘들이 서로 보완해 주고 있다고 생각한다.

이러한 상호성과 상보성은 결국 연대성으로 발전한다. 연대성을 나타내는 께추아어는 차닌차(chanincha)로, 관계를 맺고 있는 모든 존재는 공동의 이익과 필요를 위해 서로 힘을 모으고 책임을 져야 한다는 것을 의미한다. 이 원리는 개별 관계들을 넘어서 공동체 개념을 내포하고 있다. 서로 돕고 보완하는 개별 관계들이 모여서 공동체를 이루고, 그 공동체 구성원들이 협력하여 공존하는 것이 안데스 원주민이 궁극적으로 지향하는 목표이다. 특히 안데스 원주민은 빠차마마, 즉 어머니 대지, 자연에 대한 존중과 협력을 이러한 연대성에서 가장 핵심적인 것으로 생각한다.

이처럼, 안데스 원주민이 추구하는 수막 까우사이는 그들의 세계관과 깊은 관계를 맺고 있다. 안데스 원주민의 상호성, 상보성, 연대성은 모두 수막 까우사이를 이루기 위한 핵심 원리이다. 공동체 안에서 조화로운 삶을 살기 위해서는 모두가 관계를 맺고 있고 그 속에서 서로 돕고 부족한 것을 채워주고 연대해야 한다는 인식이 안데스 원주민에게는 깊이 각인되어 있다. 그들에게는 개인의 삶이 공동체의 삶과 불가분의 관계에 있는 것이다.

그렇다면, 안데스 원주민이 이러한 원리에 바탕을 두고 실현하고자 하는 공동체적인 삶은 무엇인가? 우선 그러한 삶이 실현되었던 아이유에 대해서 살펴보자. 잉카 시대 이전부터 존재했던 아이유는 정복 후 유럽인들이 선교와 식민 통치의 편의를 위해 원주민들을 강제 이주(reducción)시키면서 본래의 모습을 잃어가기 시작했다. 그래서 이 글에서는 안데스 원주민의 공동체적 삶의 전형을 보여주는 정복 이전 잉카 시대의 아이유에 중점을 두고 분석하고자 한다.

3 '생명 공동체' 아이유와 영토성

잉카 시대 아이유는 안데스 사회의 기본 단위였다.[2] 다양한 정의에도 불구하고, 아이유라는 개념이 공통으로 가지고 있는 요소는 바로 '친족'과 '공동체', 즉 친족성과 영토성이다. 먼저, 친족성에 관해서 살펴보면, 16세기에 아이유란 단어는 '동일 조상의 후손들'이라는 의미의 '가족'을 뜻하는 말이었다. 아이유는 확대 가족을 가리켰으며, 나아가 여러 가문이 특정 영역을 토대로 형성한 친족 공동체를 의미했다. 아이유를 구성하는 것은 가문으로, 그 기준이 출생이었으며 족내혼을 통해서 아이유의 정체성을 유지하려고 했다.

여기서 주목해야 할 것은 안데스 원주민의 친족 개념이 인간의 범주를 넘어 자연으로까지 확대되었다는 점이다. 안데스 원주민은 모든 존재가 연결되어 있다고 생각했기 때문에, 인간을 둘러싸고 있는 자연도 친족의 범주에 포함했다. 그래서 아이유는 인간과 자연이 서로 연결된 공동체를 의미한다. 따라서 친족 공동체로서 아이유는 단지 인간의 세계만이 아니라, '공동체로서의 세계'라는 안데스의 삶의 방식을 표현하는 초월적 개념이다. 안데스 원주민은 자연을 형제, 자매, 가족으로 생각했다. 그러므로, 아이유는 인간, 식물, 동물, 산, 강 등 모든 것을 포함하는 '생명 공동체'였다.

---

2) 잉카 제국에는 총 2,000개가 넘는 아이유가 존재했는데, 아이유가 모여 아이유 연합체에 해당하는 마르까(marka)를 형성했고, 마르까들이 모여서 수유(suyu) 또는 사야(saya)를 이루었다. 잉카 제국은 따완띤수유(Tawantinsuyu)라고 불렸는데, 수도 꾸스꼬(Cusco)를 중심으로 네 개의 수유로 나뉘어 있었다. 이 네 수유는 친차수유(Chinchasuyu), 꾼띤수유(Cuntinsuyu), 꼴라수유(Collasuyu), 안띠수유(Antisuyu)였다.

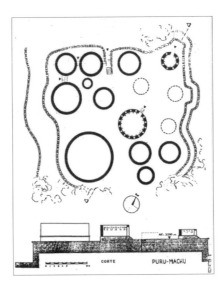

〈그림 1〉• 잉카 시대 뿌루마추(Purumachu) 마르까와 아이유 평면도.
출처: Soriano, 1990: 114.

　영토성이라는 면에서 볼 때, 아이유는 기본적으로 사람들이 집단을 이루어서 거주하는 공간이다. 원주민은 아이유를 자신들의 '고향 땅(terruño)', '태어난 곳(patria)'이라고 생각했다. 아이유는 안데스 지역의 해안가 저지대와 고지대에 다양하게 분포되어 있었는데, 그 규모는 구성원의 수에 따라 규모가 달랐다. 16세기 인구조사 자료에 따르면 적게는 20명, 많게는 600명으로 구성된 다양한 규모의 아이유가 있었다. 잉카제국이 팽창하면서 아이유의 규모도 커졌는데, 100가구, 500가구, 1,000가구, 5,000가구로 구성된 규모가 큰 아이유들이 존재했다. 규모에 따라, 큰 아이유는 하뚠 아이유(Jatun ayllu), 작은 아이유는 쑬까 아이유(Sulk'a ayllu)로 불렸는데, 그 기준은 아이유 구성원 수나 국가와의 관계 정도 등이었을 것으로 추정하고 있다.

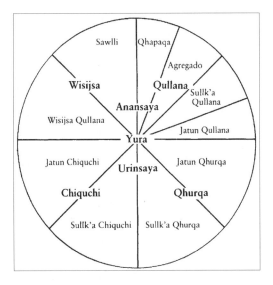

〈그림 2〉・ 유라(Yura) 지역의 아이유들.

출처: Rasnake, 1988: 58.

영토적 공간으로서 아이유의 모습을 살펴보면, 잉카 시대 뿌루마추 마르까의 아이유 평면도인 〈그림 1〉에서 보는 바와 같이, 한 마르까 안에 여러 개의 아이유가 존재했다. 〈그림 2〉는 최근 볼리비아 포토시[3] 인근 유라 지역 아이유에 관한 것인데, 이 그림을 통해서 잉카 시대 아이유들이 어떻게 구성되었는지를 유추해 볼 수 있다. 이 지역은 아난 사야와 우린 사야로 나뉘어 있으며, 위시흐사(Wisijsa), 꿀라나(Qullana), 꾸르까(Qhurqa), 치꾸치(Chiquchi) 등 4개의 주요 아이유와 그 아래 크고 작은 10개의 아이유로 구성되어 있다. 두 개의 사야는 아난 빠차와 우린 빠차를, 네 개의 아이유는 잉카 시대 따완띤수유의 네 지역을 연상하게 한다.

---

3) 해발 4,090미터에 있으며, 세계에서 가장 높은 곳에 있는 도시로 식민지 시대에 은광으로 유명했다.

흥미로운 것은 이러한 아이유들이 고도를 달리하는 다양한 생태 층에 자리 잡고 있었다는 사실이다. 한 아이유가 여러 개의 생태층을 차지하는 경우도 있었는데, 그러한 곳에서는 아이유 원주민이 따뜻한 지역에서 추운 지역까지 다양한 곳에 경작지를 소유하고 있어서 한 곳에서 다른 곳까지 가려면 걸어서 며칠이 걸리기도 했다. 산에 형성된 아이유도 있었지만, 대부분 잉카가 정복한 이후에 접근하기 쉬운 저지대 지역으로 이전되었다. 아이유의 경작지는 그보다 더 낮은 지역에 있는 경우가 많았으며, 원주민이 마실 물을 제공하는 샘이 아이유에서 멀리 떨어져 있어서 원주민의 물 공급에 어려움을 겪었다. 원주민이 거주하는 집들은 대부분 차크라(Chacra, 경작지)를 중심으로 가장자리에 흩어져 있었으며, 언덕이나 돌과 바위가 많은 곳, 농사를 지을 수 없는 땅에 지어졌다.

이처럼, 일정한 지역에 친족들이 모여 사는 공동체였던 아이유에는 이 공동체를 이끄는 우두머리와 그를 따르는 대다수 평민이 존재했다. 꾸라까(curaca) 혹은 까마칙(camachic)이라고 불리는 사람이 수장으로서, 아이유의 일을 관장했으며, 대다수는 하뚠루나(jatunruna)라고 불리는 평민으로서, 토지를 경작하는 농민이 주를 이루었다. 꾸라까는 대외적으로는 아이유를 대표하는 귀족으로 잉카 제국과 아이유의 중개자 역할을 했으며, 대내적으로는 아이유 공동체를 관리하고 유지하는 역할을 했다.

여기서 주목해야 할 것은 꾸라까와 하뚠루나의 관계이다. 꾸라까는 귀족 직위의 세습권, 면세권, 아이유의 재산과 자원에 접근할 수 있는 권리, 첩, 토지와 가축, 귀금속을 잉카 황제로부터 받을 수 있는 권리 등 각종 특권을 누렸다. 그중에서도 특히 중요한 특권은 하뚠루나로부터 노동을 제공받을 수 있는 권리였다. 꾸라까는 하뚠루나에게 노동을 요구할 수 있었으며, 하뚠루나는 그의 요구에 응했다. 하뚠루나는 꾸라까의 요청에 따라, 토지를 경작해 주기도 하고 가축을 길러주기도 하고 옷을 만들어 주기도 했다. 이러한 노동에 대해 꾸라까는 하뚠루나에게 '선물'로 보답해야 했다. 하뚠루나의 노동이 반드시 꾸라까에게 제공해야 하는 '의무'가 아니었기에 그들에게 노동을 요구해야 했으며, 꾸라까는 거기에 합당한 대가를 치러야 했다.

이러한 거래는 안데스 원주민과 신의 관계에서도 나타났다. 안데스 원주민에게 신은 인간처럼 생각하고 행동하며, 인간의 도움이 필요한 '관계적 존재'였다. 신은 인간의 창조자이기는 하지만, 스스로 음식물을 생산하지 못하므로 인간에게서 음식이나 제물을 받아야 했다. 원주민들은 자신들이 숭배하는 신에게 건강과 안녕, 풍년 등을 기원하면서, 각종 음식과 제물을 바쳤다. 그리고 신에게 바칠 식량을 경작하는 것은 인간이지만, 곡식이 자라는 데 필요한 햇빛과 비와 바람 등을 제공하는 것은 신이라고 생각했다. 그러므로 경작은 신과 인간의 공동 작업이고 따라서 수확물도 같이 나눠 가져야 하는 것이었다. 인간과 신은 공존을 위해 서로 주고받을 수밖에 없는 관계였다.

아이유 원주민들은 조상신을 모시고 숭배했다. 그들은 언덕, 동굴, 호수, 바위, 미이라(malquis) 등으로 형상화된 우아까(huaca)를 신이 있는 신성한 장소라고 생각했다. 그중에는 조상의 탄생지라고 생각하는 빠까리나(pacarina)[4]도 포함되어 있었다. 각 가정에서는 꼬노빠(conopa)라고 불리는 다양한 신들을 모셔 놓고 매일 음식을 봉양했는데, 이 신들은 보통

---

4) 안데스 원주민은 빠까리나(pacarina)를 지하 세계인 우꾸빠차와 지상 세계인 까이빠차를 연결해 주는 통로 혹은 장소라고 생각하기도 했다.

돌 같은 것으로 형상화되었으며 가정의 수호신 역할을 했다.

이처럼, 잉카 시대 아이유는 자연과 인간을 모두 아우르는 친족 공동체였으며, 그 안에서 신이나 인간이나 자연, 모두는 서로 연결된 관계적 존재였다. 어느 것 하나 독립적으로 존재할 수 없기에 각각은 서로 도움을 주고받을 수밖에 없었고, 그러한 상호적 관계를 통해서 부족한 것을 채웠다. 안데스 사회에서는 신도 인간도 자연도 지배적일 수 없었기 때문에, 서로 조화를 이루면서 공존해야 했다. 이러한 아이유의 특성은 일상적 삶에서 더 구체적으로 드러났다.

4 공동체적 자원의 소유와 노동

아이유의 공동체주의는 먼저 공동체 자원의 소유와 이용에서 나타났다. 안데스 지역은 농업 사회였기 때문에, 아이유 공동체의 가장 기본적이고 중요한 자원은 토지였다. 자연과의 조화를 중요시했던 안데스 원주민은 토지를 자연과 유대 관계를 형성하는 도구로 인식했다. 빠차마마의 일부인 인간과 자연이 토지를 매개로 더 긴밀하게 관계를 맺게 된다고 생각했다. 그리고 원주민에게 필요한 식량을 공급해 주는 토지는 없어서는 안 될 중요한 기반이었다.

이러한 토지를 원주민들은 공동으로 소유했다. 토지의 소유권은 원주민 개인에게 있지 않고 아이유에게 있었다. 아이유 원주민들은 토지가 자연뿐만 아니라, 그들의 조상들과도 연결해 주는 역할을 한다고 생각했다. 그래서 그들에게 아이유의 토지는 공유 재산이었다. 공동체의 토지는 한 개인의 소유물일 수 없었으며, 개인은 단지 토지에 대한 보유권만 가질 수 있었다.

하지만, 여기에 예외가 있었다. 아이유 공동체의 지배 집단이었던 꾸라까는 토지를 소유할 권한이 있었다. 꾸라까는 아이유를 지배, 관리하는 대신에 그 대가로 잉카 황제에게서 토지를 받았다. 잉카 제국의 지방 관리로서 아이유에서 황제를 대신해서 직무를 수행했던 꾸라까는 토지뿐만 아니라 가축, 하인, 귀금속 등도 하사받았다. 그렇게 받은 것들을 꾸라까는 소유할 수 있었다. 단, 토지의 경우 꾸라까는 양도하거나 나눌 수 없었다.

반면, 토지 소유권이 없었던 아이유 원주민들은 꾸라까로부터 아이유의 토지를 할당받았다. 아이유의 토지는 토지의 질과 생산성, 가족의 규모에 따라 할당되는 규모가 달랐다. 그리고 지역에 따라, 척박한 고지대의 경우에는 할당받은 토지의 규모가 더 크고, 비옥한 저지대의 경우에는 그 규모가 더 작았다. 꾸라까는 일반적으로 결혼한 성인 남자에게 50세까지 토지를 보유할 수 있는 권한을 부여했다. 보통 부부 한 쌍을 1년 부양할 수 있는 크기의 토지를 또뽀(topo) 혹은 뚜뿌(tupu)라고 했는데, 아들과 딸이 있는 경우 토지를 추가로 할당했다.[5]

이렇게 할당된 토지는 세습되었다. 토지를 상속받을 자식이 없을 때는 일부분은 부인이 상속받고 나머지는 토지가 필요한 사람들이나 형제들, 친척과 친구들에게 분배되었다. 하지만 상속자가 아무도 없는 상태에서 토지 보유자가 죽었을 때는 그 토지가 아이유 사람들 사이에서 분배되었

---

5) 또뽀는 오늘날 2.5에이커에 해당하는 토지이다. 김윤경(2020), 「잉카 시대 안데스 원주민의 세계관을 통해서 본 아이유(Ayllu)의 사회경제구조——이원론과 상호성을 중심으로」, 『서양사론』 147, 152쪽.

다.[6] 토지가 아이유 공동체의 공동 재산이었기 때문에 아이유 원주민들에게 이렇게 하는 것은 자연스러운 일이었다.

한편, 아이유 원주민들은 목초지와 숲, 물 같은 공동체의 자원들도 공동으로 소유하고 이용했다. 이러한 것들은 공동체 구성원 개개인에게 할당하지 않고 공동체의 공동 재산으로서 누구나 자유롭게 이용할 수 있게 했다. 공동체의 자원 또는 공동체의 저장고를 뜻하는 삽시(sapsi)라는 단어와 공동체에 속하는 것이라는 의미의 삽시차까라(sapsichacara)라는 단어가 있는데, 이러한 용어들은 아이유 원주민들이 경제적으로 공동체적인 삶을 살았음을 보여 주는 증거이다.

아이유의 공동체주의는 원주민의 노동 조직인 아이니(ayni)와 밍가(minga)[7]에서 더욱 구체화되었다. 안데스 사회에서 노동에서의 협력은 필수 요소였다. 노동력이 부족한 데다 생산의 모든 작업을 혼자 수행하기가 어려운 상황에서 공동체 구성원 간의 도움과 협조는 불가피했다. 그래서 안데스 원주민은 개인과 개인, 개인과 공동체 간에 서로 긴밀하게 노동을 교환하면서 생계를 유지했다.

아이니는 아이유 공동체의 구성원 개인 간에 노동을 교환하는 방식을 말한다. 이 노동 방식은 노동력이 필요한 사람이 다른 사람의 노동력을 빌리고 나중에 노동으로 갚는 형식이었다. 이웃이 노동력 제공을 요청했을 때 거기에 반드시 응해야 하는 것은 아니었다. 하지만, 그 요청을 거부했

---

6) Karen Spalding, *Huarochirí: An Andean Society Under Inca and Spanish Rule*(Stanford: Stanford University Press, 1984), p. 30.

7) 아이유 공동체의 집단 노동을 뜻하는 용어로 밍까(minka)라고도 하는데, 이것은 한 단어에 대한 원주민의 다양한 발음을 스페인어로 표기하는 과정에서 나타난 현상이다.

을 경우 나중에 노동력이 필요할 때 도움을 요청할 수 없었기 때문에, 그 러한 요청을 거부하는 경우가 거의 없었다. 아이니는 협력에 바탕을 둔 노 동 교환에 대한 공동체 구성원끼리의 암묵적인 약속이었다.

이러한 약속의 실천을 통한 공동체 유지를 위해서 아이유에는 권리와 의무, 정의와 보복이라는 관념이 지배했다. 아이유에는 아이니를 관리하 는 사람이었던 아이니이까마요끄(ayniycamayok)라는 사람이 있었다. 그 는 아이니 관계에서 권리만 주장하고 의무를 제대로 수행하지 않았을 때 그에 대해 처벌을 가함으로써 아이니와 아이유 공동체를 유지하려고 했 다. 개인 간의 노동 교환 관계에 공동체가 개입했다. 따라서 아이니는 아 이유 공동체 구성원들끼리 단순히 서로 도우며 잘살자는 의미를 넘어선 것으로, 동등하면서도 쌍무적인 노동 거래였다. 그것은 약속을 위반한 경 우에 제재가 가해지는 계약 관계였다.

이런 점에서 밍가는 아이니와 달랐다. 밍가는 집단 노동으로 개인과 아 이유 공동체의 관계에서 비롯된 노동 조직이었다. 밍가는 아이유 공동체 의 여러 가지 문제를 해결하기 위해서 구성원들의 노동을 집단으로 이용 하는 방식으로 이루어졌다. 예를 들면, 수로, 도로, 신전 등을 건설하거나, 심지어는 신혼부부의 집을 지어 준다거나 하는 경우까지 아이유 공동체 주민이 집단으로 노동력을 제공했다.

이러한 밍가 노동의 공동체성은 의무와 강제, 추방이라는 극단적인 방 법을 통해서 유지되었다. 공동체가 요구할 경우에 아이유 구성원들은 의 무적으로 밍가 노동에 참여해야 했다.[8] 환자나 노약자, 정당한 사유가 있

---

8) 보통 한 가구당 한 명을 밍가 노동에 참여하게 했다.

는 경우를 제외하고 밍가 노동은 누구에게나 의무였다. 하지만, 의무를 이행하지 않았을 경우 처음에는 경고를 보냈지만, 여러 차례 반복될 경우 그 사람을 아이유에서 추방했다.[9] 공동체 구성원으로서 의무를 다하지 않는 사람은 공동체 질서를 무너뜨리는 존재로 인식되었으며, 공동체에 계속 존재할 자격이 없었다.

이처럼, 아이니와 밍가는 안데스 원주민의 세계관에 바탕을 두고 상호 존중과 협력, 연대의 공동체주의를 실현하고자 했던 대표적인 노동 조직이었다. 그것을 실현하고 유지하려면 처벌과 보복, 강제와 추방 등 강력한 구속력이 따라야 했다. 이것은 아이유 공동체 구성원에게 공동의 책임의식을 불어넣으려는 조치이기도 했다. 모든 존재는 관계적 존재라고 생각했던 안데스 원주민은 관계에 따르는 책임을 중요시할 수밖에 없었다.

5 맺음말

이상에서 살펴본 바와 같이, 안데스 사회의 원주민이 추구했던 수막 까우사이는 기후위기 시대에 인간과 자연의 조화와 공존을 강조하는 공동체적인 삶의 방식으로서 주목할 만한 가치가 있다. 안데스 원주민은 인간이 나약하고 불완전한 존재임을 인식하고, 자연을 존중하면서 자연과 더

---

9)   Waldemar Espinoza Soriano, *Los Incas: Economía Sociedad y Estado en la Era del Tahuantinsuyo*(Perú: Amaru Editores, 1990), p. 435; Josef Estermann, *Filosofía Andina: Estudio Intercultural de la Sabiduría Autóctona Andina*(Quito: Abya-Yala, 1998), pp. 205-206.

불어 살기를 원했다. 그러한 생각은 그들의 전통적인 세계관에 뿌리를 둔 것으로, 자연에 대한 안데스 원주민의 겸손한 태도를 보여 주는 것이었다. 이러한 태도는 인간중심주의에서 벗어나 인간과 자연을 포함한 생명 전체, 생태중심적인 인식에 기반하고 있다는 점에서 중요하다.

수막 까우사이에서 핵심적인 요소는 공동체주의이다. 안데스 원주민들이 추구했던 수막 까우사이는 아이유라는 공동체를 토대로 한 삶이었다. 아이유에서 안데스 원주민은 자원을 공동 소유하고, 노동 교환을 통해 상호 협력을 실천하면서 자연과의 관계에서뿐만 아니라 공동체 구성원들끼리도 조화를 이루며 살았다. 물론 그러한 삶의 방식은 현실적인 필요에 의한 것이었고, 거기에는 강제와 처벌이라는 구속력이 따라야 했다. 하지만 안데스 원주민은 기본적으로 공유와 공존, 조화의 중요성을 인식하고 있었으며, 그것을 삶으로 살아 내려고 노력했다.

그러므로 수막 까우사이와 아이유는 '자본주의적 발전'에 대한 대안으로서 중요하다. 자본주의 발전이 가져온 여러 가지 병폐로 지구의 생존이 위기에 처한 상황에서, 자연을 존중하며 공존을 모색하고 한정된 자원을 공유하면서 협력을 추구하는 안데스 원주민의 삶의 방식이 오늘날 우리에게 대안적 삶의 방식으로 시사하는 바가 크다. 실제로 오늘날 이러한 삶의 방식을 복원하기 위해서, 볼리비아에서는 공적 자원인 물을 집단 관리하며 아이유 체제를 유지하거나 복원하려는 운동이 벌어지고 있으며, 직물협회를 만들어서 생산 수단을 집단으로 관리하고 개인이 이용하게 하는 시도도 이루어지고 있다.[10]

---

10) 김은중(2015), 「안데스 코뮤니즘, 도래할 공동체?」, 『이베로아메리카연구』 26(3), 123쪽.

그럼에도 불구하고 거대한 자본주의 물결 속에서 이러한 움직임은 아직 시작에 불과하다. 생태 문명의 대안적 삶으로서 수막 까우사이가 주목을 받기 시작한 것도 얼마 되지 않는다. 아이유 공동체도 역사적 변화를 겪으면서 예전의 모습을 많이 상실했다. 특히 자본주의가 발달하면서 공동체 내부에서도 경쟁과 갈등이 생겨났다. 그래서 오늘날 안데스 사회에서도 과거 수막 까우사이의 조화와 공존의 가치 회복이 절실해졌다. 에콰도르와 볼리비아에서 수막 까우사이를 헌법에 명시한 것도 이러한 맥락에서 이루어진 일이라고 할 수 있다.

이러한 노력이 위기 극복을 넘어서 생태 문명의 건설로 이어지기 위해서는 좀 더 근본적인 성찰이 필요하다. 인간과 신, 그리고 자연에 대한 새로운 관계 정립이 필요하며, 그것을 통해서 자본주의의 발달로 파괴된 인간성이 회복되어야 한다. 궁극적으로 인간이 자신의 존재 이유와 정체성을 깨달아서, 인간과 인간, 인간과 자연이 조화를 이루며 더불어 살아가는 세상을 이룩할 수 있도록 해야 한다. 그러기 위해서 지금 가장 필요한 것은 절제와 존중이다.

제 10 장

동굴 기우제에 비친
아스떼까 원주민의 자연관*

김세건

---

* 이 글은 『이베로아메리카』에 실린 졸고 「동굴 기우제에 나타나는 메소아메리카 자연관」
  (2009)과 『우리는 빠창게로: 멕시코 사람들의 축제와 의례』(지식산업사, 2010)에 바탕을
  두었다.

1 들어가며

 조선 후기 유학자 서유구(徐有榘)는 『행포지(杏蒲志)』에서 "지금 시대에 천하 사물 가운데 시공을 통틀어, 하루라도 빠트릴 수 없는 것을 찾는다면 무엇이 으뜸인가? 곡식이다! 지금 시대에 천하의 일 가운데 시공을 통틀어, 신분의 귀천과 지식의 다과(多寡)에 관계없이 하루라도 몰라서는 안 되는 것을 찾는다면 무엇이 으뜸인가? 농사다"라고 했다. 인간이 다른 동물을 제치고 만물의 영장으로 자리 잡을 수 있었던 요인 가운데 하나는 자연에서 '하루라도 빠트릴 수 없는 것', 곧 '곡식' 나아가 먹거리를 계속해서 얻을 수 있는 '하루라도 몰라서는 안 되는 것', 곧 '농사'를 창조했기 때문이다. 한마디로 곡식을 심어 가꾸고 거두어들이는 농사는 천하의 근본이었다. 농사는 자연적인 것과 사회적인 것 사이의 만남이다. 농사는 독특한 자연환경과 사회·경제적 그리고 문화적 조건에 상응하는 적응과 실패의 변증법적 운동의 산물로, 단지 하나의 생계 기술이라기보다 삶과 문화의 한 유형이라고 할 수 있다. 그래서 농사에서 자원의 이용과 통제는 인간이 자연과의 관계 속에서 갖게 되는 인식, 경험, 신화, 세계관의 다양한 개념들의 총체를 내포한다(Del Amo, 1988: 7). 이런 측면에서 농경과 그와 관련된 활동은 한 지역의 사회문화를 이해할 수 있는 매우 중요한 통로이다. 이를테면 1996년부터 1998년까지 박사학위 논문을 위해 현지 연구했던 멕시코 농촌 마을 산 안드레스 데 라 깔(San Andrés de la Cal, 이하 산 안드레스)에서 행해졌던 동굴 기우제는 멕시코 농촌 문화뿐만 아니라 고대 전통 인식 체계를 잘 보여 준다.

산 안드레스는 모렐로스(Morelos) 주의 북부 지역에 있는 떼뽀스뜰란 무니시뻬오(municipio)에 속해 있는 8개 마을 가운데 하나이다. 떼뽀스뜰란 무니시뻬오는 멕시코시티의 남부 지역과 접해 있는데, 행정 중심지 떼뽀스뜰란읍은 멕시코시티로부터 약 74킬로미터 정도 떨어져 있다. 1940년대부터 이 지역은 멕시코시티 주변에서 손꼽히는 휴양지 가운데 하나이다. 오늘날 떼뽀스뜰란이 휴양·관광지로 명성을 날리면서 주말이나 부활절 등 축제 시기에는 읍내 등지가 방문객으로 가득 차고, 관광 산업이 주민들의 경제 활동에 커다란 영향을 미치고 있다. 그렇지만 주민들 대부분은 농업에 종사하고 있다. 떼뽀스뜰란의 농업 조건은 대체로 농토의 비중이 적고 토질이 좋지 않아 열악하다. 무엇보다 농사의 필수 요소인 물은 5월 무렵에 시작하여 10월쯤에 끝나는 우기에 집중되어 있다. 게다가 화산지대로 침투성이 강하여 관개 시설을 하는 데 큰 어려움이 있다. 따라서 모렐로스 북부 지역에 내려 곧바로 침투했다가 복류하는 물과 비옥한 토지를 바탕으로 사탕수수, 벼 등의 상업농이 발달한 남부 지역과는 달리, 떼뽀스뜰란 등의 북부 지역은 옥수수, 콩, 호박의 전통적인 생계 농업이 중심을 이루고 있다.

산 안드레스에 터를 잡은 사람들은 마뜰라신까(matlatzinca)라는 언어를 통해 자연에 독특한 의미를 부여하며 그들만의 세상을 창조했다(Maldonado, 1990). 이 사람들은 13세기 '신화의 땅' 아스뜰란-치꼬모스똑(Aztlán-Chicomoóztoc)에서 신이 계시한 '약속의 땅'을 찾아 남하했던 나우아뜰(nahuatl)어를 말하는 종족 가운데 하나인 뜰라우이까(tlahuica) 종족에 의해 역사의 뒤안길로 밀려났다. 뜰라우이까 종족은 그들만의 방식으로 세계를 창조했고, 이 과정에서 마뜰라신까 문화는 단절과 변형을 경험하며 뜰라우이까, 넓은 의미의 아스떼까 문화에 녹아 들어갔다. 아스떼까 세계 또한 스페인 정복자들이 들어오면서 크게 바뀌었다.

스페인의 정복 과정에서 원주민의 모든 정치·경제적, 사회·문화적 환경은 변했다. 정복자와 함께 들어온 가톨릭 중심의 서구 문화는 산 안드레스 나아가 멕시코 사회·문화의 길잡이가 되었다. 특히 스페인 정복자에 의해서 강요된 가톨릭 종교 아래에서 아스떼까 문화는 부정당하고 파괴되었다. 물론 이는 아스떼까 문화의 소멸을 의미하는 것은 아니었다. 오히려 가톨릭 문화와 자연스럽게 결합하며 우리가 멕시코 농촌의 전통문화라고 일컫는 새로운 문화를 창조했다.

산 안드레스는 이른바 '원주민 마을'로 여겨진다. 그렇지만 산 안드레스에 터를 잡고 살아온 사람들도 메소아메리카 문화와 가톨릭 문화의 혼합의 역사적 과정으로부터 예외는 아니었다. 결과적으로 식민지 시기에 멕시코 농촌의 문화는 양립할 수 없는 것처럼 보이는 두 개의 흐름, 이른바 메소아메리카 문화와 가톨릭 문화로부터 형성되었다(López, 1996: 476). 그런데도 산 안드레스를 원주민 마을로 간주하고 그곳에서 원주민 문화를 찾는 것은 여전히 옥수수 생계 농업에 바탕을 둔 메소아메리카 문화가 유지되고 있기 때문이다. 옥수수에 체화되어 있는 아스떼까 문화, 폭넓게 말하면 메소아메리카 문화는 옥수수 생산과 소비의 과정을 통해 자연스럽게 생명력을 유지하면서 가톨릭과 결합했다. 이는 산 안드레스 사람들이 해마다 벌이는 옥수수 생산 의례에서 여실히 드러난다.

2 옥수수 생산력과 동굴 기우제

산 안드레스에서 시간은 항상 모든 인식 체계와 활동의 안내자인 옥수수 생산 주기에 바탕을 둔 농사력으로 표시되었고, 이 농사력은 특정한 의례들과 밀접한 관계를 맺으며 농민들의 생산 활동의 길잡이 역할을 했다. 산 안드레스에서 행해지는 옥수수 성장 주기와 생산 의례를 다음과 같이 도식화할 수 있다.

〈표 1〉· 옥수수 성장 주기와 생산 의례.

	월	옥수수 성장 주기[1]	생산 의례
건기 ↓	4월 5월	경작지 준비	십자가의 날(5월 3일) 이스까떼뻭 순례(5월 8일이 있는 주 토요일) 동굴 제의(5월 세 번째 금요일) 산 이시드로 축일(씨앗 축복, 5월 15일)**

---

1) 옥수수(maíz)는 성장 주기에 따라 다른 이름으로 불린다. 이제 막 생기기 시작한 옥수수는 힐로떼(jilote o xilotl), 여린 알이 꽉 차 있는 상태의 옥수수는 엘로떼(elote o elotl), 엘로떼를 지나 알곡이 마른 옥수수는 마소르까(mazorca o centli)라고 부른다.

	6월	파종	파종 때 축원**
↑ 우 기 ↓	7월	성장: 첫 흙 북돋아 주기와 제초* (1° beneficio, 파종 후 20일)	
		두 번째 흙 북돋아 주기와 제초* (2° beneficio, 파종 후 35–40일)	
	8월	세 번째 흙 북돋아 주기와 제초** (cajón, 파종 후 50–60일)	쟁기씻이(acabada)**
	9월	힐로떼를 맺기 시작	
		엘로떼(파종 후 90일)로 성장	뻬리꼰 십자가와 엘로떼 날(9월 28일)
↑ 건 기	10월 11월	옥수수 성숙 건조	물의 날(10월 18일)
			사자의 날(10월 28일에서 11월 2일)
	12월 1월 2월 3월	마소르까 추수 옥수수 껍질 채취와 탈곡 그리고 씨앗 고르기*	씨앗의 축복 – 깐델라리아 축일(2월 2일) – 성주간(3–4월)

* 사라져 가고 있는 일 또는 의례.
** 거의 사라진 일 또는 의례.

    건기와 우기가 뚜렷하게 구분이 되는 산 안드레스를 비롯한 멕시코 농촌에서 자연 현상, 특히 기후 그리고 농업, 인식 체계 사이에는 밀접한 관계가 있다. 우기의 차고 습한 존재와 건기의 덥고 건조한 존재로 대별되는 세상은 이 상반된 두 힘의 끊임없는 순환에 바탕을 두고 있다. 두 힘의 순환 주기는 옥수수 경작 주기, 이른바 경작지 준비, 파종 및 흙 북돋아 주기와 제초 작업 등의 생산 활동 기간, 추수와 저장의 휴지 기간 등으로 투영되어 나타난다. 두 주기는 더위와 추위의 세계가 순환하는 우주 질서인 셈이다. 이 세계를 특징짓는 두 의례가 있는데, 바로 5월 3일 십자가의 날(Día de Santa Cruz)과 11월 1일 사자(死者)의 날(Día de los Muertos)이다. 로뻬스(López, 1994: 108, 120)는 십자가의 날은 우기의 시작이 아니라 건기의 끝이고, 사자의 날은 건기의 시작이 아니라 우기의 끝이라고 했다. 즉 십자가의 날 의례에서 건조는 더운 기운의 예찬과 함께 끝이 나고, 사자의 날 의례에서 비는 모든 찬 기운이 모이면서 끝이 난다. 이처럼 두 의례는 건기와 우기를 잇는 연결고리가 되며, 두 의례를 중심으로 다른 의례들이 많이 행해진다. 특히 농민들에게 있어서 주요 관심사는 비, 곧 우기의 시작이다. 십자가의 날 의례를 시작으로 비와 관련된 의례, 이른바 이스까떼뻭 순례(Peregrinación a Ixcatepec)와 동굴 기우제(ofrenda a las cuevas)라는 두 의례가 행해진다. 이스까떼뻭 순례는 가톨릭 성격을 가지고 있다. 이스까떼뻭은 떼뽀스뜰란 무니시삐오에 속해 있는 마을이다. 이 마을의 성당에는 300여 년 전에 떼뽀스뜰란 지역에 창궐한 전염병을 퇴치한 기적의 예수상이 모셔져 있다. 산 안드레스 사람들은 5월 초에 이곳에 산 안드레스 상(像)을 모시고 순례한다. 주민들은 우기(雨期)가 시작되는 시기와 내리는 비의 양을 정하고자 주변 마을의 수호성인들이 예수 그리스도를 방문한다고 한다. 이스까떼뻭 순례와 달리 동굴 기우제는 메소아메리카 전통 의례이다.

3 동굴 기우제 과정

동굴 기우제는 메소아메리카의 많은 농촌 마을들에서 식민지 이전부터 행해져 온 전통 의례이며, 산 안드레스의 기우제도 예외가 아니었다. 1580년 구띠에레스 데 리에바나(Gutiérrez de Liébana)는 그의 책『떼뿌스뜰란 보고서(*Relación de Tepuztlán*)』에서 "산 안드레스에는 석회석 사이에 한 동굴이 있었다. 사람들은 그곳은 푹 가라앉아 있었는데 어디로 이어지는 줄을 몰랐고, 예전에 그곳에 들어가서 장식했다고 말했다"(Kim, 1999: 259 재인용)라고 동굴 의례에 대하여 기록했다. 구띠에레스 데 리에바나가 묘사한 동굴은 꾸이뜰라삘꼬(Cuitlapilco)로 추정되는데, 마을 북쪽에 있는 호수와 석회산이 접하는 곳에 있다. 이곳은 동굴 기우제를 지냈던 동굴이었으나, 토사가 쌓이면서 동굴 입구가 막혀 버렸다. 주민들은 1910년 혁명을 전후로 이곳에서 기우제가 이루어진 적이 없다고 했다. 이처럼 세월 따라 동굴은 토사에 묻히고 사라졌지만, 동굴 기우제는 지금까지도 다양한 장소에서 이루어지고 있다. 5월이 되면 산 안드레스의 농민들은 '좋은 시절'을 기원하며 마을 주변의 동굴과 샘 등에서 기우제를 지낸다.

1) 제물 준비 과정

4월 중순이 되면, 우에우엔뜰레(huehuentle, 기우제를 지내는 제사장)는 마을의 어른들로 구성된 위원회를 소집한다. 위원회 대부분은 여성이다. 이는 대체로 주 제사장이 혁명 이후부터 여성이었고, 또한 남성이 일하러 가고 없는 집을 방문하여 기금을 모집하기 위해서는 여성이 용이하기 때문이다. 이들은 먼저 의례 일시, 기금 모집 등에 관한 사항들을 결정한다. 예전에 기우제는 5월 첫째 금요일에 행해졌으나, 현재는 셋째 금요일에 행한다. 사람들은 언제인지 모르지만, 점차 우기의 시작이 늦어지면서 기우제의 일시도 늦추어졌다고 한다. 이는 '십자가 날', '이스까떼뻭 순례' 등과 맞물려서 일시가 조정된 것으로 보인다.

정해진 일시에 위원회 사람들이 구역을 나누어 집집을 돌면서 기금을 모집한다. 보통 가구당 얼마씩으로 정한다. 이를테면 1997-1998년에 기부금은 가구당 15뻬소였고, 2007년에는 30뻬소였다. 그러나 기부금 찬조는 의무적인 것이 아니며, 또한 기부금 형태도 화폐로 제한되지 않는다. 예전에는 옥수수, 따말용 옥수수 껍질, 그 외 의례에 필요한 폭죽 등 제의 용품을 기부하는 것이 일반적이었고, 오늘날에도 일부 가구는 이런 식으로 기부한다. 정해진 금액의 일부만을 내는 사람, 그리고 기부를 아예 하지 않는 가구도 꽤 된다. 일반적으로 모르몬 교인들은 기부하지 않는데, 이는 모르몬 교인과 다른 마을 사람들 사이의 말다툼 원인이 되기도 한다.

이웃 마을 산따 까따리나(Santa Catarina), 떼뽀스뜰란 읍내에서도 기금 모집이 이루어진다. 특히 산따 까따리나는 어린아이도 나우아뜰어를 말할 정도로 '전통이 잘 살아 있으며, 가장 전투적이고 텃세가 심한 곳'으로 알려져 있다. 따라서 그곳에 방문하게 되면 (폭행당하는 것 등을) "조심하라"는 이야기를 쉽게 듣게 된다. 그런데도 기우제 위원회 사람들은 산따 까따리나의 약 천여 가구를 각각 방문하는데, 이들은 오랜 풍습처럼 자연스럽게 기부를 한다. 그냥 서로 이웃일 뿐이다. 기부액은 정해져 있지 않다. 이들은 산 안드레스 마을과는 달리 옥수수 기부를 많이 한다. 산 안드레스와 같은 분지에 있는 산따 까따리나는 동일한 인식 체계를 공유하지만, 기우제를 지낼 만한 동굴이 없다. 따라서 산따 까따리나 사람들은 자연스럽게 산 안드레스 동굴 기우제를 통해 '좋은 시절'을 기원했고, 예전에 일부 사람들은 의례에도 직접 참여했다. 그러나 필자가 현지 연구를 한

〈사진 1〉• 마을 사무소에서 제물을 준비하는 제사장 도냐 호비따와 사람들(2007년).

출처: 김세건.

3년 동안 기부는 했지만, 의례에 직접 참여한 산따 까따리나 사람은 거의 없었다. 그리고 떼뽀스뜰란 읍내 사람들도 기부하지만, 소수이다. 대부분은 시장 상인들이고, 그들이 취급하는 폭죽, 종이 등을 기부한다. 한 상인은 수십 년 동안 화약을 기부해 왔다고 했다.

기우제 전날 제의 용품을 준비한다. 오전에 위원회 사람들이 모렐로스의 주도 꾸에르나바까(Cuernavaca) 시장에서 필요한 물품들을 사 온다. 예전에는 그릇, 인형 등 제의 용품 대부분을 직접 만들었지만, 1970년대부터 거의 모든 제의 용품을 시장에서 구매한다. 예로 도기 인형 대신 플라스틱 인형을 사용한다. 물건을 살 때 특별한 금기는 없다. 오후 무렵 마을사무소에 제사장들과 주민들이 모인다. 그리고 주 제사장 도냐 호비따

(Doña Jovita)의 지휘 아래 제의 용품을 준비한다. 마을사무소 마당에서는 아주머니들이 아우아께(ahuaque, 비를 가져오는 우기의 신)[2]를 위하여 소금기 없는 작은 따말, 파란 옥수수로 만든 에스끼떼(esquite, 일종의 비스킷), 소금기 없는 몰레 베르데(mole verde), 별·달·태양 모양의 뜰락스깔(tlaxcal, 일종의 비스킷) 등 제의 음식을 만든다. 신을 위한 제물에는 소금을 넣지 않는다. 그리고 마을사무소 건물 내에서는 주 제사장인 도냐 호비따의 지시에 따라 10여 명의 사람이 새 돗자리에 앉아서 남녀 인형, 천사, 개구리, 거북이, 뱀, 군인, 담배, 과일, 화약가루 등의 제의 용품을 천연색 실과 중국 종이(papel china)로 싼다. 이는 아우아께들이 천연색과 냄새를 좋아하기 때문이라고 한다. 예전에는 비와 관련 있는 무지개색을 사용했으나, 지금은 멕시코 상징색인 녹색, 하얀색, 빨간색 등 국기의 삼색을 주로 사용한다. 멕시코 국민주의가 전통 의례에도 자연스럽게 스며들어 있다. 이렇게 제의 용품의 준비가 다 되면 제사장은 동굴별로 나누어 새 바구니(chiquihuite)에 제의 용품을 담는다. 그런 뒤 사람들은 돌아가고, 마을 순찰 당번인 젊은이들이 남아 밤을 새워 가며 제의 용품을 지킨다.

2) 기우제 지내기

아침 7시경에 세 명의 우에우엔뜰레, 바구니를 운반하는 사람과 단순

---

2) 레드필드(Redfield, 1930: 121-122)에 따르면, 아우아께는 천둥·번개를 친다. 사람이 줍는 구슬(stone bead)과 나선형 물레(spindle whorl)는 아우아께들이 하늘에서 보내준 것이다. 아우아께들은 금을 매우 좋아한다. 비가 시작되면 종종 아우아께의 목소리가 들리는데, 여자들은 아우아께들이 그녀의 금귀고리를 빼앗아 가는 것을 두려워하며, 또한 아우아께가 보석을 빼앗아 가고자 자신들을 쳐서 죽이는 것을 두려워한다.

〈사진 2〉• 동굴 기우제 제물을 축복하는 미사(2007년).
출처: 김세건.

참가자들이 마을사무소에 모여 제물 바구니를 들고 산 안드레스 교회로
향한다. 예전에는 교회에서 레산데로(rezandero, 신부가 없을 때 기도회를 이
끄는 사람)의 주도 아래 간단한 기도만을 했으나, 1997년부터는 떼뽀스뜰
란 교구 신부가 직접 미사를 한다.

〈사진 3〉• 우에우엔따나 동굴을 향해 가는 제의 행렬(2007년).
출처: 김세건.

　신부는 우에우엔뜰레, 바구니를 운반하는 사람과 바구니를 성수로 축복한다. 다음 바구니를 기우제 장소로 가져간다. 동굴 기우제는 본래 두 방향으로 나뉘어 진행되었다. 그러다가 1997년부터 새로운 제사장으로 펠리뻬(Felipe Mendoza)와 살바도르(Salvador Mendoza)가 참여하면서 세 방향으로 나뉘었고, 의례 장소도 증가했다. 북쪽은 전과 마찬가지로 우에우엔따나(Huehuentana, 오래된 모자), 아손쫌빤뜰라(Azontzompantla, 물이 머리카락처럼 흐르는 곳), 소치뗀꼬(Xochitenco, 꽃가), 그리고 소치오깐(Xochiocan, 꽃이 있는 곳)이다. 그리고 남동쪽은 두 방향으로 나뉘었다. 첫 번째는 떼뻬뽈꼬(Tepepolco, 구름이 뭉쳐 있는 장소), 아이오깔띠빡(Aiocaltipac, 호박 집 위) 그리고 떼뻬꿀리구이안(Tepeculliguian, 산이 설교하는 곳)이고, 두 번째는 오스또끼아우악(Oztoquiahuac, 동굴 밖), 시우일리뗌빠(Xihuilitempa, 터키옥의 반점(hierbas)이 있는 곳, 1997년에 새로 추가됨), 멕스꼬몰라빠(Mexcomolapa, 물 위에 펼쳐진 구름), 그리고 아뜰리하깐(Atlijacan, 물이 있는 좋은 장소, 현재 마을 상수원이며, 1997년에 새로 추가됨)이다.

참가자, 특히 동굴 제의에 대하여 연구하는 사람들은 떼뻬뽈꼬 방향으로 가는 그룹을 따라나서는 것을 선호한다. 이는 떼뻬뽈꼬 동굴이 평상시에는 쉽게 갈 수 없는 마을의 최남단에 있는 꼬로나(Corona)산 정상 부근에 있고, 게다가 이 방향의 제사장이 약 40년 동안 기우제를 지내 온 도냐 호비따이기 때문이다. 도냐 호비따는 2000년대에 들어서면서 기력이 약해져 산악지대로 길이 험한 떼베뽈꼬 방향으로 가는 대신에 대부분이 평지인 아뜰리하깐 방향을 담당한다. 2007년에 떼뻬뽈꼬 방향은 펠리뻬가 담당했다. 펠리뻬는 전통문화에 관심이 많은 젊은이로 수호성인과 산 살바도르 축제 때에는 그와 함께 전통문화 활동을 하는 친구들, 이른바 꼰체로(conchero)들을 불러와 교회에서 꽃으로 태양 십자가를 장식하는 의례를 하고 춤을 춘다. 또 다른 제사장 살바도르는 펠리뻬의 형인데, 그가 캐나다에 계절이민을 가면서부터 기우제에 잘 참여하지 못하고 있다. 이에 2007년 동굴 기우제는 살바도르를 대신하여 20대 초반의 여성인 아메리까(América)가 제사장으로 처음 참여했다.

제의가 이루어지는 동굴들은 대체로 두세 명만 들어갈 수 있을 정도로 규모가 작다. 제사장과 보조원이 들어간 후, 사람들은 서로 들어가려고 밖은 한참 동안 소란스럽다. 동굴 안에 도착하여 자리를 잡으면 제사장은 비의 신 아우아께를 부르는 피리를 두 번 불면서 제의를 시작한다. 제

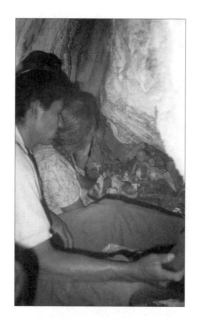

〈사진 4〉 • 도냐 호비따가 동굴에서 기우제를 지내는 모습(1996년).
출처: 김세건.

의를 시작할 때 제사장을 비롯한 모든 사람은 나쁜 바람 또는 신에게 노출되는 것을 방지하고자 담배를 한 모금씩 빤다. 한마디로 신성의 세계에 들어가는 것에 대한 두려움이 배어난다. 나아가 아우아께와 같은 신들은 선과 악의 이중성을 지니고 있다고 생각하는 아스떼까 전통 인식 체계의 한 단면을 엿볼 수 있다. 이른바 아우아께는 좋은 바람뿐만 아니라 나쁜 바람도 가져온다. 제사장은 피리를 두 번 분 다음 준비해 간 제물들을 정성스레 진열한다. 진열의 순서가 반드시 정해진 것은 아니지만, 대체로 제사장을 마주 보게끔 인형을 제단의 제일 앞부분에 놓고, 그 인형 앞에 다른 제물들을 진열한다. 그리고 제사장의 기도가 있다.

기도의 내용과 방식은 제사장에 따라 각양각색이다. 제사장 가운데 가

〈사진 5〉• 꼬빨 향로로 정화하는 모습.
출처: 김세건.

장 연장자인 도냐 호비따는 나우어뜰어와 스페인어를 혼용하여 기도했다. 펠리페와 아메리카는 순수 스페인어로 기도를 했다. 모든 제사장의 기도 대상은 뜰랄록(tlaloc) 등 아스떼까 전통의 신보다는 가톨릭의 예수, 성모 마리아, 성인이다. 특히 젊은 제사장들의 기도문에서는 전통 신의 이름을 거의 들을 수 없다. 2007년 동굴 기우제 때 필자는 새로 참여한 제사장 아메리까가 어떻게 제의를 하는가를 보고자 그녀를 따라갔다. 그녀는 우에우엔따나 방향을 담당했다. 그녀의 아버지 돈 꼬꼬(Don Coco)가 한때 제사장을 했는데, 이런 이유로 그녀는 젊은 나이에 거리낌 없이 제사장이 되었다. 그러나 단순 참여자에서 제사장이 되기가 절대 쉽지만은 않은 것 같다. 그녀는 우에우엔따나 바위를 찾지 못해 1시간여를 헤맸고, 결국 항상 가장 먼저 끝나는 이 방향의 기우제가 가장 늦게 끝났다. 무엇보다 그

〈사진 6〉 • 공동으로 식사하는 사람들.
출처: 김세건.

녀만의 기도문이 없어 교회의 주기도문(主祈禱文)으로 대신했다.

제의 장소마다 폭죽 소리가 울려 퍼지고, 정오 무렵에 제의는 마무리된다. 제의가 먼저 끝난 팀들은 성당으로 돌아와서 다른 팀들이 돌아올 때까지 기다린다. 다 모이면 마을사무소로 돌아간다. 이때 참가자들은 사무소 입구에서 꼬빨(copal) 향로의 연기로 몸을 씻는데, 이는 동굴과 들판에 있는 '나쁜 바람'과 접촉했던 사람들을 보호하기 위해서이다. 그리고 제의 동안 마을의 아주머니들이 준비한 따말과 몰레 베르데로 식사를 한다. 제물과 달리 사람들 식사를 위한 따말과 몰레 베르데에는 소금이 들어간다. 식사가 끝난 뒤 제사장의 간단한 인사 및 결산보고가 있고 기우제는 끝난다. 이제 우주 에너지 창조자의 대답만이 남았다.

4 동굴 기우제 제물의 의미와 특성

지난 40여 년 동안 기우제를 주관해 온 제사장 도냐 호비따가 1996년 5월 17일 떼뻬뿔꼬 동굴에서 행한 기도를 통해서 이들의 세계관을 살펴보자.

(두 번의 피리 소리)

성스러운 일꾼들이여(Señores Trabajadores)! 저들을 용서해 주세요, 저들은 자신들이 한 일을 알지 못합니다. 그러나 전통을 존중하며, 여기에 있습니다. 전지전능한 신이여, 저는 당신에게 좋은 시절을 요청하고자 왔습니다. 여기에 당신의 아들(소년 인형)이 있습니다. 아멘.

(제물 배치) 여기에 소녀가 있습니다. 아름다운 소녀가, 당신을 위해 하녀처럼 당신을 도울 것입니다. 하고자 하는 일을 시키십시오. 성스러운 일꾼이여! 일을 하고 당신들을 돕도록 이 소녀에게 명령하소서. 성스러운 일꾼들이여, 성스러운 탁자로 다가오소서. 성스러운 일꾼들을 위해 일을 하고자 여기에 거북이와 화약이 있습니다. 군인들이 일할 것입니다. 이들을 쉬라고 여기에 데려오지 않았습니다. 이 군인들은 오늘은 쉬고, 다음부터는 이 모든 시절(농사철) 동안 일을 할 것입니다. 그리고 이 뱀들은 조용한(calmado) 천둥을 위한 것입니다.

(담배에 불을 붙이고 놓는다)

(두 번의 피리 소리)

성스러운 일꾼이여, 바람 신이여, 시간과 계절의 성스러운 일꾼이여, 우리는 좋게 비가 내리길 그리고 신이 우리에게 바람, 우박이 없는 비를 주시길 원하고, 요청하며, 진심으로 기원하며, 탄원합니다.

우리 아버지 산띠시모 사끄라멘또(Nuestro Padre Santísimo Sacramento),

우리 아버지 산티시모 트리니닫(Nuestro Padre Santísimo Trinidad),

우리 아버지 산띠시모(Nuestro Padre Santísimo),

우리 아버지 산또(Nuestro Padre Santo).

우리들을 용서할 것이며, 절대로 우리들을 놀라게 아니할 것입니다.

성전, 성스러운 동굴이여. 성부와 성자와 성신의 이름으로, 아멘. 아베 마리아 뿌리시마(Ave María Purísima), 아베 마리아 산띠시마(Ave María Santísima). 우리들의 신이여, 우리들을 용서하소서, 우리들을 구원하소서, 간청합니다. 감사합니다. 우리들을 용서하소서, 신이여.

(세 번의 피리소리)

(폭죽)

이 기도문에서는 기우제 과정, 기우제의 대상과 목적, 제물의 역할 등이 잘 드러난다. 루이스(Ruiz, 1998: 8)는 기우제 과정의 상징 구조를 다음과 같이 도식화했다.

1. 피리소리: 비의 신, 아우아께를 부름

2. 제물: 원하는 좋은 시절에 대한 답례

3. 담배: 아우아께로부터 인간의 보호

4. 침묵과 기도: 우주 에너지의 움직임, 존경, 공포 그리고 아우아께의 평정

5. 폭죽: 제의의 완료

6. 비: 신의 응답

7. 추수: 성스러운 이중의 응답

기우제에는 아우아께에 대한 두려움과 바람이 함께한다. 물론 이 두려움은 자신들이 바라는 것을 얻기 위해서는 꼭 거쳐야 할 과정일 뿐이다. 이에 대한 신의 응답은 다름 아닌 '좋은 시절', 이른바 부족하지 않고 넘치지 않게 적절한 때에 내리는 비일 것이다. 비를 향한 주민들의 바람은 제물로 나타나고, 제물들은 주민들이 바라는 비의 세계에 대한 인식 체계가 잘 드러난다. 다음은 제물의 일람표이다.

〈표 2〉• 기우제 제물의 목록.

출처: Kim, 1999: 271 참조.

구분		내용	비고
인간		남녀 인형, 천사, 군인	플라스틱
동물		구아홀로떼(guajolote), 뱀, 개구리, 거북이, 물고기	플라스틱
식료	음식	소금기 없는 몰레 베르데, 소금기 없는 따말, 에스끼떼(esquite, 일종의 비스켓), 하얀 까모떼(camotes blancos), 빵, 여러 모양(별, 해, 달, 뱀, 천사 등)의 뜰랄스깔(tlaxcal, 일종의 비스켓)	기우제 전날 마을사무소에서 직접 요리
	과일	오렌지, 사과, 바나나, 망고, 과야바, 리몬, 살구, 파인애플, 멜론	시장에서 구입
	사탕	과자와 사탕	
	음료	뿔께와 포도주	

	화약가루(pólvora)	
	담배	
기타	작은 항아리와 컵	진흙
	초	
	피리	
	나무 십자가	

〈표 2〉에 나타난 제물 일람은 1997년 동굴 기우제에 바탕을 두었다. 이 제물의 내용은 2007년에도 크게 변화가 없었다. 이는 제사장인 도냐 호비따가 여전히 제물 준비를 주관하고 있기 때문으로 보인다. 그렇지만 기우제를 지내는 동굴이 세월 따라 변해 온 것처럼, 제물의 내용과 그 제물에 담긴 의미도 변했을 것이다. 대체로 제물은 크게 인간, 동물, 식료 등으로 나누어 볼 수 있으며, 제물마다 나름대로 의미를 지니고 있다. 제사장 도냐 호비따의 이야기이다.

옛날 조상들이 우리에게 말하기를 뱀, 거북이, 모든 동물은 비를 부르기 위한 것이다. 인형들은 바람의 신들(los aires)에게 보내는 선물이다. 몰레, 빵, 온갖 과일들은 일하는 신들에게 바치는 제물이다(Huicochea, 1997: 242 재인용).

피리는 기우제의 시작을 알리는 제물이다. 1970년대 이전에는 흙으로 구운 피리를 사용했다고 하는데, 오늘날에는 시장에서 구입한 어린이 장난감용 조그마한 나팔 피리를 사용했다. 사실 어른들이 장난감 나팔 피리를 부는 모습을 보고 있노라면 웃음이 나오기도 한다. 그러나 이 피리에서 흘러나오는 소리는 모든 소란과 재잘거림을 잠재우고 참석자들을 엄숙한 신성의 세계로 이끈다. 기우제를 시작하기 전에 피리를 불어 아우아께를 부른다. 또한 제물을 차리는 도중과 차린 뒤, 그리고 기우제를 마친 뒤에도 피리를 분다. 피리는 신을 부르고 이들과 소통하는 가장 중요한 도구다.

다음은 준비해 간 제물을 진설한다. 도냐 호비따의 기도문에서 남녀 인형-거북이-화약-군인-뱀 등의 순서로 진설하는 것처럼, 제물들은 분류에 따라 차례차례 제물을 올리는 것이 아니다. 한마디로 제물을 놓는 순서나 위치는 정해진 것이 없다. 이것은 제사장에 따라 다르고, 제사장도 항상 같은 순서와 위치에 제물을 놓는 것도 아니다. 그렇지만 제일 먼저 남녀 인형을 제사장과 마주 보도록 놓는 것이 보통이다. 남녀 한 쌍인 인형 또한 시장에서 산 어린이 장난감이다. 굳이 인형의 외모가 금발의 미녀, 미남이어도 크게 문제가 되지 않는다. 여기에서 중요한 것은 인형이 어린이여야 한다는 점이다.

인형은 원칙적으로 인간의 희생공희를 보여 준다. 아스테카력에 따르면 새해 첫날은 오늘날의 2월 2일이었다. 이날 아스떼까인들은 비의 신 뜰랄록, 비의 여신 찰치우뜰리꾸에(Chalchiuhtlicue), 바람과 옥수수의 신 께짤꼬아뜰(Quetzalcóatl) 등에게 의례를 행했다. 특히 산의 정상 등 여러 장소에서 비와 물이 풍부한 좋은 시절을 기원하며 어린이의 심장을 바치는 희생공희를 했다(Iglesias y Cabrera, 2001: 200). 한마디로 봄의 길목에서 1년 동안 이어진 묵은해의 세속의 시간으로부터 벗어나 성스러운 시간의 신의 세계로 들어가서 그들과 대화하며 새해를 열었다. 또한 원주민들은 "농업 의례에서 가장 보편적으로 행해진 행위 가운데 하나가 어린이 또는 어른의 피를 바치는 것이었다. 이는 농업 주기의 시작과 끝에서 행해졌다"(Florescano, 1966: 121). 이 점에 관하여 로뻬스(López, 1997)는 희생 의례는 비, 추수, 건강, 승리의 대가로 희생자를 공물로 바치는 목적이 있다고 했다. 따라서 인간은 신께서 자신들에게 원하는 것을 주길 바라며 자신의 삶 자체를 바쳤다. 하지만 오늘날 희생공희는 이루어지지 않으며, 정확하게 말하면 이루어질 수 없다. 그런데도 희생공희가 지니는 의미는 지금까지 여전히 이어지고 있다고 하겠다. 이 점은 1998년 무렵 산 안드레스 마을 노인들과 나눈 다음의 이야기에서 잘 드러난다.

아주 옛날에 '물의 눈(ojo de agua)'의 물탱크에 물이 잘 채워지지 않았다. 그러다 어느 날 여자 어린이가 그곳의 물탱크에 빠져 죽었다. 그 후 물이 잘 나왔다.

최근에 '물의 눈'에 물이 잘 나오지 않는다. 일부 노인들은 물이 다시 놀아오게 하기 위해서는 아주 오래전에 죽은 여자 어린이의 짝이 될 수 있는 어린이의 희생이 필요하다고 말한다.

'물의 눈'의 정식 이름은 '물이 머리카락처럼 흐르는 곳'이라는 뜻의 아손쫌빤뜰라인데, 주민들은 보통 '물의 눈'이라고 부른다. 이곳은 현재의 상수도가 설치되기 전까지 오랫동안 마을의 우물이었다. 이 사례는 필자가 1998년 당시 아손쫌빤뜰라의 물탱크에 물이 잘 채워지지 않는 이유를 물어본 것에 대하여 일부 주민이 설명하는 과정에서 나온 이야기이다. 이처럼 인간의 희생은 신들에게 가장 최고의 제물인 셈이다. 특히 어린이의 희생은 풍요를 상징한다. 이와 달리 산 안드레스 사람들은 어른은 기본적으로 나쁘다고 생각한다. 이 생각은 한 농민의 이야기에서 잘 드러난다.

옥수수가 바람에 쓰러졌을 때, 사람들은 일주일 정도 경작지에 들어가서는 안 된다. 왜냐하면 우리는 나쁘기 때문이다. 만약 경작지에 들어가면, 쓰러진 옥수수는 다시 일어서지 못할 것이다. 옥수수가 아주 어려서 쓰러져도 그렇다.

산 안드레스 사람들은 어른은 죄인일지라도, 어린이는 매우 순수하고 깨끗한 존재로 생각한다. 이를테면 떼뽀스뜰란에서는 어린이가 죽으면 곧바로 천국으로 올라간다고 믿기 때문에, 어린이 장례식은 어른 장례식과 달리 밝고 경쾌한 곡이 연주된다. 결국 어린이는 순수하지 못하고 악한 어른의 대리인이 되어 신에게 바쳐진 셈이다. 그런데 어린이는 희생 제물로서만 의미를 지닌 것은 아니다. 희생된 어린이는 비의 신, 아우아께를 도와주는 보조자로 아우아께의 뜻을 인간에게 전달하는 중간자, 한마디로 '어린 신'이 된다. 이 점은 도냐 호비따 전에 동굴기우제의 주 제사장이었던 도냐 까시미라(Doña Casimira, 1992년 사망)의 딸이 전하는 이야기에서도 잘 드러난다.

내 어머니는 약 30년 동안 동굴 기우제 제사장을 맡았다. 그녀는 진짜로 바람신의 존재를 믿었다. 갑자기 그녀가 아파서 일어설 수가 없었다. 그렇게 6년을 앉아서 지냈다. 동굴에 갈 수도 없었다. 그런데 그녀는 동굴 기우제가 며칠 남겨 둔 어느 날 집에서 어린이들과 물을 꿈에 보았다고 말했다. 그들은 어머니에게 먹을 것을 달라고 했다. 그래서 어머니는 멕시코어(나우아뜰어)로 "기다려라, 내가 줄게"라고 말했다.

도냐 까시미라는 수십 년 동안 기우제를 주관했던 아주 뛰어난 제사장으로 마을 사람들에게 기억되고 있다. 그녀의 이야기에서 어린이는 아우아께에게 좋은 시절을 기원하는 인간의 대리인임과 동시에 아우아께를 보조하는 존재로 인간과 신의 세계를 연결한다. 제사장들은 어린이를 신의 대리인으로 간주하며, 꿈에 어린이가 보이는 것을 비의 신들이 좋은 시절을 위해 제물을 요청하는 것으로 해석한다.

인형을 놓은 다음에는 제사장들은 커다란 색종이를 바닥에 깐다. 이 색종이는 제물을 싸는 색종이와 색깔이 있는 실과 더불어 무지개를 상징한다. 무지개는 또 다른 비의 상징이다. 무지개가 일어나고, 물을 가지고 있는 구름이 형성되는 것이다. 그런 다음 촛불을 켜고, 가져온 제물들은 차례차례 놓는다. 개구리, 거북이, 물고기, 뱀 등의 제물을 놓는다. 이 제물들 또한 플라스틱으로 만들어진 어린이 장난감이다. 이 제물들은 신들에게 바쳐진 음식이라기보다는 비의 신 등을 상징한다. 개구리, 거북이, 물고기는 기본적으로 물과 밀접한 관계가 있으며, 아우아께를 대표한다고 할 수 있다. 뱀은 멕시코 최초의 인간들에게 옥수수를 가져다 둔 풍요의 신 께짤꼬아뜰을 나타낸다. 반면 아메리카가 원산지인 칠면조(인형)만을 제외한 농촌에서 흔히 볼 수 있는 소, 말, 돼지 등과 같은 가축을 제물로 바치지 않는다. 이에 대해 주민들은 이 동물들은 비와 크게 상관이 없기 때문이라고 한다. 하여튼 소와 말이 스페인 사람들이 가져온 가축이기 때문에 정복 이전부터 내려오는 동굴 기우제에 이들 가축을 제물로 바치지 않은 것은 당연해 보이기도 한다. 하여튼 산 안드레스에는 소, 말, 돼지 등은 인간이 영혼의 세계를 가는 길을 방해하는 동물로 이해한다. 예컨대 산 안드레스에서는 인간이 죽으면 관에 소금과 떼스끼떼(tesquite, 돌소금)를 넣는데, 이는 망자의 길을 방해하는 소, 말, 돼지 등에게 주기 위한 것이다. 이곳에서는 평소에 소, 말, 돼지에게 옥수숫대 등 먹이뿐만 아니라 소금과 떼스끼떼를 정기적으로 준다. 이런 맥락에서 농촌에서 가장 중요한 소, 말, 돼지를 제물로 바치지 않는 점을 이해할 수 있을 것 같다.

다음에는 과일, 요리, 술 등을 놓는다. 인간의 삶을 유지하고 풍요롭게 하는 먹거리인 이 제물들은 또한 신들을 위한 먹거리이기도 하다. 리에바나(de Liébana, 1580)에 따르면 옥수수 마소르까를 제물을 바쳤다고 하는데, 지금은 마소르까는 제물로 바치지는 않는다. 이 제물들 가운데 가장 중요한 제물은 소금기 없는 따말, 소금기 없는 몰레 베르데, 에스끼떼, 뜰랄스깔이다. 이 제물 대부분은 주민들의 주식인 옥수수로 만들며, 주민들이 직접 요리를 한다. 따말, 몰레 베르데, 에스끼떼, 뜰랄스깔 등 요리에 소금을 넣지 않는다. 이는 신들이 소금을 좋아하지 않기 때문이라고 한다. 또한 따말은 크기가 평소에 만드는 것보다 작은데, 이는 아우아께를 보조하는 어린이 신을 위한 것이라고 한다. 특히 따말은 멕시코 고대 사회부터 오늘날까지 일상 음식으로뿐만 아니라 종교 의례 등에 많이 사용되었다. 멕시코에는 라틴아메리카 국가 가운데에서도 가장 많은 종류의 따말이 있는데, 적게는 500여 종, 많게는 5,000여 종의 따말이 있다(wikipedia, n.d.). 한마디로 따말에는 옥수수에 바탕을 둔 멕시코 사람들의 삶과 정신세계가 응축되어 있다고 하겠다. 몰레는 스페인 식민지 시대에 태어났는데, 오늘날 멕시코에서 가장 대표적인 축제 음식이다. 보통 결혼식 등 축하 성격의 축제에서는 몰레 로호(mole rojo)를 만들지만, 장례식, 사자의 날 같은 엄숙한 제의에서는 몰레 베르데를 요리한다. 특히 동굴 기우제 제물로 바쳐지는 몰레 베르데에는 소금을 넣지 않는다. 그 외 주식인 옥수수로 만든 에스끼떼, 뜰라스깔이 있는데, 아우아께는 색을 좋아하기 때문에 이때 사용하는 옥수수는 푸른 듯하면서 붉그스름한 색깔이 있는 옥수수이다. 과자와 사탕은 가능한 단맛이 나는 것을 올리며, 이 또한 신들이 단맛을 좋아하기 때문이라고 한다. 아스떼까 신들의 음료인 뿔께를 올린다. 뿔께와 더불어 포도주를 바치는데, 이는 가톨릭과 관계가 있어 보인다. 즉 포도주는 예수의 피를 의미한다. 또한 나무 십자가도 예수 그리스도를 상징한다.

기우제 제물 가운데 빠뜨려서는 안 될 하나가 화약 가루이다. 이 중요성은 다음의 이야기에서 잘 드러난다.

올해(1997년)에는 파종하는 6월과 옥수수가 자라기 위해 물이 많이 필요로 하는 8월에 비가 내리지 않았다. 나는 동굴 의례를 할 때, 화약 가루를 잃어버리고 가져가지 않았기 때문이라고 생각한다. (실제로는 동굴 기우제에 화약 가루를 제물로 바쳤다.) 왜냐하면 올해는 천둥이 없었기 때문이다. 천둥은 구름을 부수어 비가 내리도록 하므로 매우 중요하다.

이 주민은 당시 50대 초반으로 마을에서 농사를 가장 많이 짓는 농민 가운데 한 명이었는데, 동굴 기우제를 비롯한 물의 날 등의 의례에는 거의 참여하지 않는 편이다. 그렇지만 1997년에 있었던 가뭄의 원인을 자연스럽게 동굴 기우제에서 찾고 있다. 특히 위 사람은 동굴 기우제에서 화약 가루를 빠트리고 신에게 바치지 않아서 그해에는 비를 몰고 오는 천둥·번개가 거의 없었고, 결국 비가 내리지 않았다고 말한다. 이처럼 폭약은 기우제에 없어서는 안 될 가장 중요한 제물이다. 다시 말해 폭약은 구름을 깨트리는 천둥을 상징하고 동시에 비의 신 뜰랄록과 직접적인 관계가 있다. 뜰랄록은 천둥, 번개 그리고 폭풍우를 관장한다. 사람들은 뭉쳐 있는 먹구름은 나쁜 비와 회오리바람을 몰고 온다. 따라서 화약 가루로 폭죽을 만들어 터트려서 뭉쳐 있는 구름을 흩트려 좋은 비를 내리게 한다. 실제 폭풍우가 무섭게 내리치면 일부 주민들은 집에 있는 뻬리꼰 십자가 또는 부활절 미사에서 축복을 받는 야자수 십자가를 태우거나, 하늘로 폭죽을 쏴 올린다. 그러면 먹구름이 흩어져 '나쁜 비'는 멈추고 '좋은 비'가 내린다고 한다. 아우아께는 제물을 바친 농민들에게 답례로 화약 가루로 좋은 비를 만들어 보낸다.

5 동굴: 기원지 그리고 풍요의 창고

로뻬스(López, 1997: 214)에 따르면 메소아메리카 문화에서 "창조는 세 영역, 이른바 천상(天上), 지상(地上), 지하(地下)의 결합에서 이루어진다. 말할 필요도 없이 천상과 지하는 신들만의 땅이며, 지상은 인간과 창조된 다른 생명체들의 장소이다." 특히 지하 세계는 신들의 거주지이자 땅 위에서 살아가는 인간을 비롯한 생명체들의 삶을 풍요롭게 하는 보물들이 저장된 '풍요의 창고(Bodega de la riqueza)'이다. 우주의 한 부분인 지하세계를 상징하는 대표적인 장소가 다름 아닌 동굴이다. 무릇 동굴은 "대지의 어머니 신의 복부(vientre)"(Limón, 1990: 90)이자 다양한 부족에게 생명을 준 기원지로 상징과 의례의 대상으로서 큰 의미를 지녔다. 예컨대 아스떼까 제국을 세웠던 멕시까(México) 부족은 어원적으로는 '일곱 개 동굴'이라는 의미를 지닌 치꼬모스똑(Chicomóztoc)을 그들의 탄생지로 간주했다. 동굴을 탄생지로 보는 세계관은 아스떼까 사회에만 국한된 것은 아니었으며, 떼오띠우아깐·마야·믹스떼꼬 등을 비롯한 메소아메리카 사회 전반에서 나타난다. 단지 아스떼까 제국을 이룬 멕시까 기원의 동굴은 일곱 개이며 현 거주지로부터 멀리 떨어진 선인장이 가득한 사막 지대에 있다면, 떼오띠우아깐·마야·믹스떼꼬 등의 기원 동굴은 한 개로 자신의 영토 안에 있으며 비옥한 땅이라는 점에서 차이가 있다(Florescano, 2002: 78-79).

하여튼 동굴을 기원지나 풍요의 창고로 바라보는 인식 체계는 여느 메소아메리카 사회에서 볼 수 있는 보편적인 현상이다. 나우아뜰어를 말하는 종족 가운데 하나였던 뜰라우이까 종족의 후손들이 사는 떼뽀스뜰란 지역에도 여전히 전통 인식체계가 뿌리 깊게 남아 있다. 이는 산 안드레스에 전해지는 다음의 이야기에서도 잘 드러난다.

12월 31일 밤 12시에는 떼뽀스뜰란의 조상신, 떼뽀스떼까뜰이 그렸다는 벽화가 있는 오스또끼아우악에 '마법의 가게(tienda encantada)'가 열린다. 이 가게는 오로지 12초 동안에만 열리기 때문에 빨리 물건을 사서 나와야 한다. 만약 그곳에서 못 나오면, 1년 동안 갇히게 된다. 상점에서의 1분은 현세의 1년과 같다. 가게를 나올 때는 담요로 몸을 덮고 나와야 한다. 왜냐하면 공기와 접촉하게 되면 죽기 때문이다. 우리 할아버지와 할머니가 말씀하시길, 아주 옛날 어느 연말 무렵에 한 마부가 이곳에 도착했다. 말을 나무에 묶고, 아까뿔꼬(Acapulco)에서 가져온 상품들을 내려놓고, 밤을 보내기 위해 잠자리를 만들고 있었다. 그때 커다란 문이 열렸는데, 큰 가게였다. 그 광경을 놀라며 바라보던 그는 호기심에 들어가서 설탕을 샀다. 그가 문을 나섰을 때 가게는 온데간 데없이 사라졌다. 그리고 그가 산 설탕은 황금으로 변했다. 이 믿기지 않는 사실을 친구들에게 이야기했다. 이듬해에 그는 친구들과 함께 그곳에 다시 와서 가게 문이 열리기만을 기다렸다. 하지만 가게는 어디에서도 열리지 않았다. 왜냐하면 그들은 이미 너무도 많은 욕심을 가지고 있었기 때문이었다.

마법의 가게가 열리는 오스또끼아우악은 동굴 기우제를 지내는 한 동굴이다. 주민들은 이곳을 스페인 식민지 시절에 모렐로스 지역 경제의 중심이자 부를 상징했던 사탕수수, 이른바 설탕과 같은 보물이 저장된 '풍요의 창고'로 여긴다. 동굴을 풍요의 창고로 상징화하는 전통적 인식 체계는 오늘날에도 크게 변하지 않았다. 단지 식민지 시기에 부의 상징이 된 '설탕'이 창고에 있어야 할 한 품목으로 추가되었을 뿐이다.

옥수수 농사가 중심이었던 시기에서 동굴에 보관된 가장 중요한 보물은 다름 아니라 씨앗, 비와 같은 농사를 위해서는 필수적인 것들이었다. 결국 전통 인식 체계에서 동굴 나아가 동굴이 위치한 산과 언덕은 농업과는 떼려야 뗄 수 없는 관계를 맺고 있다. 동굴과 농사의 밀접한 관계는 앞에서 언급한 도냐 까시미라의 딸이 전하는 다음의 언설에서 잘 드러난다.

5월 한 금요일이면 도냐 까시미라는 소치오깐 동굴에 들어갔다. 목욕재계하고, 꼬빨 향로로 몸을 깨끗하게 정화하고 단식을 했다. 그런 뒤 그녀만이 아는 제물과 새 바구니를 가지고 홀로 소치오깐 동굴 안으로 들어갔다. 아침 8시쯤에 들어가서는 오후 3시 무렵이 되어서 나왔다. 바구니에는 호박, 엘로떼(여린 알이 꽉 찬 상태의 옥수수), 콩 그리고 주요 농작물이 가득 차 있었다. 이것을 사람들에게 보이며 말했다. "농부들이여, 우리들이 바친 공물에 비의 신들이 매우 만족해 있어, 곧 좋은 시기가 올 것이니 믿음을 갖고 씨를 뿌리세요." 그리고 농부들에게 "우박(granizo)도, 가뭄(sequía)도, 세찬 비바람(aguaviento)도 없을 것이고, 비는 부족함이 없이 올 것"이라고 확언했다. 정말 그렇게 되었다.

동굴은 지하 세계로 연결되고, 대화할 수 있는 문지방(umbral)이다. 무엇보다 동굴은 지하 세계에 있는 힘들이 발산하는 통로로 농사의 필수품인 씨앗, 그리고 이 씨앗에 생명력을 주는 비를 가져오는 바람과 구름이 나오는 출구이다. 농사철이 가까워질 무렵 농민들은 "이 보물들이 대지로 나올 수 있도록 허락해 주십사" 하고 비의 신 아우아께가 사는 동굴에 제를 올린다.

동굴 기우제는 신들과의 대화의 수단이며, 이 세상과 초자연의 세계와의 필수 불가결한 연결고리이다. 게다가 로뻬스가 지적한 것처럼(López, 1997: 211), "인간과 신 영역의 차별성을 인정한다면, 기우제는 인간이 신에게 무엇인가를 바치는 것을 의미한다. 그리고 신들은 인간들의 이런 제물에 대한 답례로 커다란 무엇인가를 주어야 한다." 농민의 처지에서 보면, 아우아께가 내리는 최고의 선물은 '좋은 시절', 이른바 풍년일 것이다. 기우제에 대한 아우아께의 응답은 씨앗이 성장할 수 있는 생명력과 비를 내린다. 식물의 생을 부활시켜 내는 동굴의 창조 행위는 여러 동굴의 조화로 이뤄진다. 여기에는 원주민의 자연관이 내재되어 있다. 이 점은 다음의 사례(Ruiz and Grigsby, s/p: 6; 김세건, 2000: 141 재인용)에서 잘 드러난다.

지하의 강으로부터 솟아난 증기(구름)는 남쪽의 동굴들을 통해 발산된다. 바람에 실려 북쪽과 서쪽으로 실려 간 구름은 비로 변하여 들판과 북쪽 산들의 정상에 내린다. 그곳에서 개천이 되어 흘러내리고, 또한 샘들의 물도 간헐천(間歇川)으로 흘러, 땅의 배꼽에 이르러, 꾸이뜰라삘꼬(Cuitlapilco) 동굴을 통해 지하 세계로 들어간다. 동굴들은 매우 중요하다. 왜냐하면 우리들의 삶이 그들로부터 오기 때문이다.

마을 사람들은 남쪽과 북쪽의 동굴에 대한 상징 구조를 통해 우주를 창조한다. 먼저 북쪽은 탄생과 창조의 공간으로 위치 지워진다. 이 방향의 동굴들이 있는 찰치우이떼뻬뜰(Chalchihuitepetl)은 "보물 또는 옥(jade)의 산"이라는 뜻인데, 전통적 상징 체계에서 옥은 물의 대표적인 상징이었다(Ruiz and Grigsby, s/p: 6). 이 산에는 소치오깐, 아손쫌빤뜰라 그리고 소치뗀꼬와 같은 기우제가 벌어지는 동굴과 주민들의 생명줄인 샘이 위치해 있다. 이 동굴들이 지닌 의미는 산 안드레스 마을의 신화에서 잘 드러난다.

원래 산 안드레스는 현재 위치에서 북쪽으로 약 2킬로미터 떨어진 소치오깐(Xochiócan)에 있었다. 떼오빤솔꼬(Teopanzolco)에 갔다가 돌아오던 떼뽀스뜰란의 시조신(始祖神) 떼뽀스떼까뜰은 배가 고파 산 안드레스 마을에 들렀다. 마침 한 여인이 또르띠야를 만들고자 옥수수를 빻고 있었다. 떼뽀스떼까뜰은 그 여인에게 또르띠야를 달라고 부탁했다. 그러나 이를 탐탁지 않게 여긴 여인은 또르띠야를 건네주면서 소금 대신 자신의 겨드랑이 땀을 묻혀서 주었다. 화가 난 떼뽀스떼까뜰은 여인으로부터 메뜰라삘(metlapil, 옥수수를 빻은 작은 돌절구)을 빼앗아 마을의 샘물 입구를 막아 버렸다. 이후 샘물이 말라 산 안드레스 주민들은 물을 찾아 현재의 위치인 아손쫌빤뜰라 방향으로 이동해야 했다.

찰치우이떼뻬뜰 산에 있는 소치오깐, 소치뗀꼬 등과 같은 동굴들과 샘들은 구름이 비로 변하여 발산되는 통로로 상징화된다. 이 점은 소치오깐, 소치뗀꼬 이름에도 그대로 반영되어 있다. 소치뜰(Xochitl), 곧 '꽃'은 메소아메리카의 전통적 상징 체계에서 자궁과 기원을 나타낸다. 특히 소치오깐 지역은 산 안드레스의 주민들이 처음으로 거주하기 시작했던 곳이고, 떼뽀스뜰란 조상신 떼뽀스떼까뜰이 내린 벌로 샘물을 잃어버리고 소치오깐을 떠났던 주민들에게 새로이 물, 곧 생명을 준 곳이 아손쫌빤뜰라와 소치뗀꼬이다. 현실적으로 비를 실어 오는 바람은 북쪽에서 오며, 상징 체계에서도 이 방향에 창조와 탄생과 관련된 동굴이 자리 잡고 있는 것이다.

이와 달리 마을 사람들은 남쪽의 동굴들을 죽음과 연관시킨다. 이는 한 농민의 다음 이야기(김세건, 2000: 142)에서 보인다.

혁명이 일어나기 몇 년 전에 농사가 꽤 잘되었는데 갑자기 메뚜기 떼가 몰려들어 피해가 심했다. 그래서 어느 날 우리 할아버지들은 어린아이들에게 하얀 옷을 잘 차려 입히고, 그들과 함께―왜냐하면 어린이는 순수한데, 어른은 죄가 많기 때문이다―풍악을 울리고 폭죽을 쏘며 호야(Joya, 마을의 최남단 지역) 쪽으로 갔다. 결국 메뚜기 떼는 출구인 호야 쪽으로 사라졌다.

기우제를 지내는 제일 남쪽에 있는 떼뻬뽈꼬 동굴은 지하 세계로 통하는 지름길로 여긴다. 비는 우기 동안 동식물에 생명을 준 뒤에 땅의 배꼽을 통해 지하 세계로 귀환하고, 새로운 농사철이 되돌아오면 남쪽 동굴을 통해 수증기를 함유한 구름으로 다시 발산한다. 이 구름은 북쪽 동굴에서 발산되는 기운과 만나 비가 되어 대지에 내린다. '구름이 뭉쳐 있는 장소'라는 뜻의 떼뻬뽈꼬 동굴은 단순히 죽음의 세계인 것이 아니라 창조 세계의 한 축이라고 할 수 있다. 결국 비의 창조는 북쪽과 남쪽 동굴들 사이의 조화에 의해서 이루어지며, 지하 세계의 죽음과 혼돈으로부터 생명과 창조가 일어나는 것이다.

남쪽과 북쪽 동굴에 대한 인식 체계에서 삶과 죽음의 관계는 매우 순환적이고 조화롭다는 원주민의 세계관을 발견할 수 있다. 창조 행위가 계속되기 위해서는 동굴에서 나온 생명력과 비는 다시 동굴을 통해 지하 세계로 되돌아가야 한다. 동굴로의 회귀는 뻬리꼰 십자가와 엘로떼의 날과 물의 날 의례를 통해 이루어진다.

옥수수의 알곡이 가득 차 있는 9월 28일 무렵 농민들은 바람으로부터 농작물을 보호하고자 노란색 야생화 뻬리꼰으로 만든 십자가를 옥수수밭의 네 귀퉁이에 세우는 것이다. 십자가는 들판에 떠도는 나쁜 바람으로부터 옥수수밭을 보호하는 역할을 한다. 십자가를 세운 뒤 사람들은 처음으로 엘로떼를 따며 '의례적 수확'을 한다. 마을 노인들에 따르면, 1970년대 중반까지만 해도 첫 의례적 수확을 하는 뻬리꼰 십자가의 날이 올 때까지 누구도 자신의 밭에 있는 엘로떼에 손을 대지 않았다. 그리고 수확한 엘로떼를 주변에서 모은 나뭇가지에 불을 붙여 구워 먹는다. 불로 옥수수를 굽는 행위는 이제 생명력을 얻는 씨앗들이 다시 동굴로 회귀하는 것을 의미한다. 특히 보물과 생명력의 회귀는 루까스(Lucas) 성인 축일인 10월 18일은 물의 날 의례로 이어져 사자의 날에 마무리된다.

마을 사람들은 '물의 눈', 아손쭘빤뜰라에서 좋은 시절과 결실을 주신 것에 대하여 감사드린다. '물의 날'의 오후 무렵 산 안드레스 성당에서 폭죽과 종소리가 울리면 사람들은 성당으로 모여 아손쭘빤뜰라로 향한다. 예전에는 음악대가 함께 갔다고 한다. 몇몇 사람들은 장작, 솥 등을 가져간다. 신부가 집전하는 미사가 진행되는 한쪽에서는 솥에 연한 마소르까를 넣어 물을 붓고 장작불에 삶는다. 엘로떼의 날에는 옥수수를 불에 직접 구워 먹었다면, 물의 날에는 옥수수를 물에 삶아 먹는다. 불에 의해 물이 증기로 변하여 점차 자신의 근원지인 동굴로 돌아가는 것, 다시 말해 우기가 끝나가고 있음을 상징한다고 하겠다. 지하 세계에 파종된 옥수수 씨앗에서 새싹이 돋아나 성장하고 재생산될 수 있도록 생명력을 불어넣어 주었던 힘은 다음 철까지 휴식을 취하고자 엘로떼의 날, 물의 날 등과 같은 의례를 통해 그들의 보금자리인 동굴, 이른바 지하 세계로 돌아간다.

6 나가며

동굴 기우제는 산 안드레스에서 행해지는 가장 오래된 생산 의례이다. 동굴 기우제는 생산 의례를 넘어 스페인 정복 전 이 땅에 자리 잡고 있었던 메소아메리카 문화의 보고(寶庫)이다. 동굴 기우제는 식민지 시기를 거쳐 지금에 이르기까지 옥수수를 생산하며 살아온 산 안드레스 주민들에게 생명력을 부여해 왔다. 물론 동굴 기우제에 깃든 메소아메리카 문화, 특히 자연관은 가톨릭 종교와 결합하면서 커다란 변화를 겪었다. 한마디로 모든 생산 의례는 가톨릭과 밀접한 관계를 맺게 되었고, 점차 모든 전통의 신을 대신하여 가톨릭의 신과 성인들이 의례의 중심으로 자리매김했다. 이를테면 동굴 기우제의 대상도 바람과 비의 신 뜰랄록, 아우아께, 께짤꼬아뜰보다 '성스러운 구원자 예수'로 상징화되었다. 가톨릭의 도입과 강요는 점진적으로 조화로운 관계에 바탕을 둔 이원성에 대한 사고에도 변화를 일으켰다. 좋고 나쁜 동굴의 조화로 비가 내리고, 건기와 우기의 순환 속에서 옥수수가 재생하듯이 전통적 인식 체계에서 "두 개의 상반된 존재, 이른바 신과 악마는 각자 독립적인 하나의 존재로 수렴되었다. 예로 악마, 나쁜 것은 하나의 신성(deidad) 속에서만 정체성을 획득했던 것이다"(Nuño, 1996: 59). 무릇 모든 자연 현상을 지배하고 통제하는 신성과 함께 유지되었던 호혜적 관계는 가톨릭의 강요 속에서 신과 악마라는 이분적 구조, 이른바 이원(二元) 대립으로 변화했다. 특히 20세기에 들어 농촌 근대화를 겪으면서 동굴 기우제는 그 어떤 것보다 커다란 소멸 위기에 있었다. 오늘날 동굴에서 비를 기원한다는 것 자체가 웃을 일이다. 결국 "많은 사람들이 (동굴의) 의미도, 아니 이름조차도 모른 채 마치 소풍을 가는 것처럼 감상적으로 제의에 참여한다"라는 제사장 펠리뻬의 말처럼 오늘날 동굴은 그냥 동굴일 뿐이고, "신화 없는 의례(rito sin mitos)"(García, 1990)만이 생산되고 있는지 모른다. 이런 변화 속에서도 주민들은 부지불식간에 가뭄, 나쁜 결실 등의 현상을 아주 자연스럽게 동굴 기우제와 연관시키며 전통적 세계관을 오늘날까지 지켜 왔다. 여전히 동굴은 우주 에너지의 창조자가 사는 곳이다.

1장 아마존의 야만적인 고무 산업과 원주민의 인권 유린: 『켈트의 꿈』을 중심으로

김현(2019), 「폭력의 정치경제학」, 『민주주의와 인권』 19(2), 325-361.

박기순(2013), 「스피노자와 데리다에서 폭력과 신학-정치적 문제」, 『마르크스주의 연구』 10(4), 142-167.

발리바르, 에티엔(2012), 『폭력과 시민다움』, 진태원 옮김, 난장.

Galtung, Johan(1990), "Cultural Violence", *Journal of Peace Research* 27(3), 291-305.

Mbaye, Djibril(2019), "Negritud, ingenismo y nacionalismo en El sueño del Celta de Mario Vargas Llosa", *Anuario de Estudios Filológicos* 42, 215-231.

Montoya, Pablo(2015), "El sueño del Celta", Literariedad, March 15, 2015, https://literariedad.co/2015/03/15/el-sueno-del-celta-ambiguedad-de-una-denuncia-pablo-montoya/.

Vargas Llosa, Mario(2010), *El sueño del Celta*, Alfaragua.

Villar Dégano, J. F.(2011), "Breves notas a El sueño del Celta de Mario Vargas Llosa, al hilo de otras observaciones de su ensayo La orgía perpetua". *Revista Cálamo FASPE* 57, 53-58.

Zea, Leopoldo(1978), "Negritud e indigenismo", *Latinoamérica, cuadernos de cultura latinoamericana*, Ciudad de México: UNAM.

2장 재난의 일상화: 파괴된 세계의 멕시코시티

김미향(2022), 「"9월 19일이 두렵다"…멕시코, 같은 날에만 세 번째 대지진」, 『한겨레』, 2022년 9월 20일, https://www.hani.co.kr/arti/international/international_general/1059312.html.

브라이언트, 레비(2020), 『존재의 지도』, 김효진 옮김, 갈무리.

이의정(2019), 「마른 하늘에 날벼락, 하늘에서 새가 떨어져요!」, 『환경경찰뉴스』, 2019년 5월 3일, https://www.epnnews.com/news/articleView.html?idxno=1403.

이채환(2022), 「또 9월 19일… 멕시코, 같은 날 세 번째 대형지진」, 『동아일보』, 2022년 9월 21일, https://www.donga.com/news/Inter/article/all/20220920/115550955/1.

Alaimo, Stacy(2010), *Bodily Natures: Science, Environment, and the Material Self*, Indiana University Press.

Braidotti, Rosi(2013), *The Posthuman*, Polity Press.

Bryant, Levy(2014), *Onto-Cartography: An Ontology of Machines and Media*, Edinburgh University Press.

Cenzatti, Marco(2008), "Heterotopias of Difference", *Heterotopia and the City: Public Space in a Postcivil Society*, edited by Michiel Dehaene and Lieven de Cauter, Routledge, 75-85.

César Rojas, Arturo(1997), "El que llegó hasta el metro Pino Suárez", *El futuro en llamas: cuentos clásicos de la ciencia ficción mexicana*, edited by Gabriel Trujillo Muñoz, Grupo Editorial Vid, 213-226.

Cockcroft, James D.(2012), *Mexico's Revolution Then and Now*, New York University Press.

De Jong, Feike and Graf, Gustavo(2017), "How a Slum Became a City", *Bloomberg*, https://www.bloomberg.com/news/articles/2017-06-28/how-a-slum-became-a-city.

Del Rio, Carlos, and Sepúlveda, Jaime(2002), "AIDS in Mexico: Lessons Learned and Implications for Developing Countries", *AIDS* 16(11), 1445 – 1457.

De Schmidt, Aurora Camacho, and Schmidt, Arthur(2010), "Foreword: The Shaking of a Nation", *Nothing, Nobody: The Voices of the Mexico City Earthquake*, Temple University Press, ixxxix.

Edensor, Tim(2005), *Industrial Ruins: Space, Aesthetics and Materiality*, Berg Publishers.

Filimon, Eliza Claudia(2014), *Heterotopia in Angela Carter's Fiction: Worlds in Collision*, Anchor Academic Publishing.

Fisher, Mark(2017), *The Weird and the Eerie,* Watkins Media.

Foucault, Michel(1984) "Espacios otros: utopías y heterotopías", *Biblioteca Digital*, Universidad Autónoma Metropolitana, April 14, 2015.

Herbrechter, Stefan(2013), *Posthumanism: A Critical Analysis*, A&C Black.

López-Lozano, Miguel(2008), *Utopian Dreams, Apocalyptic Nightmares: Globalization in Recent Mexican and Chicano Narrative*, Purdue University Press.

Lyotard, Jean-François(1991), *The Inhuman: Reflections on Time*, Stanford University Press.

Miljkovic, Ela(2021), "Air Pollution in Mexico City", *Oxford Research Encyclopidias*, Oxford University Press, https://oxfordre.com/latinamericanhistory/display/10.1093/acrefore/9780199366439.001.0001/acrefore-9780199366439-e-969?rskey=hfI8dX#.

Padilla, Iganacio(2010), "El año de los gatos amurallados", *Los viajeros: 25 años de ciencia ficción mexicana*, edited by Bernardo Fernández, Ediciones SM, 85 – 96.

Russell, Philip(2011), *The History of Mexico: From Pre-Conquest to Present*, Routledge.

Sánchez Prado, Ignacio M.(2007) "La utopía apocalíptica del México neoliberal",

AlterTexto: Revista del departamento de Letras de la universidad Iberoamericana 5(10), 9－15.

Vallarino, Roberto(2009), "Ciudad Nezahualcóyotl", *The Mexico Reader: History, Culture, Politics*, edited by Gilbert M. Joseph and Timothy J. Henderson, Duke University Press, 536－544.

Villoro, Juan(2004), "The Metro", *The Mexico City Reader*, edited by Rubén Gallo, translated by Lorna Scott Fox and Rubén Gallo, University of Wisconsin Press, 123－132.

Whiteside, Alan(2016), *HIV and AIDS: A Very Short Introduction*, Oxford University Press.

3장 2024 글로벌 공급망 가치 사슬 변화: 멕시코 니어쇼어링과 전기자동차 관련 리튬 자원 개발 국제 협력 필요성

김민상(2023), 「테슬라 멕시코에 새 공장…조립비 절반 줄일 것」, 『중앙일보』, 2023년 3월 3일, https://www.joongang.co.kr/article/25144396#home.

박미숙·정광숙(2022), 「멕시코, 리튬 산업 국유화」, 2022년 6월 22일, https://www.kiep.go.kr/gallery.es?mid=a10104020000&bid=0011&act=view&list_no=10163.

박주영(2022), 「멕시코, 리튬 국영기업 설립 추진하다」, KOTRA, 2022년 9월 1일, https://dream.kotra.or.kr/kotranews/cms/news/actionKotraBoardDetail.do?SITE_NO=3&MENU_ID=80&CONTENTS_NO=2&bbsGbn=242&bbsSn=242&pNttSn=196427.

외교부(2021), 『멕시코 개황』, https://www.mofa.go.kr/www/brd/m_4099/view.do?seq=367645.

이승호·홍성우·김진오·박미숙(2023), 「중남미 내 좌파정부 확산에 따른 정치 · 경제 환경 변화와 시사점」, KIEP, 2023년 3월 2일, https://www.kiep.go.kr/gallery.es?mid=a10102020000&bid=0003&list_no=10593&act=view.

하상섭(2022), 『해외진출기업 노무관리 안내서: 멕시코 진출기업 인사노무관리 안내서』, 노사발전재단.

EMERICs(2023), 「멕시코, 철도 산업 개편 의지 표명… 국유화도 불사」, 2023년 12월 1일, https://litio.com.ar/litiomx-mexico-nacionaliza-el-litio-por-decreto/#more-3223.

KOTRA(2021), 「2022년 멕시코 경제 전망 및 주요 이슈」, https://dream.kotra.or.kr/kotranews/cms/news/actionKotraBoardDetail.do?SITE_NO=3&MENU_ID=410&CONTENTS_NO=1&bbsSn=242&pNttSn=192002.

Accelerating to Zero Coalition(2022), "Zero-emission vehicles gain traction in Mexico", November 16, 2022, https://acceleratingtozero.org/zero-emission-vehicles-gain-traction-in-mexico/.

Bonilla, David, Arias Soberon, Héctor and Ugarteche Galarza, Oscar(2022), "Electric vehicle deployment & fossil fuel tax revenue in Mexico to 2050", *Energy Policy* 171, https://doi.org/10.1016/j.enpol.2022.113276.

Climate Policy Database, "National Electric Mobility Strategy, Vision 2030", https://climate-laws.org/geographies/mexico/policies/national-strategy-for-electric-mobility-2020-vision-2030.

Gobierno de la Ciudad de México(2017), "Conoce #ECOTAG, descuentos a usuarios de autos híbridos y eléctricos en el uso de autopistas urbanas en la #CDMX 》http://goo.gl/SxS9uX", Twitter, August 10, 2017, https://twitter.com/GobCDMX/status/895638506520883200.

Godoy, Emilio(2022), "Mexico's new renewable energy plan is ambitious but vague", December 22, 2022, https://dialogochino.net/en/uncategorised/61837-mexicos-new-renewable-energy-plan-is-ambitious-but-vague/.

Helfgott, Alexandra and Wood, Duncan(2023), "Energy", in Lila Abed et al.(eds), *Mexico's next President challenges and recommentations essays*, 5-12.

Jones, Florence(2023), "Tesla to invest $5bn in Mexican EV gigafactory", *Power Technology*, March 2, 2023, https://www.power-technology.com/news/tesla-mexico-gigafactor/.

Litio América Latina, "4o Congreso Internacional y Exposición Litio América Latina", https://lithiumcongress.com/es/.

Lopez King, Emilio(2023), "Litiomx: México Nacionaliza El Litio Por Decreto", 21 febrero, 2023, https://litio.com.ar/litiomx-mexico-nacionaliza-el-litio-por-decreto/#more-3223.

Maciel Fuentes, Daniel Arturo and Gutiérrez González, Eduardo(2021), "Technoeconomic Analysis and Environmental Impact of Electric Vehicle Introduction in Taxis: A Case Study of Mexico City", *World Electric Vehicle Journal* 12(3): 93.

Mares, Fernando(2023), "López Obrador to Grant Lithium Concessions to Energy Ministry", *Mexico Business News*, February 15, 2023, https://mexicobusiness. news/mining/news/lopez-obrador-grant-lithium-concessions-energy-ministry?tag=litiomx(접속일: 2023.02.15.)

Melgar, Lourdes(2023), "Mexico at the crossroads: The golden opportunity of nearshoring and energy policy as its Achilles' heel under USMCA", Brookings, February 28, 2023, https://www.brookings.edu/blog/up-front/2023/02/27/mexico-at-the-crossroads-the-golden-opportunity-of-nearshoring-and-energy-policy-as-its-achilles-heel-under-usmca/.

Rudman, Andrew I.(2023), "Nearshoring", in Lila Abed et al.(eds), *Mexico's next President challenges and recommentations essays*, Woodrow Wilson International Center for Scholars, 47-53, https://www.wilsoncenter.org/sites/default/files/media/uploads/documents/MexicoElectionBookletFinalWebProof.pdf.

Solís, Arturo(2023), "Mexico's State-Owned Lithium Company Is Negotiating Partnerships With Private Firms", Bloomberg Línea, February 9, 2023https://www.bloomberglinea.com/english/mexicos-state-owned-lithium-company-is-negotiating-partnerships-with-private-firms/.

Vazquez Tercero and Zepeda(2022), "USMCA and Mexico in 2022", January 17, 2022, https://vtz.mx/vtz-news/mexicos-usmca-disputes-in-2022/.

Wayne, Earl Anthony(2023), "USMCA and North America", in Lila Abed, et al.(eds), *Mexico's next President challenges and recommentations essays*, 22-31.

4장 지구법학과 자연의 권리: 21세기를 주도하는 중남미발 생태주의

박태현(2018), 「생태적으로 지속 가능한 사회와 헌법: 환경국가 원리 선언」, 『환경사회학연구 ECO』 22(1), 7-45.

_____(2019), 「에콰도르 헌법상 자연의 권리, 그 이상과 현실」, 『환경법연구』 41(2), 107-141.

_____(2022), 「자연과의 조화, 좋은 삶 그리고 자연의 권리」, 『인간과 평화』 3(2), 155-183.

유엔 하모니위드네이처 프로그램(2022), 『유엔 하모니위드네이처 결의안』, 하상섭·전주람·장유운·장수환·김윤경 옮김, 다해.

임연희(2023.11.13), 「제주남방큰돌고래 법인격 주어지나…국내 첫 생태법인 제도화 추진」, 『KBS 뉴스』, https://news.kbs.co.kr/news/pc/view/view.do?ncd=7816465.

지구법학회(2023), 『지구법학: 자연의 권리선언과 정치 참여』, 김왕배 엮음, 문학과지성사.

홍아름(2023.02.02), 「'제돌이' '비봉이'도 법적 권리를 가질 수 있을까…남방큰돌고래 생태법인 추진 1년」, 『조선비즈』, https://biz.chosun.com/science-chosun/science/2023/02/02/3J3TKES5FNELLCZDZF7W5BR47Q/.

Berry, T.(2000), *The Great Work: Our Way into the Future*, Crown.

Calzadilla, P. V. and Kotzé, L. J.(2018), "Living in harmony with nature? A critical appraisal of the rights of Mother Earth in Bolivia", *Transnational Environmental Law* 7(3), 397-424.

Constituyente, A.(2008), "Constitución de la República del Ecuador".

Cullinan, C.(2011), *Wild Law: A Manifesto for Earth Justice*, Bloomsbury Publishing.

de Bolivia, A. L. P.(2011), "Declaración Universal de los derechos de la Madre Tierra", In *Conferencia Mundial de los Pueblos sobre el Cambio Climático y los Derechos de la Madre Tierra*, Edición comentada.

Earth Law Center(2023), "Panama passes National Sea Turtle Law Recognizing Their Right", *Earth Law Center*, March 15, 2023, https://www.earthlawcenter.

org/elc-in-the-news/2023/3/panama-passes-national-sea-turtle-law-recognizing-their-rights.

Fuchs, Marie-Christine(2023), "Los derechos de la naturaleza llegan a Europa luces y sombras del Caso del Mar Menor en España", *Diario Constitucional. cl*, 23 de febrero de 2023.

https://www.diarioconstitucional.cl/2023/02/23/los-derechos-de-la-naturaleza-llegan-a-europa-luces-y-sombras-del-caso-del-mar-menor-en-espana-por-marie-christine-fuchs/.

Huanacuni Mamani, F.(2016), "Los derechos de la Madre Tierra", Revista Jurídica *Derecho* 3(4), 157-169.

Kauffman, C.(2019), "Why Rights of Nature Laws are Implemented in Some Cases and Not Others: the Controlled Comparison of Bolivia and Ecuador", In International Studies Association Annual Conference.

Muñoz, L.(2023), "Bolivia's Mother Earth Laws: Is the Ecocentric Legislation Misleading?", *ReVista* 22(2), 1-4.

O'Donnell, E. L.(2018), "At the intersection of the sacred and the legal: Rights for nature in Uttarakhand, India", *Journal of Environmental Law* 30(1), 135-144.

Putzer, A., Lambooy, T., Jeurissen, R., and Kim, E.(2022), "Putting the rights of nature on the map. A quantitative analysis of rights of nature initiatives across the world", *Journal of Maps* 18(1), 89-96.

Shapiro, L.(2017), "Pluralizing Paradigms: Rights of Mother Earth in the Plurinational State of Bolivia".

Trivedi, A. and Jagati, K.(2017), "Uttarakhand HC declares Ganga, Yamuna living entities, gives them legal rights", *Hindustan Times*, March 22, 2017, https://www.hindustantimes.com/india-news/uttarakhand-hc-says-ganga-is-india-s-first-living-entity-grants-it-rights-equal-to-humans/story-VoI6DOG71fyMDihg5BuGCL.html.

United Nations(2009), "La Tierra tiene derechos, dice el presidente de Bolivia", *Noticias ONU*, 22 de Abril de 2009, https://news.un.org/es/story/2009/04/1162091.

5장 생태적 전환을 위한 브라질 사회의 실천: 자연권 입법화 과정과 과제

강금실(2021), 『지구를 위한 변론: 미래 세대와 자연의 권리를 위하여』, 파주: 김영사.

강금실 외(2020), 『지구를 위한 법학』, 서울대학교출판문화원.

조희문(2018), 「환경집단소송의 이론적 모델과 브라질 검찰의 역할」, 『포르투갈-브라질 연구』 15(2), 239-264.

_____(2020), 「중남미에서의 자연권에 관한 이론과 실제」, 『외법논집』 44(3), 443-470.

_____(2021), 「인간중심적 환경헌법에서 생태중심적 환경헌법으로: 라틴아메리카 국가들의 기여」, 『중남미연구』 40(3), 1-30.

Angelo, Claudio(2018), "Amazônia tem mesmos direitos que uma pessoa, decide STF colombiano", *OECO*, 5 de abril de 2018, https://oeco.org.br/noticias/amazonia-tem-mesmos-direitos-que-uma-pessoa-decide-stf-colombiano/(검색일: 2023.07.31.)

Berry, Thomas(1999), *The Great Work: Our Way into the Future*, Bell Tower.

Brasil(1988), *Constituição da República Federativa do Brasil*, Brasília, DF: Senado Federal.

Câmara Municipal de Bonito(PE)(2018), "Emenda à Lei Orgânica n º 01/2017, de 21 de dezembro de 2017", *Diário Oficial dos Municípios do Estado de Pernambuco*, Ano IX, n. 2034, p. 6, 8 de março de 2018.

Costa, Priscilla (2018), "Bonito-PE muda política ambiental para dar mais direitos aos rios", *Folha de Pernambuco*, 25 de março de 2018, https://www.folhape.com.br/noticias/bonito-pe-muda-politica-ambiental-para-dar-mais-direitos-aos-rios/63008/(검색일: 2021.09.15.)

Ecuador(2008), "Constitución de la República del Ecuador 2008".

Esquer, M.(2023), "Cidade de Mato Grosso aprova projeto que reconhece direitos da natureza", *OECO*, 18 de julho de 2023, https://oeco.org.br/noticias/cidade-de-mato-grosso-aprova-projeto-que-reconhece-direitos-da-natureza/(검색일: 2023.07.27.)

Freitas, Vladimir Passos de(2008), "Segunda leitura: Natureza pode se tornar sujeito com direitos?", *Consultor Jurídico*, 9 de novembro de 2008, https://www.conjur.com.br/2008-nov-09/natureza_tornar_sujeito_direitos(검색일: 2023.07.01.)

Infosanba, "Bonito-PE", https://infosanbas.org.br/municipio/bonito-pe/#distribuicao(검색일: 2023.08.28.)

LEIA(2022), "Direitos da Natureza: e se um rio fosse visto como gente?", 18 de novembro de 2022, https://leia.org.br/direitos-da-natureza-e-se-um-rio-fosse-visto-como-gente/(검색일: 2023.07.20.)

Lobel, Fabrício(2018), "Cidade é a 1ª do Brasil a dar aos rios os mesmos direitos dos cidadãos", *Gazeta do Povo*, 22 de março de 2018, https://www.gazetadopovo.com.br/justica/cidade-e-1-do-brasil-a-dar-aos-rios-os-mesmos-direitos-doscidadaos-dbyz9h01mpy7ttu87nemz2k8t/(검색일: 2023.07.26.)

Maloney, Dr. Michelle and Siemen, Patricia(2015), "Responding to the Great Work: The Role of Earth Jurisprudence and Wild Law in the 21st Century", *Environmental and Earth Law Journal* 5(1), Article 3.

Oliveira, Vanessa Hasson de(2020), "Direitos da Natureza no Brasil: o caso de Bonito—PE", *Direitos da Natureza: marcos para a construção de uma teoria geral*, Luiz Felipe Lacerda(Org.), Observatório Nacional de Justiça Socioambiental Luciano Mendes de Almeida—OLMA, São Leopoldo: Casa Leiria, 131-146.

Purvin, Guilherme(2021), "A Natureza como sujeito de direitos", *OECO*, 1 de junho de 2021, https://oeco.org.br/colunas/a-natureza-como-sujeito-de-direitos/(검색일: 2023.07.16.)

Riva, Leura Dalla(2023), "5° Município brasileiro reconhece Direitos da Natureza", *Ruptura*, 7 de julho de 2023, https://www.projetoruptura.org/post/5o-munic%C3%ADpio-brasileiro-reconhece-direitos-da-natureza(검색일: 2023.07.27.)

Vasconcelos, Júlia(2021), "Bonito pode ser primeiro município a fazer política de transição agroecológica em PE", *Brasil de Fato 20 Anos*, 4 de junho de 2021, https://www.brasildefatope.com.br/2021/06/04/bonito-se-torna-primeiro-municipio-a-fazer-politica-de-transicao-agroecologica-empe(검색일: 2021.09.27.)

웹사이트

Harmony with Nature, http://www.harmonywithnatureun.org/

IBGE, https://www.ibge.gov.br/pt/

MAPAS, http://mapas.org.br/

Prefeitura Municipal de Bonito, http://www.bonito.pe.gov.br/site/o-municipio/

Wikimedia, https://www.wikimedia.org/

6장 에두아르도 갈레아노가 바라본 라틴아메리카의 환경 위기와 생태학적 전망

갈레아노, 에두아르도(1999), 「새로운 비행으로의 초대」, 코피 아난 외 지음, 『60억 번째 세계 시민에게 보내는 편지』, 이창식 옮김, 서울: 들녘, 159-165.

_____(2003a), 「현대사회는 의사소통이 단절되는 사회로 치닫고 말 것인가?」, 피에르 부르디외 외 지음, 『프리바토피아를 넘어서』, 최연구 옮김, 서울: 백의, 75-82.

_____(2004), 『거꾸로 된 세상의 학교』, 조숙영 옮김, 서울: 르네상스.

윌슨, 에드워드(2005), 『생명의 미래』, 전방욱 옮김, 서울: 사이언스북스.

조명래(2005), 「신자유주의, 기업, 기업의 사회적 책임」, 『환경과 생명』 46, 서울: 환경과생명, 32-54.

크로스비, 앨프리드(2000), 『생태제국주의』, 안효상·정범진 옮김, 서울: 지식의 풍경.

포스터, 존 벨라미·클라크, 브렛(2004), 「생태제국주의: 자본주의의 저주」, 『사회진보연대』 51, 사회진보연대 정책국 옮김, 서울: 사회진보연대.

Barros-Lémez, Alvaro(1988), "La América Latina: lucha, exilio y narrativa en la obra de Eduardo Galeano", *en Casa de Las Américas*, no.166, Año XXVIII. 35-46.

Campanella, Hortensia(1979), "La memoria insustituible", *Cuadernos hispano-americanos* 346, 236-240.

Esther Gilio, María(1986), *Emergentes*, Buenos Aires: Ediciones de la Flor.

Farcau, Bruce W.(2000), *The Ten Cents War: Chile, Peru and Bolivia in the War of the Pacific, 1879-1884,* Westport, Connecticut: Prager.

Ferrari, Sergio(1992), *Sembrando Utopia: Reportajes y Conversaciones*, Managua: Ediciones Nicarao.

Fischlin, Daniel and Nandorfy, Martha(2002), *Eduardo Galeano Through the looking glass*, Montreal: Black Rose Books.

Galeano, Eduardo(1989), *Las venas abiertas de América Latina*, México: Siglo XXI, 57a. edición.

_____(1990), *Memoria del fuego(II)-Las caras y las máscaras*, México: Siglo XXI.

_____(1999), *El libro de los abrazos*, Montevideo: Imprenta Rosgal S.A.

_____(2002), "S.O.S", *Página* 12, Argentina, 25 de agosto.

_____(2003), *Úselo y tírelo-El mundo visto desde una ecología latinoamericana*, Buenos Aires: Planeta.

Palaversich, Diana(1995), *Silencio, voz y escritura en Eduardo Galeano*, Montevideo: Luis A. Rella Libros Editor.

Riva, Hugo(1996), *Memoria viviente de América Latina*, Buenos Aires: Editorial Lumen.

7장 기후변화 대응을 위한 브라질의 농업 생태계 조성과 식량 안보

박기락(2023.01.18) 「한국 식량안보 종합지수, 일본보다 앞서지만, 중국에 뒤져」, 『아주경제』

이미정(2010), 「브라질의 기업식 농업 발전과 국토 개발의 관계」, 『포르투갈-브라질 연구』, 7(2). 79-105.

_____(2021), 「산업 활동과 환경 변이의 역학관계: 브라질 농업 발달의 통시적 궤도에서」, 『중남미연구』, 40(1), 207-244.

_____(2022), 「아마조니아의 생태계 보전 궤도」, 양은미 외, 『아마존의 길』, 한울아카데미, 315-354.

_____(2022.06.14)「러시아의 우크라이나 침공이 브라질 농업에 미치는 영향과 시사점」, EMERICs KIEP 전문가 오피니언, https://www.emerics.org:446/issueDetail.es?brdctsNo=330706&mid=a10200000000&systemcode=06.

이수환(2017),「미국의 농업 현황과 농업 정책」,『세계농업』207, 69-89.

Agência FAPESP(2018.02.22.), "Desmatamento na Amazônia está prestes a atingir limite irreversível", https://agencia.fapesp.br/desmatamento-na-amazonia-esta-prestes-a-atingir-limite-irreversivel/27180.

BBC Brasil(2023.06.12), "Como destruição do Cerrado é ofuscada por 'prioridade' à Amazônia", https://redecerrado.org.br/como-destruicao-do-cerrado-e-ofuscada-por-prioridade-a-amazonia/.

Boechat, Cássio Arruda et al.(2019), "'Pioneiros' do MATOPIBA: a corrida por terras e a corrida por teses sobre a fronteira agrícola", *Revista NERA* 22(47), 87-122.

Brasil Escola(n.d.), "Revolução Verde", https://brasilescola.uol.com.br/geografia/revolucao-verde.htm.

Castro, Gustavo S. A. et al.(2019), "Macrologistica da Agropecuária brasileira: Delimitação das Bacias Logísticas", *Embrapa*.

CNA(2020), "Panorama do Agro", https://www.cnabrasil.org.br/cna/panorama-do-agro.

Cereda Junior, A.(2018), "Transformação Digital Territorial no Agronegócio", *Fonte* 15(20), 105-106.

Davies, W. Paul(2003), *An Historical Perspective from the Green Revolution to the Gene Revolution*, Washington, DC: International Life Science Institute, 124-134.

Embrapa(2017), "Embrapa aposta na tecnologia digital para acelerar o desenvolvimento da cadeia produtiva do leite", December 1, 2017, 7-10, https://www.embrapa.br/web/portal/busca-de-noticias/-/noticia/30276763/embrapa-aposta-na-tecnologia-digital-para-acelerar-o-desenvolvimento-da-cadeia-produtiva-do-leite.

Espaço e Economia(2021), "Agronegócio globalizado no MATOPIBA maranhense: análise da especialização regional produtiva da soja", N21.

Freitas, Hélen(2021.11.16), "Fazendeiros jogam agrotóxico sobre Amazônia para acelerar desmatamento", *Agência Pública*.

IDACE(2020), "Estuda mostra o mapa da desigualdade da distribuição de terras no Brasil", *Fortaleza*, May 13, 2020, https://www.idace.ce.gov. br/2020/05/13/estudo-mostra-o-mapa-da-desigualdade-da-distribuicao-de-terras-no-brasil/.

Nauara, Thaís(2023.09.30), "O que são os 'rios voadores' e como eles fornecem chuva para o Brasil e regulam o clima do mundo", *G1*, https://g1.globo. com/ro/rondonia/noticia/2023/09/30/o-que-sao-os-rios-voadores-e-como-eles-fornecem-chuva-para-o-brasil-e-regulam-o-clima-do-mundo.ghtml.

Oliveira, Caroline(2020), Qual a Importância do Plano de Reforma Agrária Popular Lançado pelo MST?, *Brasil de Fato*, June 5, 2020, https://www. brasildefato.com.br/2020/06/05/qual-a-importancia-do-plano-emergencial-de-reforma-agraria-popular-lancado-pelo-mst.

Poder 360(2023.10.07), "Seca no Norte reduz atividade econômica e pode impactar a inflação".

Rezende, Luciano(2020.01.15), "Adubando o neoliberalismo: o desmonte da indústria de fertilizantes" Vermelho.

Rocha, V. M., Correia, F. W. S., and Fonseca, P. A. M.(2015), "Reciclagem de precipitação na Amazônia: um estudo de revisão", *Revista brasileira de meteorologia* 30(1), 59-70.

Saath, K. C. D. O., and Fachinello, A. L.(2018), "Crescimento da demanda mundial de alimentos e restrições do fator terra no Brasil", *Revista de Economia e Sociologia Rural* 56(2), 195-212.

Terra(2021.03.18), "Você já ouviu falar dos rios voadores?", https://www.terra. com.br/noticias/climatempo/voce-ja-ouviu-falar-dos-rios-voadores,6403 931659cbfb7a27144d2c2801a06bfbo34o3q.html?utm_source=clipboard.

Valor Econômico(2023.07.13), "Insegurança alimentar cresce no país e atinge 70 milhões de pessoas", https://valor.globo.com/brasil/noticia/2023/07/13/ inseguranca-alimentar-cresce-no-pais-e-atinge-70-milhoes-depessoas.ghtml.

WWF(2017), "An Inside View of Matopiba", May 1, 2017, https://www.wwf.org.
br/?60466/An-Inside-View-of-Matopiba.

Zorzetto, Ricardo(2009), "Um rio que flui pelo ar", Pesquisa Fapesp 158, https://
revistapesquisa.fapesp.br/um-rio-que-flui-pelo-ar/.

8장 아마존 열대우림에 위치한 포르토벨호 지역에서 산불과 초미세먼지의 특성 연구

Aguilera, R., Corringham, T., Gershunov, A. and Benmarhnia, T.(2021), "Wildfire
smoke impacts respiratory health more than fine particles from other
sources: observational evidence from Southern California", *Nature
Communications* 12, 1493, https://doi.org/10.1038/s41467-021-21708-0.

Ahangar, F., Pakbin, P., Hasheminassab, S., Epstein, S., Li, X., Polidori, A. and
Low, J.(2021), "Long-Term Trends of $PM_{2.5}$ and its Carbon Content in the
South Coast Air Basin: A Focus on the Impact of Wildfires", *Atmospheric
Environment* 255, 118431, https://doi.org/10.1016/j.atmosenv.2021.118431.

Ardon-Dryer, K., Dryer, Y., Williams, J. N. and Moghimi, N.(2020), "Measurements
of $PM_{2.5}$ with PurpleAir under atmospheric conditions", *Atmospheric
Measurement Techniques* 13, 5441-5458, https://doi.org/10.5194/amt-13-
5441-2020.

Artaxo, P., Rizzo, L. V., Brito, J. F., Barbosa, H. M. J., Arana, A. and Sena, E. T.(2022),
"Atmospheric aerosols in Amazonia and land use change: from natural
biogenic to biomass burning conditions", *Faraday Discuss* 165, 203-235,
https://doi.org/10.1039/C3FD00052D

Barkjohn, K. K., Gantt, B. and Clements, A. L.(2021), "Development and
Application of a United States wide correction for $PM_{2.5}$ data collected with
the PurpleAir sensor", *Atmospheric Measurement Techniques* 22, DOI: 10.5194/
amt-14-4617-2021.

Butt, E. W., Conibear, L., Knote, C. and Spracklen, D. V.(2021), "Large Air Quality
and Public Health Impacts due to Amazonian Deforestation Fires in 2019",

Geohealth 5, https://doi.org/10.1029/2021GH000429.

Childs, M. L., Li, J., Wen, J., Heft-Neal, S., Driscoll, A., Wang, S., Gould, C. F., Qiu, M., Burney, J. and Burke, M.(2022), "Daily Local-Level Estimates of Ambient Wildfire Smoke $PM_{2.5}$ for the Contiguous US", *Environmental Science & Technology* 56, 19, 13607 – 13621, https://doi.org/10.1021/acs.est.2c02934.

Cleland, S. E., Wyatt, L. H., Wei, L., Paul, N., Serre, M. L., West, J. J., Henderson, S. B. and Rappold, A. G.(2022), "Short-Term Exposure to Wildfire Smoke and $PM_{2.5}$ and Cognitive Performance in a Brain-Training Game: A Longitudinal Study of U.S. Adults", *Environmental Health Perspectives* 130(6), 67005, https://doi.org/10.1289/EHP10498.

Coker, E. S., Buralli, R., Manrique, A. F., Kanai. C. M., Amegah, A. K. and Gouveia, N.(2022), "Association between $PM_{2.5}$ and respiratory hospitalization in Rio Branco, Brazil: Demonstrating the potential of low-cost air quality sensor for epidemiologic research", *Environmental Research* 214, Part 1, 113738, https://doi.org/10.1016/j.envres.2022.113738.

Fernandes, K., Santos, E., Godoi, R., Yamamoto, C., Barbosa, C., Souza, R. and Machado, C.(2020), "Characterization, Source Apportionment and Health Risk Assessment of $PM_{2.5}$ for a Rural Classroom in the Amazon: A Case Study", *Journal of the Brazilian Chemical Society* 32, https://doi.org/10.21577/0103-5053.20200188.

Gonzalez-Alonso, L., Martin, M. V. and Kahn, R.(2019), "Biomass-burning smoke heights over the Amazon observed from space", *Atmospheric Chemistry and Physics* 19, 1685-1702, https://doi.org/10.5194/acp-19-1685-2019.

Ma, Y., Zang, E., Liu, Y., Lu, Y., Krumholz, H. M., Bell, M. L. and Chen, K.(2023), "Wildfire smoke $PM_{2.5}$ and mortality in the contiguous United States", *medRxiv*, 23285059, DOI: 10.1101/2023.01.31.23285059.

Olson, N., Boaggio, K., Rice, B., Foley, K. and LeDuc, S.(2023), "Wildfires in the western United States are mobilizing $PM_{2.5}$-associated nutrients and may contribute to downwind cyanobacteria blooms", *Environmental Science: Processes & Impacts* 25, DOI: 10.1039/D3EM00042G.

Preisler, H. K., Schweizer, D., Cisneros, R., Procter, T., Ruminski, M. and Tarnay, L.(2015), "A statistical model for determining impact of wildland fires on

Particulate Matter (PM$_{2.5}$) in Central California aided by satellite imagery of smoke", *Environmental Pollution* 205, 340-349. https://doi.org/10.1016/j.envpol.2015.06.018.

Prist, P. R., Sangermano, F., Bailey, A., Bugni, V., Villalobos-Segura, M. C., Pimiento-Quiroga, N., Daszak, P. and Zambrana-Torrelio, C.(2023), "Protecting Brazilian Amazon Indigenous territories reduces atmospheric particulates and avoids associated health impacts and costs", *Communications Earth & Environment* 4(34), https://doi.org/10.1038/s43247-023-00704-w.

Raheja, G., Sabi, K., Sonla, H., Gbedjangni, E. K., McFarlane, C. M., Hodoli, C. G. and Westervelt, D. M.(2022), "A network of field-calibrated low-cost sensor measurements of PM$_{2.5}$ in Lomé, Togo, over one to two years", *ACS Earth and Space Chemistry* 6, 1011-1021, https://doi.org/10.1021/acsearthspacechem.1c00391.

Sørensen, M., Daneshvar, B., Hansen, M., Dragsted, L. O., Hertel, O., Knudsen, L. and Loft, S.(2003), "Personal PM$_{2.5}$ exposure and markers of oxidative stress in blood", *Environmental Health Perspectives* 111(2), 161-166, DOI: 10.1289/ehp.111-1241344.

Schneider, S. R., Lee, K., Santos, G. and Abbatt, J. P. D.(2021), "Air Quality Data Approach for Defining Wildfire Influence: Impacts on PM$_{2.5}$, NO$_2$, CO, and O$_3$ in Western Canadian Cities", *Environmental Science & Technology* 55, 13709-13717, https://doi.org/10.1021/acs.est.1c04042.

Ye, T., Xu, R., Yue, X., Chen, G., Yu, P., Coelho, M., Paulo, H., Abramson, M., Guo, Y. and Li, S.(2022), "Short-term exposure to wildfire-related PM$_{2.5}$ increases mortality risks and burdens in Brazil", *Nature Communications* 13, 7651, https://doi.org/10.1038/s41467-022-35326-x.

Yu, P., Xu, R., Li, S., Yue, X., Chen, G., Ye, T., Coêlho, M. S. Z. S., Saldiva, P. H. N., Sim, M. R., Abramson, M. J. and Guo, Y.(2022), "Exposure to wildfire-related PM$_{2.5}$ and site-specific cancer mortality in Brazil from 2010 to 2016: A retrospective study", *PLOS Medicine* 19, e1004103, https://doi.org/10.1371/journal.pmed.1004103.

Yuan, S., Bao, F., Zhang, X. and Li, Y.(2022), "Severe Biomass-Burning Aerosol

Pollution during the 2019 Amazon Wildfire and Its Direct Radiative-Forcing Impact: A Space Perspective from MODIS Retrievals", *Remote Sensing* 14(9), 2080, https://doi.org/10.3390/rs14092080.

Zhang, H. and Kondragunta, S.(2021), "Daily and Hourly Surface $PM_{2.5}$ Estimation From Satellite AOD", *Earth and Space Science* 8(3), e2020EA001599, https://doi.org/10.1029/2020EA001599.

Zhou, X., Josey, K., Kamareddine, L., Caine, M. C., Liu, T., Mickley, L. J., Cooper, M. and Dominici, F.(2021), "Excess of COVID-19 cases and deaths due to fine particulate matter exposure during the 2020 wildfires in the United States", *Science Advances* 13, eabi8789, DOI: 10.1126/sciadv.abi87.

9장 안데스 원주민의 공동체주의

강정원(2014), 「식민 시대 안데스의 미타 제도와 원주민 공동체」, 『라틴아메리카의 형성: 교환과 혼종 (상)』, 서울대학교 리틴아메리카연구소 엮음, 한울아카데미.

고병권 · 이진경 외(2007), 『코뮨주의 선언: 우정과 기쁨의 정치학』, 교양인.

김세건 외, 『라틴아메리카: 대안사회운동과 참여민주주의』, 높이깊이(2010).

김윤경(2020), 「잉카 시대 안데스 원주민의 세계관을 통해서 본 아이유(Ayllu)의 사회 경제구조: 이원론과 상호성을 중심으로」, 『서양사론』 147, 132-160.

김은중(2015a), 「라틴아메리카 원주민운동의 이론적 뿌리와 실천적 배경: 수마 까마냐(Suma Qamaña)와 이이유(ayllu)」, 『포스트-신자유주의 시대의 라틴아메리카 사회적 시민권』, 서울대학교 라틴아메리카연구소 엮음, 이숲, 19-59.

김은중(2015b), 「안데스 코뮤니즘, 도래할 공동체?」, 『이베로아메리카연구』 26(3), 103-132.

김은중(2016), 「안데스 문명의 자연관(Sumak Kawsay)과 중용(中庸)의 성(誠)론에 관한 상호문화적 해석」, 『이베로아메리카연구』 27(1), 1-36.

김항섭(2017), 「안데스 원주민 운동과 공동체 경제: 에콰도르 사례를 중심으로」, 『이베로아메리카연구』 19(1), 41-67.

네그리, 안토니오 · 하트, 마이클(2014), 『공통체』, 정남영 · 윤영광 옮김, 사월의책.

박수경(2019), 「스페인 접촉 이전 타완틴수유의 정치경제구조: 호수성과 재분배」, 『이베로아메리카연구』 30(1), 33-60.

박호진(2020), 「잉카제국의 우주관에 함유된 음양오행론적 요소에 대한 고찰」, 『인문사회 21』 11(4), 1049-1064.

우석균(2013), 「호혜의 관점에서 본 잉까의 팽창과 멸망」, 『스페인라틴아메리카연구』 6(2), 227-248.

조영현 · 김달관(2012), 「에콰도르 원주민 사상과 세계관의 복원: 수막 카우사이(Sumak Kawsay)에 대한 이론적 고찰」, 『중남미 연구』 31(2), 127-160.

주종택(2012), 『라틴아메리카의 종족성과 신사회운동』, 한국학술정보.

Alarcón, Tomas(2001), "The ayllu: the basic social unit of the aymara people", *Saint Thomas Law Review* 14(2), 449.

Albó, Xavier(1977), *La Paradoja Aymara*, La Paz: CIPCA.

Baudin, Luis(2003), *Daily Life of the Incas*, New York: Dover Publications.

Castro Pozo, Hildebrando(1973), *Del Ayllu al Cooperativismo Socialista*, Lima: Peisa.

Classen, Constance(1993), *Inca Cosmology and the Human Body*, Salt Lake City: University of Utah Press.

D'altroy, Terence N.(2003), *The Incas*, Oxford: Wiley-Blackwell.

de la Cadena, Marisol(2010), "Indigenous Cosmopolitics in the Andes: Conceptual Reflections beyond 'Politics'", *Cultural Anthropology* 25(2), 334-370.

Depaz Toledo, Zenón(2015), *La cosmo-visión andina en el Manuscrito de Huarochirí*, Lima: Vicio Perpetuo Vicio Perfecto.

Espinoza Soriano, Waldemar(1990), *Los Incas: Economía Sociedad y Estado en la Era del Tahuantinsuyo*, Lima: Amaru Editores.

Estermann, Josef(1998), *Filosofía andina. estudio intercultural de la sabiduría autóctona andina*, Quito: CAAP.

Gordon, Oakley E.(2014), *The Andean Cosmovisión: A Path for Exploring Profound Aspects of Ourselves, Nature, and the Cosmos*, Hawthorne, CA: GF Books, Inc.

Isbell, Billie Jean(1978), *To Defend Ourselves: Ecology and Ritual in an Andean Village*,

Austin.

Malpass, Michael A.(1996), *Daily Life in the Inca Empire*, Westport: Greenwood Press.

Mayer, Enrique(2002), *The Articulated Peasant: Household Economics in the Andes*, Cambridge: Routledge.

McEwan, Gordon F.(2006), *The Incas: New Perspectives*, New York: Bloomsbury Academic.

Mongomery, Evelyn(1971), *Ethos y Ayllu en Cusco*, Peru, Mexico: Instituto Indigenista Interamericano.

Mörner, Magnus(2010), *The Andean Past: Land, Societies, and Conflicts*, New York:C olumbia University Press.

Murra, John V.(1961), "Social Structural and Economic Themes in Andean Ethnohistory", *Anthropological Quarterly* 34(2), 47-59.

_____(2002), *El Mundo Andino: población, medio ambiente y economía*, Lima: Fondo Editorial PUCP.

Rasnake, Roger Neil(1988), *Domination and Cultural Resistance: Authority and Power among an Andean People*, Durham and London: Duke University Press.

Reyes, Luis Alberto(2008), *El Pensamiento Indígena en América: Los antiguos andinos, mayas y nahuas*, Buenos Aires: Editorial Biblos.

Rowe, John Howland(1946), "Inca Culture at the time of the Spanish Conquest", *Handbook of South American Indians,* Vol. 2, edited by Julian H. Steward, Washington, DC: Smithsonian Institution.

Spalding, Karen(1984), *Huarochirí: An Andean Society Under Inca and Spanish Rule*, Stanford: Stanford University Press.

Stern, Steve J.(1993), *Peru's Indian Peoples and the Challenge of Spanish Conquest: Huamanga to 1640*, Madison: University of Wisconsin Press.

Temple, Dominique(2003), *Las Estructuras Elementales de la Reciprocidad*, La Paz: Plural Editores.

Walsh-Dilley, Marygold(2017), "Theorizing Reciprocity: Andean Cooperation and the Reproduction of Community in Highland Bolivia", *The Journal of Latin American and Carribean Anthropology* 22(3), 514-535.

Wamani, César(2020), *Los Incas: Cosmovisión, Religión, Costumbres, Mito y Simbolismo*, Cuzco: Kuskin.

Zuidema, Thomas(1983), "Hierarchy and Space in Incaic Social Organization", *Ethnohistory* 30(2), 49-75.

10장 동굴 기우제에 비친 아스떼까 원주민의 자연관

김세건(2000), 「멕시코 한 농촌의 농업의례와 인식체계의 변화: 이원성과 "우리들은 문명인"」, 『한국문화인류학』 33(1), 117-160.

김세건(2010), 『우리는 빠창게로!: 멕시코 사람들의 축제와 의례』, 지식산업사.

서유구(2008), 「杏蒲志序」, 『杏蒲志』, 정명현 · 김정기 옮김, 27.

de Liébana, Gutiérrez(1580), *Relación de la villa de Tepoztlán*, Consejo de Indias(España).

del Amo, Silvia(1988), *Cuatro estudios sobre sistemas tradicionales*, México: INI.

Figueroa, Alejandro(1996), "Los yaquis, tradición cultural y ecología", in Luisa Paré and Martha Sánchez (coords.), *El ropaje de la tierra*, México: UNAM/ Plaza y Valdés, 17-28.

Florescano, Enrique(1996), *El mito de Quetzalcoatl*, México: Fondo de Cultura Económica.

_____(2002), *Historia de las historias de la nación mexicana*, México: Taurus.

García Canclini, Néster(1990), *Culturas híbridas: estrategia para entrar y salir de la modernidad*, México: Grijalbo.

Huicochea, Liliana(1997), "Yeyecatl-Yeyecame: petición de lluvia en San Andrés de la Cal", in B. Albores and J. Broda(coords.), *Graniceros: cosmovisión y meteorología indígena de Mesoamérica*, México: Cologio Mexiquense/UNAM, 233-254.

Iglesias y Cabrera, Sonia C.(2001), *Navidades mexicanas*, México: Conaculta.

Kim Lim, SeGun(1999), *El cambio, sus características y el ecosistema en un pueblo campesino mexicano*, la tesis de doctorado en antropología, UNAM.

Limón, Silvia(1990), *Las cuevas y el mito de origen*, México: CNCA.

López Austin, Alfredo(1994), *Tamoanchan y Tlalocan*, México: Fondo de Cultura Económica.

López Austin, Alfredo(1996), "La parte femenima del cosmos", *Arqueología Mexicana* 5(29), 6-13.

López Austin, Alfredo(1997), "Ofrenda y comunicación en la tradición religiosa mesoamericana" in X. Noguez and A. López(coords.), *De hombres y dioses*, México: Colegio de Michoacán y Colegio Mexiquense, 209-227.

Maldonado, Druzo(1990), *Cuaunáhuac y Huaxtepec(tlahuicas y xochimilcas en el Morelos prehispánico)*, Cuernavaca, Morelos: CRIM-UNAM.

Nolasco Curiel, Cynthia(2008), "Diagnostico de salud, Año 2007", Servicios de Salud de Morelos.

Nuño, Gutiérrez, María(1996), "La relación naturaleza-cultura en una comunidad Purépecha a través de sus expresiones orales", in Luisa Paré and Martha Sánchez(coords.), *El ropaje de la tierra*, México: UNAM/Plaza y Valdés, 29-82.

Redfield, Robert(1930), *Tepoztlán, a Mexican Village*, Chicago: University of Chicago Press.

Ruiz, César(1998), "Ofrenda y cosmovisión significado de las ofrendas del ritual de petición de lluvia en San Andrés de la Cal", *El Norte del estado de Morelos ¿Una Región?*, Cuernavaca: CRIM-UNAM/Centro-INAH Morelos.

Ruiz, César and Grigsby, Thomas, *Culto ofrenda y cosmovisión en San Andrés de la Cal*, 미발표 원고.

필자 소개

조구호

한국외국어대학교 스페인어과를 졸업하고, 콜롬비아의 까로이꾸에르보 연구소에서 문학석사학위를, 하베리아나대학교에서 문학박사학위를 받았다. 현재 한국외국어대학교 중남미연구소의 HK 교수로 재직하면서 중남미 문학과 문화를 연구·강의하고, 스페인어권 작품을 한국에 소개하고 있다. 그동안 『백년의 고독』, 『소금 기둥』, 『파꾼도』, 『이 세상의 왕국』, 『켈트의 꿈』, 『폐허의 형상』, 『소용돌이』, 『메소아메리카 전통의 꼬스모비시온』 시리즈(공역) 등을 번역하고, 『가르시아 마르께스의 『백년의 고독』 읽기』 등 중남미에 관한 책 몇 권을 썼다.

박경은

고려대학교 서어서문학과를 졸업하고, 서울대학교 서어서문학과에서 석사학위를 받은 후, 워싱턴대학교(Washington University in St. Louis)에서 히스패닉 연구(Hispanic Studies)로 박사학위를 받았다. 현재는 한국외국어대학교 중남미연구소의 HK 연구교수로 재직 중이다. 역서로는 스페인어로 번역한 *Hotel de gérmenes*가 있으며, 대표 논문으로는 "Floating Subjectivities in the Oceanic Network in *Sol artificial* and *Bodies of Summer*"와 「플라스틱 탈/식민성」 등이 있다.

하상섭

한국외국어대학교 스페인어학과(학사), 동 대학원 중남미지역학(경제학 석사)을 졸업하고 영국 버밍엄대학에서 국제정치경제(IPE 석사), 리버풀대학에서 중남미지역학(정치사회학)을 전공해 박사학위를 받았다. 현재 한국외국어대학교 중남미연구소의 HK 연구교수로 재직 중이다. 역서로는 『현대 카리브의 삶과 문화』, 『중앙아메리카: 분열된 국가』(이상 공역) 등이 있으며, 라틴아메리카 환경 분야 관련 책으로는 『라틴아메리카 환경정의: 쟁점, 약속, 실행』, 『과거는 살아 있다: 라틴아메리카 환경사』(이상 공역) 등 다수의 라틴아메리카 환경 및 기후변화 관련 논문과 저서 활동을 하고 있다.

심재환

법학사(미국법·국제법) 학위와 통번역학 박사학위를 취득한 연구원으로 현재 한국외대 중남미연구소 HK+사업단 연구교수로 재직 중이다. 지구법학과 자연의 권리를 관심 연구 분야로 하고 있으며, 한국외대 중남미연구소 책임연구원직을 거치며 유엔 하모니위드네이처 관련 교류 및 교신 업무를 담당했다. 국립생태원과 중남미연구소가 공동 발간한 『생태로 읽는 독도 이야기』의 스페인 번역을 담당했으며, 여러 국제 학술대회의 사회와 토론을 맡았다.

양은미

한국외국어대학교 국제지역대학원에서 중남미지역학으로 석사학위를, 브라질 상파울루대학교(USP)에서 교육학 박사학위를 받았다. 주한브라질문화원 부원장을 지냈으며, 현재 한국외국어대학교 중남미연구소 HK 연구교수로 재직 중이다. 저서로는 『파울루 프레이리, 삶을 바꿔야 진짜 교육이야』, 『아마존의 길』(공저), 『라틴아메리카의 미래: 소통과 연대 (하)』(공저), 『라틴아메리카 생태를 읽다』(공저), 『젠더와 불평등: 라틴아메리카 성차별에 대한 정치사회적 고찰』(공저), 『생태와 불평등: 라틴아메리카 생태에 대한 다학제적 접근과 성찰』(공저)이 있으며, 역서로는 *História de Dokdo: Uma Leitura Ecologista*(공역)가 있다.

유왕무

한국외국어대학교 스페인어과를 졸업하고 콜롬비아의 까로이꾸에르보 연구소와 하베리아나대학교에서 라틴아메리카 문학 전공으로 석사, 박사학위를 취득했다. 현재 배재대학교 스페인중남미학과 교수로 재직하면서 한국외국어대학교 중남미연구소 HK+사업단 일반연구원으로 활동하고 있다. 『백년의 고독, 읽기의 즐거움』, 『단계별로 배우는 스페인어 독해』 등의 저서와 『갈매기에게 나는 법을 가르쳐준 고양이』, 『축구, 그 빛과 그림자』, 『포옹의 책』 등의 역서가 있다.

이미정

한국외국어대학교 포르투갈어과를 졸업하고, 브라질 상파울루대학교(USP)에서 인문지리학 석사와 박사학위를 받았다. 현재는 한국외국어대학교 중남미연구소의 HK 연구교수로 재직 중이다. 저서로는 『아마존의 길』(공저)이 있으며, 역서로는 포르투갈어판 『생태로 읽는 독도 이야기』가 있다. 정부기관 간행 연구논문으로는 「경제협력국가와의 경제발전 경험 공유사업(KSP): 브라질」, 「남미인프라통합(IIRSA)의 추진 현황과 한국에 대한 시사점」(이상 공저), EMERICs 칼럼 「러시아의 우크라이나 침공이 브라질 농업에 미치는 영향과 시사점」, 「새로운 브릭스(BRICS) 시대에 브라질이 주도하는 다극화의 의미」 등이 있다.

장유운

한국외국어대학교 환경학과를 졸업하고, 동 대학원에서 환경학을 전공하여 이학박사학위를 받았다. 현재는 한국외국어대학교 중남미연구소의 HK 교수로 재직 중이다. 저서로는 『한·쿠바 기후환경협력』, 『4차 산업혁명과 한·중남미 기후환경협력』, 『한·라틴아메리카 기후협력』, 『라틴아메리카의 환경과 에너지: 현재와 미래』(이상 공저) 등이 있으며, 역서로는 『유엔 하모니위드네이처 결의안 2009-2020』(공역) 등이 있다.

김윤경

서울대학교 서양사학과를 졸업하고, 동 대학원에서 문학박사학위를 받았다. 현재는 한국외국어대학교 중남미연구소의 HK 연구교수로 재직 중이다. 저서로는『라틴아메리카 문화 '흠뻑'』,『라틴아메리카 생태를 읽다』,『종교와 불평등』(이상 공저) 등이 있으며, 역서로는『라틴아메리카, 만들어진 대륙』,『라틴아메리카 신좌파』,『메소아메리카 전통의 꼬스모비시온: '우주와 신성'』,『메소아메리카 전통의 꼬스모비시온: '신과 인간'』,『과거는 살아 있다: 라틴아메리카 환경사』(이상 공역) 등이 있다.

김세건

국립멕시코자치대학교에서 멕시코 농촌의 근대화와 생태 체계의 변화에 관한 연구로 인류학 박사학위를 받았다. 현재 강원대학교 문화인류학과에 재직 중이며, 한국외국어대학교 중남미연구소 HK+사업단 일반연구원으로 참여하고 있다. 강원도와 멕시코 지역의 전통 농법을 연구하며 생태적 삶의 지혜를 구하고 있다. 저서로는『베팅하는 한국 사회: 강원랜드에 비낀 도박공화국의 그늘』,『우리는 빠창게로!: 멕시코 사람들의 축제와 의례』,『밭갈애비의 삶: 강원도 겨리연장과 밭갈애비』 등이 있다.

라틴아메리카 생태 위기와 부엔 비비르

1판 1쇄 발행 2024년 2월 15일

지은이 | 조구호, 박경은, 하상섭, 심재환, 양은미, 유왕무, 이미정, 장유운, 김윤경, 김세건
디자인 | 김서이
펴낸이 | 조영남
펴낸곳 | 알렙

출판등록 | 2009년 11월 19일 제313-2010-132호
주소 | 경기도 고양시 일산서구 중앙로1455 대우시티프라자715호

전자우편 | alephbook@naver.com

전화 | 031-913-2018, 팩스 | 02-913-2019

ISBN 979-11-89333-75-1 (93950)

* 이 책은 2019년 대한민국 교육부와 한국연구재단의 지원을 받아 연구되었음
  (NRF-2019S1A6A3A02058027).